巴塞尔协议Ⅲ流动性监管的有效性
——基于中国商业银行的研究

韦博洋　著

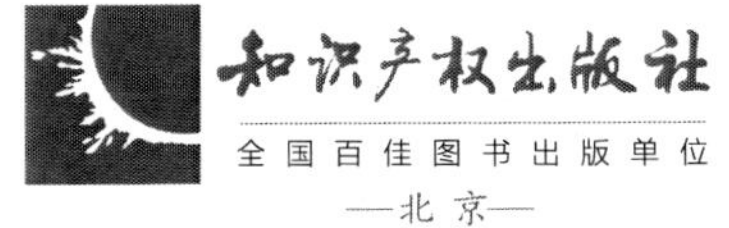

—北京—

图书在版编目（CIP）数据

巴塞尔协议Ⅲ流动性监管的有效性：基于中国商业银行的研究 / 韦博洋著. — 北京：知识产权出版社，2019.9

ISBN 978-7-5130-5468-3

Ⅰ. ①巴… Ⅱ. ①韦… Ⅲ. ①商业银行 - 银行监管 - 研究 - 中国 Ⅳ. ①F832.33

中国版本图书馆CIP数据核字（2018）第050279号

内容提要

巴塞尔协议Ⅲ提出了流动性监管指标净稳定融资比率，旨在促进银行形成可持续的稳定融资结构。本书通过分析净稳定融资比率、流动性冲击对商业银行资产配置的影响，发现较高的净稳定融资比率可以减弱流动性冲击下银行减少或出售信贷资产的压力，尤其是对资产规模较大的银行来说；较高的净稳定融资比率可以减弱银行对流动资产需求的压力，尤其是对资产规模较小的银行来说。说明较高的净稳定融资比率为银行提供了较好的融资结构，降低了银行面对流动性冲击的恐慌，能够稳定银行的资产配置，从而减弱风险在金融市场上的传导。

本书适用于金融专业高年级本科生、研究生及MBA学生，金融领域的研究人员与从业者。

责任编辑：李　娟　　　　**责任印制：**孙婷婷

巴塞尔协议Ⅲ流动性监管的有效性——基于中国商业银行的研究

BASAIER XIEYI Ⅲ LIUDONGXING JIANGUAN DE YOUXIAOXING——JIYU ZHONGGUO SHANGYE YINHANG DE YANJIU

韦博洋　著

出版发行：	知识产权出版社有限责任公司	**网　　址：**	http://www.ipph.cn
电　　话：	010－82004826		http://www.laichushu.com
社　　址：	北京市海淀区气象路50号院	**邮　　编：**	100081
责编电话：	010－82000860转8689	**责编邮箱：**	laichushu@cnipr.com
发行电话：	010－82000860转8101	**发行传真：**	010－82000893
印　　刷：	北京中献拓方科技发展有限公司	**经　　销：**	各大网上书店、新华书店及相关专业书店
开　　本：	720mm×1000mm　1/16	**印　　张：**	17.75
版　　次：	2019年9月第1版	**印　　次：**	2019年9月第1次印刷
字　　数：	272千字	**定　　价：**	68.00元

ISBN 978-7-5130-5468-3

前　言

2008年，国际金融危机暴露了金融机构在融资和流动性管理方面的缺陷，一些已经达到巴塞尔协议Ⅱ最低资本充足率要求的银行仍然倒闭，使得以资本监管为核心的巴塞尔协议Ⅱ受到了质疑。监管者认为需要通过更强的资本和流动性监管，增强银行抵御冲击的能力，直接促进了巴塞尔协议Ⅲ流动性监管指标的诞生。巴塞尔协议Ⅲ不但提出了更高的资本监管要求，还确立了全球统一的流动性风险监管体系，提出了两个监管指标：一是流动性覆盖率（LCR），属于短期监管指标，确保商业银行在设定的严重流动性压力情景下能够保持充足的、无变现障碍的优质流动性资产，并通过变现这些资产来满足未来30日的流动性需求；二是净稳定资金比率（NSFR），属于长期监管指标，用于限制由于资产与负债之间的期限错配造成的融资风险。

国际监管框架长期以来是以资本监管为核心的，针对资本监管的研究国内外已经积累了丰富的成果，而针对巴塞尔协议Ⅲ流动性监管的研究成果还较少，尤其是基于中国银行业的实证研究，现有文献多是定性的分析。因此有必要全面分析巴塞尔协议Ⅲ流动性监管的有效性，以及与资本监管的混合作用。

由于可公开获取数据的限制，本书的研究对象主要是净稳定资金比率这一长期指标。本书从衡量监管有效性的角度出发，基于巴塞尔协议Ⅲ流动性监管新规的定义和目的，将有效性分为以下三个层次：是否能够稳定流动性冲击下银行的资产配置结构；是否能够降低银行的破产风险；是否能对现有的资本监管起到补充作用。基于2000—2015年中国商业银行面板数据，从这三个方面综合评判巴塞尔协议Ⅲ流动性监管新规的有效性。

本书的章节安排如下。

第1章为导论，是对研究背景与选题、研究方法与结论的介绍。

第2章回顾了银行流动性风险与监管理论，以及巴塞尔协议Ⅲ流动性监管理论研究。

第3章提出了测算净稳定资金比率的三种方法。通过调整可用稳定融资来源和必要稳定资金项目的权重，制定出极度保守、适度保守和相对保守三个测算方法。结果显示，当前中国商业银行的净稳定资金比率的基本情况是：（1）总体水平上，在2015年年底都没有达到100%的监管要求，多数分布在50%~90%；（2）变化趋势上，全球金融危机前，商业银行信贷扩张严重，净稳定资金比率不断下降，期限错配风险不断积累，在金融危机开始后，流动性风险爆发，银行开始化解流动性风险，净稳定资金比率开始上升。

同时，净稳定资金比率在银行间存在差异，受到宏观经济环境的影响。在银行规模方面，在金融危机之前，大规模银行的净稳定资金比率显著高于小规模银行。从金融危机开始，小规模银行的净稳定资金比率开始上升，并超过大规模银行。小规模银行吸收风险能力较差，因此其反应更灵敏。在资本充足方面，资本越多其净稳定资金比率越高。在商业模式方面，商业银行的盈利模式显著影响其净稳定资金比率水平。依赖利息收入的银行，比那些具有多样化利润来源，比如资管和投行业的银行，具有更高的净稳定资金比率，巴塞尔协议Ⅲ流动性新规对那些投行和综合性银行的影响要更严重。在所有制结构上，国有大型银行的净稳定资金比率显著更高。同时市场收益率价差对银行的净稳定资金比率具有系统性的影响，市场收益率曲线较为倾斜时，长期融资和短期融资收益率到期风险溢价价差更大，此时商业银行倾向于选择短期融资，用于长期投资。

第4章从在市场流动性冲击下，净稳定资金比率是否能够提高商业银行资产配置稳定性的角度出发，即资产配置结构是否能够抵御流动性冲击的角度出发，检验巴塞尔协议Ⅲ流动性监管的有效性。流动性冲击下，银行收缩风险资产，减少信贷配置，贷款资产占比下降，流动资产和非盈利资产占比增加。而结构流动性缓冲较高的银行，期限错配风险较小，依然可以持续供给信贷资产。结论显示，对贷款资产配置而言，流动性冲击下，具有较高稳定融资来源比例的银行，期限错配还不严重的银行，具有空间吸收和缓解流动性冲击对商业银行信贷资产占比的负向作用，同时在金融危机期间，净稳定资金比率越高的银行，信贷资产占比降低的幅度越小。针对流动资产占比，在流动性冲击下，商业银行的流动资产增加，这是因为在流动性风险加剧时，银行为了应对突然增加的流动性需求，会将其他资产转换为流动性更好的资产。净稳定资金比率能够降低流动性冲击对银行流动资产配置的刺激作用，对冲流动性冲击对流动资产占比的作用。同时在金融危机期间，净稳定资金比率较大的银行，期限错配风险较小，其流动资产占比上升的幅度更小。针对无收益的非盈利资产占比，净稳定资金比率与流动性冲击都能促使银行非盈利资产占比上升，但是存在替代效应，净稳定资金比率能够减弱流动性冲击对银行非盈利资产的影响，缓解流动性冲击对非盈利资产配置的提升。净稳定资金比率，作为一种结构流动性，能够帮助银行稳定非盈利资产的配置比例。

在流动性冲击下，巴塞尔Ⅲ流动性监管新规制定的净稳定资金比率可以减弱商业银行减少或出售信贷资产的压力，弱化风险资产缩水的效应，减缓流动资产和非盈利资产提升的效应，即能够稳定流动性冲击下银行的资产配置，降低波动，减弱风险在金融市场上的传导，防止资产价格的剧烈波动，稳定金融体系，从而减弱风险在金融市场上的传导，进一步稳定实体经济。从吸收和缓释流动性冲击对银行资产配置影响的角度上来讲，净稳定资金比率的监管是有效的。

第5章从净稳定资金比率是否能够降低银行破产风险的角度出发，检验巴塞尔协议Ⅲ流动性监管的有效性。净稳定资金比率在降低资产回报波动性，降低银行破产风险方面，具有显著的直接效应。净稳定资金比率作为一种长期结构流动性指标，对其的监管能够促使商业银行在资产负债的期限匹配上更加稳健的经营，金融资产的期限往往与收益和风险挂钩，期限越长的金融资产面临的风险也越大，通过促使银行平衡其资产负债的期限匹配，从而使其经营更加谨慎。净稳定资金比率能够直接降低银行的收益波动和破产风险。净稳定资金比率除了具有直接降低破产风险的作用，还具有间接效应。系统流动性风险能够显著的提高银行的平均资产回报率波动性，提高银行的破产风险。而净稳定资金比率的提高，通过降低银行个体的期限错配风险，能够吸收和缓释系统流动性风险对银行的冲击，提高银行抵御系统流动性风险的能力。从减低银行破产风险的角度看，巴塞尔协议Ⅲ流动性监管是有有效的。

第6章研究资本监管与流动性监管的混合效应。在全球金融危机期间，银行即使满足资本充足最低监管要求，但是由于过度的杠杆化和受到流动性冲击的影响，银行依然会倒闭破产，因此巴塞尔委员会在巴塞尔协议Ⅲ中引入基于无风险的杠杆率指标，提出了新的流动性监管框架。

在资产配置稳定性方面，尽管资本监管能够显著影响银行的资产配置，在金融危机期间，杠杆率较低的银行，资本缓冲较多的银行，可以持续提供信贷和减少非盈利资产，但是并不能对冲流动性风险对资产配置的影响，而净稳定资金比率则可以很好地发挥这个作用。从稳定银行资产配置方面来看，净稳定资金比率是对资本监管的有效补充。

在收益率波动方面，杠杆率、核心一级资本充足率和总资本率等资本监管指标都与ROA的回报率波动呈正相关，且无论是基于无风险的，还是基于风险的资本监管都无法对冲系统流动性风险对银行收益波动性的影响，而净稳定资金比率能够起到这样的作用。在平缓收益率波动方面，流动性监管是对资本监管的有效补充。

在解释破产风险方面，净稳定资金比率和杠杆率同时起作用的，更高的结构流动性水平和更低杠杆化，能够提高银行的安全性，降低破产风险。而且，净稳定资金比率和杠杆率都可以吸收系统流动性冲击对银行破产风险的影响。因此，如果银行的结构流动性不够充分，具有足够的资本缓冲也能够起到吸收流动性风险的作用，二者发挥协同作用。

在破产风险的组成部分：资产组合风险和杠杆风险方面，研究发现，在降低银行资产组合风险方面，净稳定资金比率的效应是显著的，而资本监管的三个指标都不显著，说明在银行资产组合风险方面，资本监管无法起到有效作用。在降低杠杆风险方面，净稳定资金比率和杠杆率都是有效的，而基于风险的资本充足指标核心一级资本充足率和总资本率，虽然也是资本监管的指标，但是并不能降低银行面临的杠杆风险。因此，通过细分银行的破产风险，发现首先杠杆率和净稳定资金比率是对过去基于风险的资本充足监管的有效补充，其次净稳定资金比率和杠杆率之间也是互补的。

第7章对本书的主要结论进行了总结和提出了建议。净稳定资金比率在中国银行的监管中，能够有效降低市场流动性冲击对银行资产配置、收益率波动和破产概率的影响，能够起到资本监管所无法发挥的作用，可以说巴塞尔协议Ⅲ流动性监管是有效的，与资本监管互补的。进一步，针对适应性问题，本书提出在监管实施上应该做到以下三方面的三位一体：（1）基于银行异质性的差异化监管；（2）流动性监管与资本监管的协调统一；（3）监管成本与监管收益的平衡。

本书是在笔者博士论文的基础上修改完成的，在此感谢我的导师赵锡军教授的悉心指导，感谢王胜邦研究员、陈启清教授、宋晓玲教授等人的帮助。本书既是博士阶段的研究成果，也是国家“十二五”科技支撑计划课题“村镇金融服务关键技术及系统研发与示范”（2014BAL07B03）的研究成果，受到该课题的资助。

由于作者水平有限，书中难免有不足之处，希望读者批评指正。

目　录

第1章　导　　论

1.1　研究背景与意义

1.1.1　研究背景

2008年，金融危机暴露了金融机构在融资和流动性管理方面的缺陷，一些已经达到巴塞尔协议Ⅱ最低资本充足率要求的银行，仍然面对金融危机无能为力而破产倒闭。金融机构暴露的这些缺陷，使以资本监管为核心的巴塞尔协议Ⅱ受到了广泛的质疑。监管者认为需要通过更强的资本和流动性监管来增强银行抵御冲击的能力（Kapan & Minoiu，2015），直接促进了巴塞尔协议Ⅲ流动性监管指标的诞生。尽管流动性风险管理一直是金融机构的监管重点，但2010年提出的新巴塞尔Ⅲ指标是一套更复杂的处理短期与长期流动性错配的全球标准。为提升全球流动性监管水平，经过两年的实践和研究，巴塞尔银行监管委员会（BCBS，以下简称巴赛尔委员会）于2010年12月出台《巴塞尔协议Ⅲ：流动性风险计量、标准和检测的国际框架》，确立了全球统一的流动性风险监管指标：短期监管指标（LCR，流动性覆盖率）和长期监管指标（NSFR，净稳定资金比率）。其中，流动性覆盖率是短期监管指标，确保商业银行在设定的严重流动性压力情景下能够保持充足的、无变现障碍的优质流动性资产，并通过变现这些资产来满足未来30日的流动性需求；净稳定资金比率属于长期监管指标，用于限制由于资产与负债之间的期限错配造成的融资风险。

在具体监管标准上，巴塞尔银行监管委员会提出了过渡期安排，在2018年年底前商业银行的流动性覆盖率应当达到100%，从2014年开始，2014—2017年每年年底分别达到60%、70%、80%、90%。在这个过渡期内，鼓励有条件的商业银行提前达标；对于流动性覆盖率已达到100%的银行，鼓励其流动性覆盖率继续保持在100%之上。作为流动性覆盖率的补充，净稳定资金比率旨在引导银行减少资金运用与资金来源的期限错配，增加长期稳定的资金来源，以满足各类表内外业务对稳定资金的需求。净稳定资金比率的过渡期安排仍在讨论中，将于2018年起正式实施，其最低标准也是100%。

总体上，国外对流动性风险和巴塞尔协议Ⅲ流动性监管的研究比国内的研究成果要丰富，同时，对银行业监管来说，国际监管框架长期以来是以资本监管为核心的，针对资本监管的研究国内外已经积累了丰富的成果，而针对巴塞尔协议Ⅲ流动性监管的研究成果还较少，尤其是基于中国银行业的研究，国内学者多是从一些定性的角度分析了巴塞尔协议Ⅲ流动性监管，以及在中国的适用性。这方面文献稀少，主要原因是巴塞尔协议Ⅲ流动性监管发布时间较晚，自2010年才正式由巴塞尔委员会发布，同时在2014年经过了修订，因此各国商业银行基本还没有公开发布相应的流动性覆盖率和净稳定资金比率的数据，另外，由于这两个监管指标计算方法的复杂性，公开可获取的数据还不足以支持精确的历史模拟，尤其是流动性覆盖率。基于这些原因，针对中国银行业的巴塞尔协议Ⅲ流动性监管的有效性等研究还处于起步阶段。

1.1.2 研究意义

本书试图对巴塞尔协议Ⅲ流动性监管的指标净稳定资金比率进行全面的分析，并基于中国银行业对流动性监管的有效性进行检验。从而回答如下几个关键问题：商业银行的巴塞尔协议Ⅲ流动性监管新规指标处于何种水平？这些指标的驱动因素有哪些？为了满足监管要求，商业银行应该采取什么策略、资产负债表如何变化？在流动性冲击下，这些变化是否能帮助银行提高抵流动性风险的能力？巴塞尔协议Ⅲ流动性监管指标是否能够防范系统流动性风险？这些监管指标能否提高银行的稳健性和安全性？与现有的监管是否协调和互补？

对中国以间接融资为主的金融体系来说，系统全面地考察商业银行的流动性监管体系意义重大。巴塞尔协议Ⅲ流动性监管新规是全球新的统一监管框架，这方面的研究还较少，尤其是针对中国商业银行的研究，多数停留在定性层面。通过回答这些问题，有助于确定巴塞尔协议Ⅲ流动性监管新规对中国银行业的监管有效性，为我国宏观审慎地实施流动性监管提供参考，为金融机构流动性风险监管理论与实践提供参考。

1.2　研究框架与研究内容

从衡量监管有效性的角度出发，基于巴塞尔协议Ⅲ流动性监管新规的定义和目的，由于可公开获取数据的限制，本书的研究对象主要是净稳定资金比率这一长期指标，主要研究框架是将有效性分为以下三个方面：是否能够稳定流动性冲击下银行的资产配置结构；是否能够降低银行的破产风险；是否能对现有的资本监管起到补充作用。从这三个方面综合评判巴塞尔协议Ⅲ流动性监管新规的有效性。

主要研究内容包括：

（1）净稳定资金比率的测算方法与驱动因素是什么。

（2）净稳定资金比率对中国商业银行的资产配置有何作用，是否能够缓冲和吸收系统流动性风险对银行资产配置的影响。

（3）净稳定资金比率对中国商业银行的破产风险有何作用，是否能够吸收系统流动性风险。

（4）资本监管与流动性监管的混合作用，净稳定资金比率是否起到对资本监管的补充作用。

1.3 研究方法与主要结论

研究方法是实证研究，通过2000—2015年中国商业银行面板数据，检验巴塞尔协议Ⅲ流动性监管新规的有效性。

（1）提出测算净稳定资金比率的三种方法，通过调整可用稳定融资来源和必要稳定资金项目的权重，制定出极度保守、适度保守和相对保守三个测算方法，对中国商业银行自1992—2015年的净稳定资金比率进行测算。如果按照本书的测算结果，当前中国商业银行的净稳定资金比率的基本情况是：

①总体水平上，在2015年年底都没有达到100%的监管要求，多数分布在50%~90%。

②变化趋势上，净稳定资金比率确实在金融危机前不断下降，在金融危机开始后随着商业银行收缩信贷资产等手段，净稳定资金比率开始上升。净稳定资金比率在金融危机前都显著低于金融危机期间和金融危机之后的水平，存在显著差异。净稳定资金比率确实能够较好地衡量商业银行结构流动性和期限错配的风险。这种变化来自在金融危机前，商业银行信贷扩张严重，倾向于从市场上借入短期融资，比如批发性融资和央行贷款，其零售存款份额下降。因此在金融危机前，商业银行的净稳定资金比率水平显著低于其他时期，期限错配现象严重。金融危机中市场流动性枯竭，金融危机开始后，银行意识到保持足够的流动性储备，减少信贷供给，提高其吸收损失和缓解流动性压力的能力。商业银行开始通过各种手段提高结构流动性，应对金融危机。

③在银行规模上的差异，在金融危机之前，大规模银行的净稳定资金比率显著高于小规模银行。从金融危机开始，小规模银行的净稳定资金比率开始上升，并超过大规模银行。由于大型银行资产较多，往往也更重视流动性风险的管理，小规模银行在金融危机之前信贷扩张严重，且信贷扩张主要依赖同业融资，在金融危机期间受到的威胁较高，因此面对金融危机带来的威胁，小规模银行的反应更灵敏，其净稳定资金比率的变化说明小规模银行明显感受了流动性风险带来的

威胁，开始转变资产负债结构，使得净稳定资金比率发生显著变化。变化幅度明显高于大规模银行，因此在金融危机之后其净稳定资金比率超过了大规模银行。但无论是大规模银行还是小规模银行，在金融危机前后的净稳定资金比率均发生了显著变化。

④在资本上的差异，资本率对净稳定资金比率存在显著为正的影响，资本越充足，越是安全的银行其结构流动性状况越好，除此之外，二者具有因果关系的原因还包括股本的增加既能提高资本率水平，又以100%的权重进入可用稳定融资中计算净稳定资金比率。

⑤在商业模式上的差异，从国际上来看，目前美国商业银行的业务多元化、收入来源多样化，很多大型和专业银行并不主要依赖利息收入。由于制度原因，以及严格的监管，我国商业银行在过去的几十年大多数依靠存贷利差作为主要收入来源，仅几年开始大力发展中间业务等业务种类，以及开始重视资管、投行等业务。以信贷资产占比来衡量一个商业银行依靠利息收入的程度，作为衡量银行商业模式的指标，发现商业银行的盈利模式显著影响其净稳定资金比率水平。依赖利息收入的银行，比那些具有多样化利润来源，比如资管和投行业的银行，具有更高的净稳定资金比率，即那些收入结构多样化的银行更倾向于使用替代性的融资来源，比如批发性融资。因此，巴塞尔协议Ⅲ流动性新规对那些投行和综合性银行的影响要更严重，将减弱不同商业模式银行之间净稳定资金比率的差异。

⑥在所有制结构上的差异，国有大型银行的净稳定资金比率显著更高。中国银行业改革开放进程进一步加快，监管部门对民营银行的设立和外资银行的准入不断放宽，但整体上，依然呈现出国有银行为主的所有制结构。不同所有制结构的银行，其风险偏好、发展模式不尽相同，因此本书也分析了银行类型对净稳定资金比率的影响。国有资本往往更加风险厌恶，更加重视安全性，且受到的监管力度更大，存款吸收能力更强，因此国有银行的净稳定资金比率更高，同时在金融危机期间，大型国有商业银行和村镇商业银行的净稳定资金比率显著异于其他银行。

⑦受市场收益率价差影响。当市场收益率曲线较为倾斜时，长期融资和短期

融资收益率到期风险溢价价差更大，此时商业银行倾向于选择短期融资，用于长期投资。因此，货币市场的收益率价差与银行净稳定资金比率负相关。

（2）从在市场流动性冲击下，净稳定资金比率是否能够提高商业银行资产配置稳定性的角度出发，检验巴塞尔协议Ⅲ流动性监管的有效性。净稳定资金比率代表了银行的长期结构流动性，期限错配风险大小，该比率越高表明银行的期限错配风险越小。

对贷款资产配置而言，流动性冲击下，银行收缩风险资产，减少信贷配置，贷款资产占比下降。具有较高稳定融资来源比例的银行，期限错配还不严重的银行，具有空间吸收和缓解流动性冲击对商业银行信贷资产占比的负向作用，净稳定资金比率的提高有助于缓解流动性冲击对银行信贷资产调整的压力。在巴塞尔协议Ⅲ框架下，银行为满足巴塞尔协议Ⅲ流动性新规，将增加稳定融资来源。在面对流动性冲击时，其融资来源较稳定，银行出售金融资产和实物抵押品的压力减小，也可以支持其继续持有风险资产，因此流动性冲击对信贷供给的负向作用被削弱。净稳定资金比率能够起到稳定商业银行贷款资产占比的作用。同时在金融危机期间，净稳定资金比率越高的银行，信贷资产占比降低的幅度越小。

针对流动资产占比，净稳定资金比率越高的银行，期限错配风险越小，激励银行持有更多风险资产，因此净稳定资金比率是流动性风险的安全垫。在流动性冲击下，银行为了应对突然增加的流动性需求，会将其他资产转换为流动性更好的资产，此时流动资产占比提高，而净稳定资金比率较大的银行，期限错配风险较小，其流动资产占比上升的幅度更小。从这个角度上看，净稳定资金比率有助于稳定银行的流动资产配置。

针对无收益的非盈利资产占比，流动性冲击造成商业银行可盈利的风险资产的大量缩水，而非盈利资产增加，主要原因是出于应对流动性冲击的目的，准备更多流动性强的非盈利资产。净稳定资金比率的提高，意味着期限错配风险的下降，要求持有较少长期风险资产，导致非盈利资产上升。同时由于非盈利资产占比的提高严重削弱银行的盈利能力，因此，市场流动性风险、金融危机和较高的净稳定资金比率都会降低银行的盈利能力。净稳定资金比率与流动性冲击都能促使银行非盈利资产占比上升，但是存在替代效应，净稳定资金比率能够减弱流动性冲击对银行非盈利资产的影响。流动性冲击迫使商业银行减持风险资产，而不得不增加非盈利资产的配置比例，而随着净稳定资金比率的提高，期限错配风险的减弱，风险暴露的降低，净稳定资金比率能够缓解流动性冲击对非盈利资产配置的提升。净稳定资金比率，作为一种结构流动性，能够帮助银行稳定非盈利资产的配置比例。从类型来看，对股份制银行来说，净稳定资金比率对冲流动性冲击的作用更强烈；对城市商业银行来说，净稳定资金比率对冲流动性冲击的作用较弱；对城市商业银行来说，净稳定资金比率对冲流动性冲击的作用较强。

在流动性冲击下，巴塞尔协议Ⅲ流动性监管新规制定的净稳定资金比率可以减弱商业银行减少或出售信贷资产的压力，弱化风险资产缩水的效应，减缓流动资产和非盈利资产提升的效应，即能够稳定流动性冲击下银行的资产配置，降低波动，减弱风险在金融市场上的传导，防止资产价格的剧烈波动，稳定金融体系，从而减弱风险在金融市场上的传导，进一步稳定实体经济。从吸收和缓释流动性冲击对银行资产配置影响的角度上来讲，净稳定资金比率的监管是有效的，净稳定资金比率的提高，能够提高银行资产配置面对流动性冲击的弹性。

（3）从净稳定资金比率是否能够降低银行破产风险的角度出发，检验巴塞尔协议Ⅲ流动性监管的有效性。从银行个体层面看，对净稳定资金比率的监管是通过降低期限错配的长期流动性风险暴露，提高商业银行抵御流动性冲击的能力，降低银行破产的风险。

净稳定资金比率在降低资产回报波动性，降低银行破产风险方面，具有显著的直接效应。净稳定资金比率作为一种长期结构流动性指标，对其的监管能够促使商业银行在资产负债的期限匹配上更加稳健的经营，金融资产的期限往往与收益和风险挂钩，期限越长的金融资产面临的风险也越大，通过促使银行平衡其资产负债的期限匹配，从而使其经营更加谨慎净。净稳定资金比率能够直接降低银行的收益波动和破产风险。

净稳定资金比率除了具有直接降低破产风险的作用外，还具有间接效应。净稳定资金比率能够吸收和对冲某些风险变量对银行破产风险的冲击：①系统流动性风险能够显著的提高银行的平均资产回报率波动性，提高银行的破产风险。而净稳定资金比率的提高，通过降低银行个体的期限错配风险，能够吸收和缓释系统流动性风险对银行的冲击，提高银行抵御系统流动性风险的能力；②净稳定资金比率能够平稳非利息业务带来的回报率波动；③在银行的盈利能力方面，银行成本收入比代表了其盈利的效率，本书研究显示，成本收入比过高，减低了银行的盈利能力，自然就增加了银行资产回报率的波动性和加剧了破产风险，而净稳定资金比率通过降低期限错配风险，能够对冲银行运营效率过低带来的回报率波动性和破产风险的加剧。

另外，净稳定资金比率还能够强化银行某些特征对风险的抵御能力：①在中国，规模越大的银行，受到的监管越强，其盈利能力越强，而且目前银行参与资本市场风险广度和深度还不强，因此银行的资产规模能够显著的提升银行资产回报率的稳定性和降低银行的破产可能性。而净稳定资金比率的提高进一步降低了银行期限错配风险，增加其资产运用和负债来源的多元化，能够显著的强化银行规模与破产风险的负面作用；②净稳定资金比率能够显著的减弱由于杠杆率降低带来的收益波动性和强化资本率提高对银行破产风险的抵抗能力。

净稳定资金比率既能够直接降低银行的收益波动性和破产风险，又能够吸收和对冲某些风险变量对银行破产风险的冲击，巴塞尔协议Ⅲ流动性监管是有效的。

（4）研究资本监管与流动性监管的混合效应。在全球金融危机期间，银行即使满足资本充足最低监管要求，但是由于过度的杠杆化和受到流动性冲击的影响，银行依然会倒闭破产，因此巴塞尔委员会在巴塞尔协议Ⅲ中引入基于无风险的杠杆率指标，提出了新的流动性监管框架。

在资产配置稳定性方面，尽管在金融危机期间，杠杆化越低的银行，依然可以持续提供信贷，但是不能对冲系统流动性冲击的影响，仅能吸收杠杆风险，而其他两个基于风险的资本充足指标也不能吸收系统流动性风险。同时，在非盈利资产配置方面，仅结构流动性监管能够冲击市场流动性带来的风险，而资本监管，无论是基于风险的资本充足、还是基于无风险的资本充足都不能对冲系统流动性风险对非盈利资产占比配置的影响。因此，尽管资本监管能够显著影响银行的资产配置，在金融危机期间，杠杆率较低、资本缓冲较多的银行，可以持续提供信贷和减少非盈利资产，但是并不能对冲流动性风险对资产配置的影响，而净稳定资金比率则可以很好地发挥这个作用。从稳定银行资产配置方面来看，净稳定资金比率是对资本监管的有效补充。

在收益率波动方面，杠杆率、核心一级资本充足率和总资本率等资本监管指标都与资产回报率（ROA）波动呈正相关，且无论是基于无风险的，还是基于风险的资本监管都无法对冲系统流动性风险对银行收益波动性的影响，而净稳定资金比率能够起到这样的作用。在平缓收益率波动方面，流动性监管是对资本监管的有效补充。

在解释破产风险方面，净稳定资金比率和杠杆率同时起作用的，更高的结构流动性水平和更低杠杆化，能够提高银行的安全性，降低破产风险。而且，净稳定资金比率和杠杆率都可以吸收系统流动性冲击对银行破产的影响。因此，如果银行不具备充足的结构流动性，但是具有足够的资本缓冲也能够起到吸收流动性风险的作用，二者发挥协同作用。

在破产风险的组成部分：资产组合风险和杠杆风险方面，研究发现，在降低银行资产组合风险方面，净稳定资金比率是显著的，而资本监管的三个指标都不显著，说明在银行资产组合风险方面，资本监管无法起到有效作用。在降低杠杆风险方面，净稳定资金比率和杠杆率都是有效的，而基于风险的资本充足指标：核心一级资本充足率和总资本率，虽然也是资本监管的指标，但是并不能降低银行面临的杠杆风险。因此，通过细分银行的破产风险，发现首先杠杆率和净稳定资金比率是对过去基于风险的资本充足监管的有效补充，其次净稳定资金比率和杠杆率之间也是互补的。

综上所述，巴塞尔协议Ⅲ流动性监管的两个指标，流动性覆盖率已经由中国监管当局正式启用，自2015年开始实施，而净稳定资金比率还没有纳入实施的监管框架中。国内外仍然对净稳定资金比率的有效性和适用性进行研究。本书基于中国银行业的研究显示，净稳定资金比率在中国银行的监管中，能够有效降低市场流动性冲击对银行资产配置、收益率波动和破产概率的影响，能够起到资本监管所无法发挥的作用，可以说巴塞尔协议Ⅲ流动性监管是有效的，与资本监管互补的。

针对巴塞尔协议Ⅲ流动性监管在中国的适用性问题，本书提出在监管实施上应该做到以下三方面的三位一体：①基于银行异质性的差异化监管；②流动性监管与资本监管的协调统一；③监管成本与监管收益的平衡。

第2章　银行流动性风险与监管

2.1　商业银行流动性风险

2.1.1　商业银行流动性风险的定义

对金融中介来说，流动性是核心。流动性在文献中被分为广义流动性、狭义流动性。首先，狭义流动性是指银行系统的流动性，主要是指银行获取资金的能力，包括时间、成本和数量三个维度，具体来讲有资产流动性和负债流动性，资产流动性指银行资产变现的能力，负债流动性指银行融资的能力，后来资产负债管理理论提出资产流动性和负债流动性同样重要。流动性既是银行安全的前提，又是银行利润来源，因此应该综合考虑资产与负债的流动性。

广义流动性的范畴包括了狭义流动性，按照从微观到宏观，可以将广义流动性划分为资产流动性、市场流动性、银行体系流动性和全社会流动性四个层次。

通常所讲的流动性风险是基于流动性，特别是商业银行流动性的情况而产生的，中国监管当局中国银行业监督管理委员会（现中国银行保险监督管理委员会）将流动性风险定义：商业银行无法以合理成本及时获得充足资金，用于偿还到期债务、履行其他支付义务和满足正常业务开展的其他资金需求的风险。而商业银行经营模式的天然属性决定了商业银行的流动性风险更为突出。首先，各类负债是商业银行的主要资金来源。银行能够通过负债与资产之间的转换创造流动性（Diamond & Dybvig，1983），银行以授信的方式为贷款者提供流动性，保留一定的流动资产为存款者提供兑付。由于银行必须为存款人提供流动性，而它们持有的是非流动性的贷款，另外，存款者可能会在任何时候要求兑付，尤其可能在银行流动性状况并不好的时候发生，比如在贷款违约和发生重大流动性冲击的时候，因此商业银行的稳定性很容易受到冲击（Diamond & Rajan，2001a）。在传统框架下，通过存款保险、银行股权融资、保持现金储备来防范银行挤兑（Diamond & Dybvig，1983；Gorton & Pennacchi，1990）。我国在实行存款保险制度之前，国家作为隐形担保，保证银行业的刚性兑付，对居民的存款进行保护，从而防止银行挤兑的发生。

随着2008年金融危机中商业银行融资风险的凸显，融资风险已经不再是新鲜事物。博尔多（Bordo，2009）提到，无论单个银行或者系统性风险控制系统如何改进，融资风险是长期存在的。根本原因在于商业银行期限转换的核心功能（Bhattacharya & Thakor，1993）。由于银行是流动性的提供者，其大部分融资来源是来自第三方的短期存款（Kashyap，Raghuram，& Stein，2002）。存款者将资金存入银行来优化其消费——储蓄偏好，但是其流动性需求将银行暴露于破产风险之下（Diamond & Dybvig，1983）。

大量证据表明，系统性风险的积累和风险的传播路径，不仅是由于高杠杆，还由于银行对不稳定融资来源的依赖导致的资产负债表的膨胀。佰杰和鲍曼（Berger & Bouwman，2009，2013）指出在美国银行过度流动性的创造先于银行危机的发生。从最近的危机来看，银行越是依赖非存款批发性融资，其股价表现越是糟糕（Raddatz，2010），其资产回报越低（Demirguç-Kunt & Huizinga，2009），并且，至关重要的是，银行在危机前的结构流动性越差，其越有可能在随后发生危机（Bologna，2011；Vazquez & Federico，2015）。由于商业银行处于金融体系的核心，尤其对于中国这样的以间接融资为主的金融体系。近年来，随着金融业的不断发展，金融机构业务日趋多元，金融产品日益复杂，商业银行的经营涉及金融市场的方方面面，商业银行流动性风险的成因也日益复杂。

2.1.2 商业银行流动性风险的成因

近年来，金融业的迅猛发展从不同的方面导致商业银行流动性风险的产生，并且随着外部条件的不断变化，使得商业银行的流动性风险发生的根源出现了与以往不同的地方。

1. 资产负债期限错配

商业银行在金融市场中承担着金融中介的角色，其核心功能是充当资金供给者和资金需求者的中介，资金供给者以存款的形式将资金提供给商业银行，银行再以贷款的形式将资金提供给资金需求者，银行在这个过程中获取利差收入。存款的期限往往比贷款期限短，同时资金供给者还具有流动性需求，这就造成存贷款期限的不一致，即通常所说的"借短贷长"。银行存款在资产负债表上以负债的形式存在，银行贷款以资产的形式存在，当负债到期，而资产未到期时，就形成资产负债期限错配，造成银行的流动性风险。资产负债期限错配是流动性风险的内在原因，也是所有银行金融机构面临的最基本流动性风险，在商业银行内无处不在。

2. 市场流动性的外在冲击

除了期限错配这一最基本的内在因素外，来自外部市场流动性冲击也是造成银行类金融机构流动性风险的原因。一方面，市场流动性发生变化时，直接影响单个银行的流动性状况。商业银行的流动性状况，直接受到整个市场流动性状况的影响，当市场流动性紧缩时，银行资金获取难度加大，将造成流动性恶化；另一方面，商业银行之间的流动性风险还会互相传染。银行间流动性风险传染主要有三个传染渠道：资产负债表传染渠道、挤兑渠道、资产价格渠道。资产负债表传染渠道是指，银行类金融机构通过银行间市场进行同业拆借，互相存在借贷，当一家银行由于到期无法清偿债务等原因破产，就会导致与其存在借贷关系的银行的大量债权无法回收，从而使其资产负债结构急剧恶化，引发流动性缺口和风险。自银行类金融机构诞生以来，同业拆借就是流动性风险传染的主要方式，从早期的票号到现代的银行，均有金融机构受到同业风险传染而产生巨大的流动性风险。挤兑渠道是指，当其他银行产生流动性危机时，由于信息不对称，公众对整个金融体系的流动性产生恐慌情绪，对银行信用产生怀疑，于是造成了即便是没有流动性危机的银行也发生了挤兑，难以面对突然增加的大量集中的资金需求，造成的流动性风险传染。在当前金融体系中，当一家银行发生挤兑时，为了防止风险传染，各银行均会采取措施向公众传达信息和保障公众的大量取款需求。资产价格渠道是指如果一家银行的流动性不能满足需求时，将不得不通过出售非流动资产，提高资产的流动性，此时，银行为了及时获取流动性，将以较低的价格出售资产，即需要付出交易成本，这就导致银行资产规模的较小，当整个银行业都无法以较低的成本及时将资产变现时，就引起了其他银行的流动性缺乏。当各个银行都在抛售资产时，就产生了“踩踏”，资产变现难度将进一步加大，流动性状况进一步恶化，进入恶性循环。

3. 其他风险向流动性风险转化

随着我国经济的发展，为了满足融资需求，商业银行经营业务越来越多样化、产品也越来越复杂，加之我国资本市场不断壮大和对外开放，银行与其他非银行类金融机构的联系越来越紧密，商业银行不但面临流动性风险、市场风险、操作风险和信用风险等，与资本市场风险的联系也越来越紧密。

同时，银行各种风险并不是独立存在、一成不变的，而是高度相关和互相影响的，在一些情况下，甚至很难将它们完全区分开来。流动性风险是银行所有风险的最终表现形式，比如银行倒闭的直接表现形式是流动性风险，但可能并不是完全由流动性状况本身引起的，如果银行其他的各类风险得不到有效的管理和控制，长期潜伏积累在银行中，则最终会通过流动性风险的形式爆发出来。这也正是银行实施全面风险管理的逻辑。

2.1.3 市场流动性风险与银行的资产配置

市场流动性冲击对商业银行的影响，首先体现在对商业银行资产负债表的影响，在负债端，市场流动性紧缺时，银行必须承担较高的融资成本以支持信贷。在资产端，流动性冲击对银行资产配置的影响主要反映在：在流动性紧张的情况下，商业银行将：①出售非流动性资产以获得流动性，如出售贷款等；②持有更多流动性资产，减少风险资产。

存款市场和银行间同业融资市场上金融机构与存款客户、金融机构之间的信息不对称，是商业银行流动性状况对资产配置影响的出发点。首先，在存款市场上，D-D 挤兑模型提出存款市场上存在着银行与储户之间的信息不对称，商业银行不掌握储户提取需求的“完美”信息，储户也不掌握银行违约风险的“完美”信息。这样的信息不对称会导致挤兑概率增加，在面对流动性风险时，银行为了预防突然增加的存款流失和流动性需求，会快速增加流动资产的储备（Diamond & Dybvig，1983；Ennis & Keister，2006）。其次，在银行间市场上，银行间市场是商业银行短期融资的重要负债融资来源，当银行面临流动性压力时，会在同业市场上进行同业拆借或者出售一些资产，来获得足够的流动性（Franck & Krausz，2007）。但由于银行间市场的信息不对称存在，当一个银行在同业市场进行拆借或者出售资产时，交易方会认为该银行存在流动性需求，以更高的价格获取流动性溢价（Acharya，Almeida，& Campello，2013），即银行的“掠夺行为”，因此同业拆借市场的货币资金价格相对较高。在市场出现流动性紧张时，多数银行都感受到流动性压力时，银行间市场的同业拆借行为将导致同业融资成本上升（Swamy，2012）。研究表明，银行的资产配置行为受到流动性状况的影响，如果商业银行面临的客户存款提取出现较大的波动性，则银行将持有更多的超额准备金（Frenkel & Jovanovic，1980），预期发生挤兑概率越大，银行将持有更多流动资产（Ennis & Keister，2006）。而银行流动性的改善将增加银行资产变现的能力，为流动性提供了吸收和缓释的空间，激励其持有更多的信贷等风险资产（Wagner，2007）。

同时在信贷市场上，由于信息不对称的存在，银行融资流动性状况也会影响其信贷资产配置。由于银行无法掌握贷款人的“完美”信息，银行与借款人之间存在信息不对称，尤其是不掌握贷款人信用风险的“完美”信息。当发生流动性冲击时，银行不仅会回收贷款，而且会减少未来的信贷供给，包括降低信贷承诺等。

贷款作为商业银行的主要非流动资产和资产配置的重点，在商业银行面临流动性冲击时受到的影响最为显著，贷款数量减少对实体经济的影响也最为重要。当银行为贷款者提供流动性时，贷款对于银行来说是一种非流动性资产（Diamond & Rajan，2001b）。因此，当银行需要流动性时，将卖出贷款产品或者将之抵押（Bhattacharya & Thakor，1993；Diamond & Rajan，2001b）。但是，当市场流动性变得严峻时，出售贷款将变得艰难。同时，如果银行预测未来流动性需求较大，那么银行就会限制、甚至降低贷款等非流动资产的数量（Diamond & Rajan，2001b）。金融危机发生后，有更多的研究验证了流动性冲击对银行信贷数量的影响。比如，伊瓦辛和沙尔夫斯泰因（Ivashina & Scharfstein，2010）研究了次贷危机期间，美国银行的信贷供给变化，提出在金融危机期间，银行面临流动性压力，不同程度地削减了信贷的供给，而那些揽储能力较强的银行信贷供给削减的程度较小。

国内研究也得出了相似的结论。王晓晗和杨朝军（2013）发现银行的资产配置行为显著的受到流动性冲击的影响。首先，市场流动性和融资流动性的提高能够改善银行的流动性，同时也激励了银行持有更多的风险资产。其次，流动性宽松时期，银行风险资产过度膨胀，为危机埋下隐患。彭建刚、黎灵芝和刘波（2015）通过研究14家上市银行数据显示，当吸收存款的成本和银行间融资成本的上升，商业银行为了保证盈利空间，增加风险资产，减少流动性储备，不利于银行防范结构性流动性风险；但同时，如果遇到大量存款提取，面临流动性压力时，银行信贷扩张能力减弱，会提升流动性偏好；如果商业银行过于依赖同业融资等短期融资，虽然可以暂时改善资产流动性，但是增加了商业银行的期限错配程度，反而可能引发未来的流动性危机。

除了流动性风险，银行的资产配置还受到其他因素的影响。首先，银行资本规模会减弱银行面临的压力。银行的股权资本在管理流动性时存在着重要作用。在危机期间，银行股权资本可以起到保护存款者的资本缓冲的作用（Diamond & Rajan，2000）。但是持有过多的股权资本也会降低流动性创造和信贷数量。戈顿和温顿（Gorton & Winton，2017）认为监管者应该意识到在经济衰退期，股权资本的这些效应。以往研究也证明了这一点，比如，佰杰和鲍曼（Berger & Bouwman，

2013）发现，对小型银行来说，更高的资本水平会降低存款和贷款量；对大型银行来说，更高的资本水平会对冲风险和提高贷款量。

另外，商业银行的资产配置行为受多方面因素影响，如资本市场、最后贷款人制度和存款保险制度等。这些制度安排的存在，都从不同的方面影响着银行的流动性和资产配置行为。例如，资本市场制度的存在增加了银行获取流动性的能力，最后贷款人制度的存在减小了银行对流动性枯竭的担忧，而存款保险制度的存在降低了存款市场信息不对称的影响。这些制度在一定程度上都增加了银行资产变现的能力，降低了银行对未来流动性不足的担忧（Agenor，Aizenman，& Hoffmaister，2004；Franck & Krausz，2007；Repullo，2005；Ratnovski，2009），激励银行持有更多的风险资产，持有更少的流动资产。

2.2　商业银行流动性风险监管

2.2.1　全球银行流动性风险监管体系的演进

1. 资产端流动性监管

1929—1933 年，美国大萧条期间，商业银行流动性资产不足、负债结构单一，银行体系流动性风险爆发，引发了对银行流动性管理的研究。经历了大萧条的洗礼，研究者开始研究流动性管理理论，但是这一时期的理论仅强调对银行资产负债表资产端的管理，通过主动控制资产，来实现与负债的匹配。这种仅重视资产流动性的管理理论，被称为资产流动性管理理论。在该理论的指导下，美国监管部门开始制定流动性资产比率、现金比率等指标，限制银行的业务范围，保障银行的流动性水平。

2. 资产负债平衡管理

资产流动性管理理论仅主动管理资产业务，负债还属于被动业务。20 世纪 60 年代之后，随着利率管制的实施，以及金融脱媒的发展，商业银行的负债业务受到严重影响，导致商业银行面临巨大的流动性压力，而仅依靠主动管理资产已经不能适应和解决当时的流动性问题。因此，产生了负债管理理论，商业银行主动负债来控制流动性，即商业银行应积极主动通过借入资金来维持资产的流动性，将低收益的流动性资产等转换为风险大收益却高的贷款和投资，以期获取更高的收益。

但是随着银行主动管理负债和调整资产结构，虽然银行的收益增加，也能够更主动的管理流动性，但是此时银行负债来源则更依赖金融市场，流动性风险敞口增加，银行体系的不稳定性加剧。

20世纪70年代末至80年代，布雷顿森林体系瓦解、利率管制放松加剧市场波动，这些都对银行的负债管理带来极大挑战，因此发达国家有意识地扩大监管的范围，对资产和负债进行并重的、综合的监管。一些发达国家开始引入兼顾资产和负债的监管指标，如英国在《1987年银行法》提出流动性缺口指标。

巴塞尔委员会在1988年的巴塞尔协议Ⅰ中要求商业银行必须持有充足且低风险的流动性资产，这是不再使用之前较为单纯的指标监管模式的一个改革开端，但此时的流动性监管仍然未被置于重要位置，巴塞尔委员会更没有对流动性风险监管进行系统的关注。

3. 流动性监管体系

进入20世纪90年代，全球各国金融发展不断深化，金融体系越来越庞大，金融产品数量越来越多，金融产品设计越来越复杂，不成体系的流动性监管已经不能很好地发挥作用，各国银行业流动性风险管理意识增强，致力于从单纯的指标管理专向流动性管理体系的建设。各国逐渐引入各种流动性风险模型，发布监管办法，流动性监管体系开始形成。1992年，巴塞尔委员会制定了《计量与管理流动性的框架》，试图建立一个具有普遍适用性的稳健的流动性管理框架。此框架包括三个维度：计量与管理流动性缺口、融资渠道管理和应急计划。2000年，巴塞尔委员会又对这一框架进行了修改，公布《银行机构流动性管理的稳健做法》，从构建流动性风险管理框架、测量和检测净融资需求、市场维护、应急融资计划、外币流动性管理等八个方面阐述了银行流动性管理的十四个关键原则。此时由巴塞尔委员会主导的流动性管理框架已初具雏形，对流动性风险管理的方法也逐渐从资产负债平衡管理的角度转移到现金流的考察上来，但此时的监管更多的还仅限于原则的设定和定性的描述，缺乏有力的监管指标。

4. 全球统一流动性监管体系的形成

2008年，以美国次贷危机为导火索，全球爆发金融危机，流动性的迅速枯竭及一些极具影响力的国际大型银行相继倒闭，引发了全球银行业对流动性监管的反思。危机之后为提升全球流动性监管水平，经过两年的实践和研究，巴塞尔银行监管委员会（BCBS，以下简称巴赛尔委员会）于2010年12月出台《巴塞尔协议Ⅲ：流动性风险计量、标准和检测的国际框架》，确立了全球统一的流动性风险监管指标：短期监管指标（LCR，流动性覆盖率）和长期监管指标（NS-FR，净稳定资金比率）。巴塞尔协议Ⅲ流动性监管体系的出台，对全球各国建立流动性监管体系具有重要的指导作用，同时也有利于国际监管合作。2014年，我国中国银行业监督管理委员会（现中国银行保险监督管理委员会）发布了《商业银行流动性风险管理办法（试行）》，对加强商业银行流动性风险管理、维护银行体系安全稳健运行起到了积极作用。2015年9月，根据商业银行法修订进展，对流动性风险管理办法进行了相应修订，将存贷比由监管指标调整为检测指标。2017年12月，中国银行业监督管理委员会（现中国银行保险监督管理委员会）再次修订，并发布《商业银行流动性风险管理办法（修订征求意见稿）》，新引入净稳定资金比率等三大重要指标，以资产规模2000亿元作为分水岭，对大型商业银行和中小型商业银行进行区分管理。

2.2.2 流动性风险监管相关理论研究回顾

期限转换是银行的基本功能，流动性风险是商业银行天然内生的风险，但是在20世纪30年代以前，理论界缺乏对流动性风险的关注，更高缺乏针对流动性风险监管的研究，这方面文献很稀少。每次对监管的研究和监管实践的进步都起源于现实危机的教训。对流动性风险监管的研究，在1929—1933年大萧条之后，才开始真正得到关注。在大萧条经济危机爆发后，产生金融危机，美国大量银行倒闭，实体经济遭到严重危机，市场萧条，企业破产。现实发生的危机促使研究者开始关注流动性风险的监管问题。

20世纪80年代开始，国内外理论界对商业银行流动性风险监管的研究逐渐增多和深入。布赖思特（Bryant，1980）较早比较了政府在保护存款方面的措施，对比了货币发行与税收调节的作用，从存款保险的角度研究了如何防止银行挤兑的发生，指出为保护储户的存款和防止银行挤兑风险，应该建立政府主导下的存款保险制度。博尔多（Bordo，1986）从最后贷款人制度的角度研究了如何防止银行挤兑，提出当银行面临流动性风险，最后贷款人制度可以通过向银行提供流动性，保证银行的兑付能力，来缓解储户对银行兑付的恐慌，防止银行挤兑的发生，降低风险传染。同时提出央行作为最后贷款人，可以救助那些暂时出现流动性困难，但仍然具备清偿能力的银行，但救助无清偿能力的银行会增加央行的风险承担。威廉森则通过研究发生过金融危机的国家和地区的金融监管水平，提出金融监管水平可以显著降低系统性金融危机的风险。吉丰、费鲁奇和夏恩（Cifuentes，Ferrucci，& Shin，2005）针对流动性监管，提出最低流动性监管要求有助于降低短期风险的风险传染及系统性风险。针对流动性监管的作用，加利亚努和佩德森（Garleanu & Pedersen，2007）则提出对金融机构的风险管理越严格，金融市场的流动性风险会增加，即严格的风险管理导致金融机构流动性下降，而流动性水平降低会强化监管部门的监管。总体来看，在次贷危机之前，国内外理论界对流动性风险的关注度都较低，研究成果也较少。

美国次贷危机引发的全球金融危机，真正使得流动性监管成为监管当局和研究者关注的焦点，流动性监管成为与资本监管同等重要的监管内容。比如，奥斯本和斯特劳思的研究显示，除了资本监管意外，流动性要求对于降低危机概率和宏观经济成本也具有重要意义。阿德里安和博亚琴科（Adrian & Boyarchenko，2012）提出相对于资本要求而言，更严格的流动性监管由于降低系统性危机的概率而不会损害消费增长，流动性监管是更好的审慎政策工具。

国内理论界对流动性风险监管的研究相对滞后于国外，无论是理论研究还是实证研究都较少。近年来随着流动性监管受到广泛的关注，也有很多学者对我国流动性监管进行了研究。如陈道富（2011）、马茂钊（2012）、张秀文（2012）等，指出我国流动性监管存在的主要问题有：缺乏流动性风险评估监测体系、监管要求的一刀切、缺乏整体监管框架等，尹继志（2014）、孙昱（2013）等人，也都提出了一系列建议。

2.3 巴塞尔协议Ⅲ流动性监管理论研究

2.3.1 巴塞尔协议Ⅲ流动性监管对银行的影响

流动性监管新规对商业银行有显著的影响。这些监管指标的实施将使得以后的商业模式和产品更具资本和流动效率（Härle & Lüders，2010）。尤其是净稳定资金比率限制了银行期限转换的能力。因此这些指标的实施将对银行的业绩有直接影响，例如，降低盈利性、限制贷款利润率，以及产生系统性影响。

1. 巴塞尔协议Ⅲ流动性监管对银行资产配置的影响

巴塞尔协议Ⅲ制定的净稳定资金比率（NSFR）旨在降低银行的融资风险，促进银行形成可持续的融资结构，属于长期监管的、结构流动性指标。当前大多数银行都不能满足NSFR的监管要求，如迪特里希、赫斯和范森里德（Dietrich，Hess，& Wanzenried，2014）通过1996—2010年的样本发现大多数西欧的银行都不满足NSFR的最低要求，尤其是大型和快速增长的银行，以及资产管理和投资银行。由于100%的要求太高，因此巴塞尔委员会经过调整，将2015年1月最低标准定为60%，每年增加10%，到2019年1月将标准提高至100%。

克拉蒙特和卡苏（Chiaramonte & Casu，2016）提出了基于巴塞尔银行监管委员会和巴塞尔银行监管委员会（BCBS，2014）的净稳定资金比率计算方法。

巴塞尔协议Ⅲ流动性监管2010—2014年的变化是为了确保这些指标能够反映结构流动性，而不是仅仅用来进行压力测试。这些变化可以更好地识别流动性错配和脆弱的融资结构。可用稳定资金（ASF）的权重反映了资本和负债的到期日，所需稳定资金（RSF）的权重反映了资产的流动性特征、到期日及表外风险暴露（BCBS，2014）。同时，净稳定资金比率的权重的设定基于一些基本假设，比如长期负债比短期负债更稳定，短期零售存款比同业批发融资更稳定。

当前银行为满足净稳定资金比率（NSFR）要求必须在资产和负债端均作出相应的调整。金（King，2013）提出不满足净稳定资金比率最低要求的银行将重置其资产负债结构，提高稳定融资来源，降低需要稳定融资的资产，通过研究15个国家银行的净稳定资金比率，面对流动性监管要求，商业银行可采取很多不同的策略来应对，可以选择资产负债表缩水，或者选择改变信贷供给的构成及期限，或者是选择改变投资组合。这些策略均对外部实体经济具有影响，具有外部性。同时研究还表明在流动性监管、银行风险和收益之间存在相互抵消。其满足监管要求的成本最小的策略是增加高评级债券的仓位，延长批发性融资的期限。迪特里希、赫斯和范森里德（Dietrich，Hess，& Wanzenried，2014）提出，银行为改善其融资构成和达到监管要求，只有两个选择。第一是通过延长负债的期限，或者提高股本，来改变融资组合。这些措施也都是有成本的，长期负债和股权融资的成本更高，也比零售存款更稳定和灵活。此时可能导致银行收益下降，并最终甚至影响银行系统的弹性。第二是较少资产基数，该措施可能导致因为信贷供给的减少而对实体经济产生负面影响。同理，限量配置生息资产意味着损失盈利机会，失去已有的市场份额，最终减少收益。商业银行很可能是采取混合策略，以满足监管要求。通过对银行净稳定资金比率驱动因素进行研究，发现银行的净稳定资金比率不仅受到商业模式的影响，还受到资本充足率的影响，资本充足越好的银行具有越高的净稳定资金比率。此外宏观因素，比如国内生产总值（GDP）增长率和到期风险溢价，也影响银行的净稳定融资缺口。与预期的一致，在一个收益率迅速上升的宏观环境中，相比较长期融资，银行更偏好短期融资，而且更高的净稳定资金比率意味着更高的融资成本。国内学者也针对NSFR

监管要求提出调整银行经营行为。一是在负债端增加长期负债，二是在资产端，增加流动性高的非信贷类资产（罗雪飞，彭育贤，覃兆勇 等，2015；隋洋，白雨石，2015）。

已有文献的另一个角度是商业模式如何影响商业银行实施流动性监管新规。奥克-罗布和帕扎巴西奥鲁格（Ötker-Robe，Pazarbasioglu，& Perrero et al.，2010）提出低于净稳定资金比率（NSFR）要求的金融机构将被强制要求改变现有状况。哈雷尔等（Härle & Lüders，2010）和其他研究者提出，金融机构不得不提高稳定融资来源，通过优化存款、为融资工具提供保险以及更严格的投资者保护来满足净稳定资金比率（NSFR）的要求。迪希里特等人（Dietrich et al.，2014）基于对英国银行业的研究提出，新监管要求将迫使银行转向流动性驱动型资产管理模式，该商业模式将导致信贷和经济活力的下降。

净稳定资金比率代表了银行融资结构抵御流动性冲击的能力，银行资产流动性的改善，增加了银行资产变现的能力，提高了应对流动性风险的能力，激励银行持有更多的风险资产（Wagner，2007）。科内特、麦克纳特和斯特拉恩（Cornett，Mcnutt，& Strahan，2011）提出在2007—2009年金融危机期间，流动性枯竭的情况下，相对于其他银行，更加依赖核心存款和股权融资的银行，即具有稳定融资来源的银行，还在继续进行贷款。持有更多非流动性资产的银行，增加了资产的流动性并减少了贷款。卡潘和莫纳（Kapan & Minoiu，2015）提出相较于其他银行，偏向于市场融资及具有较低结构流动性的银行在金融危机期间消减了更多的信贷，同时资本数量和质量会减弱这样的效应。荣格和金（Jung & Kim，2015）通过季度贷款数据分析韩国的银行融资结构与流动性冲击下信贷供给的关系，结论显示当银行面对严重的流动性冲击时，会减少贷款，而持有较高核心融资率（核心存款、核心资本、超过一年期负债）的银行则继续增加为企业发放贷款，在银企关系强的银行和企业中，该趋势更为明显。但这现在仅存在于大型银行中。国内学者也进行了相关研究，廉永辉和张琳（2015）考察了银行结构流动性指标对流动性冲击下的信贷供给的影响，发现银行结构流动性的改善有助于缓解流动性冲击对信贷供给降低的影响。

2. 巴塞尔协议Ⅲ流动性监管对银行盈利能力的影响

由于低收益率的流动性产品和长期融资对银行来说会增加成本，对监管指标最早的研究来自对借贷利差的研究。普遍认为流动性监管新规的影响将降低借贷利差（Härle & Lüders，2010；King，2013），至少也存在短期的影响。金（King，2013）研究了15个国家有代表性的15家综合银行的样本数据，提出了满足净稳定资金比率（NSFR）的成本最小的策略，发现净利差平均降低了70~80个基点，占到了2009年银行平均利差的40%。汉莱和吕德斯（Härle & Lüders，2010）进行了更具体的估计，对贷款来说融资成本和流动性成本增加了40个基点，表外信贷和固定收益产品的融资成本上升了90个基点。

借贷利差的降低显著影响了银行的资本回报率，汉莱和吕德斯（Härle & Lüders，2010）认为欧洲银行的资本回报率降低了4%，美国降低了3%；将资本回报率降低的原因大部分归因于新的资本和杠杆规则，预测其中的0.9%是由于新的流动性和融资标准。博德利和格雷厄姆基于美国和加拿大银行1997—2009年的样本，提出虽然持有一些流动性资产提高了银行的盈利能力，但是过度持有流动性资产会减低其盈利能力。其中存在着低流动性资产持有量的短期收益与高流动性资产抵抗流动性冲击的长期收益之间的互相抵消效果；并进一步提出银行的商业模式和经济体所有制属性会影响这种抵消关系。

2.3.2　巴塞尔协议Ⅲ流动性监管对宏观经济的影响

当生产部门的信贷资源变得稀缺，利差的压力将对经济增长产生系统性的副作用。已有研究已经发现了相关对经济产出副作用的证据，安吉利尼、卡洛卡和库尔迪亚（Angelini，Clerc，& Cúrdia，2015）估计净稳定资金比率（NSFR）每增长一个百分点，经济产出将降低0.08%。但是，尽管短期内存在副作用，但是巴塞尔银行监管委员会宏观经济评估小组（Macroeconomic Assessment Group）提出，随着银行变得更加安全稳健，信贷数量将恢复，对消费和投资的副作用将会消失。甘巴科尔塔（Gambacorta，2012）估计了1994—2008年美国宏观经济变量的关系，显示更严格的资本和流动性监管对长期产出有副作用，不过作用非常有限。巴塞尔银行监管委员会和陈、丹恩和赖（Chan，Dang，& Lai，2011）提出，新规将降低盈利能力和未来银行发生危机的压力，并伴随着经济产出的降低，但总体来看，新规将对经济体具有净的显著正作用。艾伦、陈和米尔思等人（Allen，Chan，& Milne et al.，2012）研究了巴塞尔协议Ⅲ流动性规则改变带来的经济应用，尤其是针对持有更多流动性资产对资产负债表的重构以及其随后对信贷供给的影响。科瓦斯和德里斯科尔（Covas & Driscoll，2014）开发了一个一般均衡模型，研究除现有的资本充足率要求外，流动性最低要求对宏观经济的影响。研究发现最低流动性要求将减少信贷约3%，增加约6%的债券。同时阻止了银行发挥最大的获利机会，银行将减少信贷和增加融资成本，进一步的，将导致总产出和消费的下降。相反，迪特里希、赫斯和范森里德（Dietrich，Hess，& Wanzenried，2014）通过实证指出净稳定资金比率（NSFR）对银行业绩的影响是有限的，即便会影响银行盈利能力，但新规则的首要目的是保持银行业稳健性。

2.3.3　巴塞尔协议Ⅲ与银行破产风险

破产风险是指银行资不抵债的风险，商业银行天然地具有内部脆弱性，容易破产，同时其破产又具有极大的负外部性。一方面，商业银行存款负债驱动的经营模式导致其天然具有高负债高杠杆的特性，具有容易产生财务危机和破产的倾向。另一方面，商业银行发挥着核心的金融中介作用，一旦破产，会严重冲击到实际经济的稳定运行。因为，监管当局对商业银行的监管尤其严格，政府对银行经营困难乃至破产的救助力度也大，轻易不会放纵一家银行像一家普通企业那样破产清算。银行的破产风险可能由多种风险导致，现代银行管理中，往往将银行风险分为：信用风险、市场风险、操作风险、流动性风险、国家风险、声誉风险、法律风险、合规风险和战略风险等九大类风险。这些具体的风险都有可能提高银行的破产风险。本书主要基于流动性风险的角度，考察巴塞尔协议Ⅲ流动性监管框架是否能够降低银行的破产风险。

在防范风险方面，可追溯的最早的关于流动性风险与银行危机的研究是戴蒙德和迪布维格（Diamond & Dybvig，1983）对系统性流动风险与银行破产的研究。但是现有文献较少将银行破产与系统流动性风险和非系统流动性风险联系起来。近年的研究中，金（King，2013）发现大多数银行破产预测模型都是基于大量财务会计指标的，该种模型可以追溯到奥尔特曼（Altman，1968），这些模型也许在一开始考虑了银行的流动性因素，但最后不一定包含该因素。另一类模型则是违约结构性模型，将企业的违约概率与企业的基本面联系起来，如杠杆率和资产波动率。但是资产波动率和其市场价值并不能直接观测到，通常是根据企业的股价信息来估计的（Kealhofer，2003），但是上市的商业银行毕竟占少数，因此该类模型也很难进行实证检验。

使用会计比率方法的研究中，佰杰和鲍曼（Berger & Bouwman，2013）检验了资本如何影响银行的安全和市场份额，吉思等人用相关会计和审计变量来预测银行破产概率，德扬和托尔纳（De Young & Torna）研究了美国商业银行非传统业务对金融衰退的影响。在商业实践中，较为成功的会计比率模型包括有Zeta®和Moody′s Risk CalcTMU.S.模型。

新监管框架的提出就是提高商业银行抵御流动性风险的作用。但是关于如何度量银行层面的融资流动性风险和系统流动性风险，已有理论很少得出一致的结论。很多对银行层面的非系统流动性风险的间接度量方法都是侧重于银行的某个融资流动性风险的不同角度，导致各种策略误差。这些度量方法可以分为两类：资产流动性和融资稳定性。资产流动性度量包括净流动资产比率、流动比率及政府债券比率；融资稳定性包括经纪人存款比率、核心存款比率和非核心融资比率。根据该分类，LCR是资产流动性指标，NSFR是融资稳定性指标。

艾伦、卡莱蒂和盖尔（Allen，Carletti，& Gale，2009）将流动性风险分为非系统性风险和系统性风险。戴蒙德和迪布维格（Diamond & Dybvig，1983）的开创性工作引领着后来者产生了一系列理论研究，强调了流动性风险天然是系统性的，以及风险传染在金融危机期间的重要作用（Diamond & Rajan，2005）。因此，国际货币基金组织认为新流动性监管标准在管理系统性流动性风险的作用仅仅是有限的。

另外，多种经济变量都会影响个体银行的流动性风险与银行破产之间的关系。首先，在经济下行期，很多银行会提高流动性缓冲，即“流动性囤积”（Liquidity hoarding），加利亚努和佩德森（Gârleanu & Pedersen，2007）指出，个体银行的流动性囤积具有负外部性，会导致整个市场的总体流动性下降，因为银行都不向外提供流动性了，如果负外部性超过了流动性缓冲的收益，就能发现流动性缓冲与银行破产之间正向的关联。其次，如果银行预见未来会出现财务风险，也会提高其流动性缓冲，那么流动性缓冲就和银行破产具有负相关。另外，如果银行的偿付能力出现问题，具有很高破产风险，也会选择增加其流动性缓冲。

新的监管标准旨在强化个体银行的流动性缓冲和降低期限错配，在金融危机期间，非系统流动性风险是否导致了银行破产，是一些研究者的研究重点。洪、黄和吴（Hong，Huang，& Wu，2014）通过研究巴塞尔协议Ⅲ流动性监管指标与非系统性流动性风险、系统性流动性风险的关系，发现无论是净稳定资金比率（NSFR）还是流动性覆盖率（LCR）对银行破产都仅仅具有有限的影响，2009年、2010年的银行危机主要是由于系统性的流动性风险。

银行破产是一个复杂的程序，在这个过程中，监管当局的容忍、政府介入和其他政治经济因素都会发挥重要作用。同时银行破产风险可能是众多风险导致的。本书主要研究流动性风险与银行破产之间的关系，以及新的监管指标净稳定资金比率如何在其中发挥作用，如新监管能否起到防范流动性风险还需要检验，本书拟对中国商业银行样本进行检验。

2.3.4　巴塞尔协议Ⅲ资本监管与流动性监管的混合作用

巴塞尔委员会在巴塞尔协议Ⅲ中提出了流动性监管，并且在修订的风险加权资本缓冲中加入了杠杆率要求。与巴塞尔协议Ⅱ相比，资本监管和新的流动性缓冲要求银行持有更多和更高质量的资本。强化的资本监管对风险加权资产的计算做出了新要求，同时增加了无风险加权杠杆率（Nonriskweighted leverage ratio)，所有者权益与总资产的比率，与基于风险的最低资本要求，比如核心一级资本充足率和总资本率相结合，保证在危机期间，能够保持足够的融资。

这些监管上的变化是基于以下两个大前提。首先，在迈向金融危机时，单个银行的流动性和资本缓冲决策，与其风险暴露是不相称的，从社会视角看也是次有选择。其次，银行倒闭的成本不仅仅是损失直接利益相关者的利益，而是具有负外部性的，包括银行处于信贷市场供给侧的影响，以及金融部门的网络外部性等（Brunnermeier，2009）。

在全球金融危机顶点，美国和欧洲银行大规模的银行倒闭，对第一个假设提供了现实的因果关系支持。当然，当前关于银行流动性和资本缓冲对银行倒闭可能性的影响的实证研究才刚刚开始。基于总量数据的巴塞尔协议Ⅲ的背景研究提出，对流动性和杠杆率更严格的监管可能会减低系统性银行业危机的可能性。同时，基于美国银行的微观数据的研究，同样支持这一论断，具有更高资产流动性、对零售保险存款更强的依赖、更多的资本缓冲的银行，在全球金融危机期间，倒闭的脆弱性更小（Berger & Bouwman，2010；Bologna，2011）。基于OECD（Organization for Economic Co-operation and Development，经济合作与发展组织）大型银行的研究也得出了一致的结论（Ratnovski & Huang，2009）。

金融中介理论显示，流动性创造是金融的本质，且金融中介理论建立了流动性创造和金融稳定的强力联系（Bryant，1980；Diamond & Dybvig，1983）。银行通过在流动负债，例如交易性存款和短期融资，为长期项目融资，在资产负债表两端创造流动性。因此，与流动性创造相生的流动性风险是发挥中介作用的商业银行的内在的风险（Diamond & Rajan，2000）。在这样的框架下，银行的资本，如较低的杠杆率，以流动性创造的角度上来说是一种机会成本，但是却为银行提供了资产价值变动的缓冲，在市场萧条情况下，提高银行的生存概率。

现有文献中提到的流动性创造的概念，与资产负债表上的结构流动性错配监管概念是密切相联系的。后者反映由短期融资和非核心融资支持的长期、非流动性资产部分。因此，具有较高结构流动性错配水平的银行将创造更多流动性。银行流动性创造同样与杠杆率相关，即股权资本与总资产的比率。在一定程度上，股权代表银行的稳定融资部分，具有较高杠杆率的银行同样将创造更多流动性。

在全球金融危机中银行流动性的作用已经受到大量关注。尤其是，在走向金融危机的过程中，依靠短期批发融资来扩展资产负债表，以及过度杠杆化的银行，被认为是系统性风险积累和传染机制的关键因素。实证研究显示，美国银行危机随着过度流动性创造随后而来（Berger & Bouwman，2008，2009）。还有证据表明，银行过度依赖批发融资对危机爆发后的股价收益具有负作用（Raddatz，2010），导致金融脆弱上升，比如导致违约距离和股价收益波动恶化（Demirgüç-Kunt & Huizinga，2009）。另外，在金融危机期间，相较于其他银行，具有更多稳定融资结构的银行持续进行信贷供给，倒闭可能性更小（Bologna，2011）。

1. 资本充足率监管

资本率一直以来都是保证银行安全和稳健的良好监管工具。尤其是，美国监管当局使用CAMELS评级体系也称骆驼评价体系，是美国金融管理当局对商业银行及其他金融机构的业务经营、信用状况等进行的一整套规范化、制度化和指标化的综合等级评定制度。因其五项考核指标，即资本充足性（Capital Adequacy）、资产质量（Asset Quality）、管理水平（Management）、盈利状况（Earnings）和流动性（Liquidity），其英文第一个字母组合在一起为"CAMEL"，正好与"骆驼"的英文名字相同而得名。来评估银行的状况，大量研究都使用资本充足、资产质量、管理质量、盈利、流动性和对市场风险的敏感性作为预测破产风险的指标。早期文献（Cole & Gunther，1995；Wheelock & Wilson，2006）研究了20世纪80年代和90年代美国储蓄和信贷危机期间金融机构的数据，近期文献也使用同样的分析框架分析了全球金融危机期间的银行破产。

这些研究一致地采用了较为稳定的银行破产预测因素，包括总贷款增速、过度依赖短期市场融资，另外低质量资产（高水平的不良贷款）、低盈利性和低资本率均与风险积累有关系。其他文献指出，在全球金融危机期间，资本化更好的银行的表现更好。德米尔-库克和赫伊津哈（Demirgüç-Kunt & Huizinga，2009）发现在金融危机期间，更强的资本缓冲，与银行更好的股票市场表现正相关，还发现当用杠杆率代表资本化水平，而不是用风险调整资本率的话，资本化与股市表现的相关性更强，贝尔特拉蒂和斯塔尔兹（Beltratti & Stulz，2012）发现发现了相似的结论。但是，资本与风险之间的相关性可能是非线性的，阿尔通巴斯（Altunbas）指出，非常低和非常高的资本化水平导致银行风险偏好上升。实际上，更高的资本可能反映了监管当局努力的鼓励风险较高的银行保持较多的资本缓冲。德力斯和斯塔库拉斯（Delis & Staikouras，2009）发现了高资本缓冲与高风险的证据。梅斯和施特雷梅尔（Mayes & Stremmel）比较了基于风险和无风险的资本率指标，发现无风险加权资本率，如杠杆率，在解释银行破产和风险压力时具有很好的解释力和精确性。

很多相关文献研究了资本与银行抵抗金融危机能力的关系。研究表明，以股价度量的话，在金融危机期间，具有更多资本缓冲的银行表现更好。佰杰和鲍曼（Berger & Bouwman，2010）分析了美国银行在两次银行危机和三次市场危机中的生存概率，提出具有较高资本的小规模银行更有可能度过所有类型的危机，相应的，较高的资本缓冲仅提高了中型和大型银行面对银行危机的生存概率。现有文献基于银行层面数据显示资本率能够很好地解释未来的银行倒闭，以及二者存在非线性的关系。

2. 资本监管与流动性监管

自巴塞尔协议Ⅲ出台之后，一些近期的文献研究了新流动性监管指标对降低银行破产的能力。戈巴、柳濑和马洛尼（Gobat，Yanase，& Maloney，2014）提出在金融危机期间，银行不稳定的主要风险来源是过度的期限转换。实际上，陷入困难的银行都具有较低的净稳定资金比率，尽管他们的资本充足都满足最低监管要求（BCBS，2014）。

瓦兹和费德里科（Vazquez & Federico，2015）研究了银行结构流动性和杠杆率，通过2001—2009年美国和欧洲银行的样本，发现这两种指标的互补性。在金融危机前，具有较弱结构流动性和较强杠杆的银行在金融危机期间更容易破产。还发现了银行类型之间存在的系统化偏差。较小银行由于流动性问题，更容易破产，而大规模的跨国银行集团的破产是由于资本缓冲的不足。洪、黄和吴

（Hong，Huang，& Wu，2014）检验了2001—2011年美国商业银行的样本，发现无论是净稳定资金比率NSFR还是流动性覆盖率LCR对银行破产的效应是有限的。

迪特里希、赫斯和范森里德（Dietrich，Hess，& Wanzenried，2014）提出持有资本和流动性资产对银行安全和稳健具有重要作用，而新规则与缓冲资本的交互作用还缺乏研究。尽管流动性和偿付能力密切相关，但二者不能完全替代。进一步的发现，资本化更好的银行需要更少的流动性，更高的资本化率使得储户和投资者对银行更具信心，进而提高银行短期融资能力和降低短期融资成本。但是，雄厚的资本还不足以解决流动性风险，无论持有多少资本，银行仍然需要持有流动性缓冲。在金融危机期间，随着危机的显现，即使是资本非常充足的银行也面临着短期融资困难。另外，充足的流动性缓冲可以补充银行面对危机时较低的资本充足。流动性标准可以通过很多渠道与资本产生互动（ECB，2014；Farag，Harland & Nixon，2013）。银行可以通过降低有风险的、非流动性资产，以流动性资产来替代，从而会导致资本充足率的提高。另外随着资本充足率的提高，提高NSFR的成本会降低，意味着两个指标间的协同效应（ECB，2014）。在确保银行稳健性方面，资本和流动性同样重要。银行持有资本和流动性缓冲，对银行发挥金融中介作用是有害的，将阻碍银行发挥金融中介作用，也是监管的成本之一。银行和监管当局都在寻求防范风险与降低成本之间的最优组合。可见，当前关于资本缓冲和流动性缓冲对银行随后的破产可能性效应的研究仍然还需要进行。

巴塞尔协议Ⅲ讨论了结构流动性和资本缓冲对银行脆弱性的联合作用，总结到较多的资本缓冲与较低的银行危机可能性相关，但是由于数据限制，现有研究还是基于总量数据的，缺乏银行层面的流动性缓冲对银行安全性的证据。全球金融危机除了导致监管当局更新了资本监管和提出了流动性监管等微观审视监管标准之外，学者和政策制定者还提出应该制定互补的宏观审视监管框架来保护系统性的金融体系稳健。

2.4 小结

本章从银行的流动性风险出发，回顾了国际监管框架巴塞尔协议的演化，并进一步回顾了针对流动性风险监管和巴塞尔协议Ⅲ流动性监管的研究文献。总体上，国外对流动性风险和巴塞尔协议Ⅲ流动性监管的研究比国内的研究成果要丰富，对银行业监管来说，国际监管框架长期以来是以资本监管为核心的，针对资本监管的研究国内外已经积累了丰富的成果，而针对巴塞尔协议Ⅲ流动性监管的研究成果还较少，尤其是基于中国银行业的研究，国内学者多是从一些定性的角度分析了巴塞尔协议Ⅲ流动性监管，及在中国的适用性。

这方面文献稀少，一个主要的原因是巴塞尔协议Ⅲ流动性监管提出较晚，2010年才正式由巴塞尔委员会发布，同时在2014年经过了修订，因此各国商业银行基本还没有公开发布相应的流动性覆盖率和净稳定资金比率的数据；另一个原因是这两个监管指标计算方法的复杂性，公开可获取的数据还不足以支持精确的历史模拟，尤其是流动性覆盖率。基于这些原因，针对中国银行业的巴塞尔协议Ⅲ流动性监管的有效性等研究还处于起步阶段，本书试图在这方面做出贡献。

第3章　巴塞尔协议Ⅲ流动性监管指标度量与驱动因素

巴塞尔协议Ⅲ的一个独特之处是提出了两个流动性监管指标，流动性覆盖率和净稳定资金比率，建立了全球统一的流动性监管框架。在实施进度上，两个指标并不一致，其中，流动性覆盖率已经具有明确的过渡期安排，在很多国家已经开始被监管当局纳入监管体系中，而净稳定资金比率是长期结构流动性监管指标，代表了商业银行的长期流动性状况和期限错配的程度。目前还没有推出明确的过渡期安排，还在研究和调整中。本章回到最初的起点，研究净稳定资金比率的驱动因素，是什么因素造成了净稳定资金比率在不同银行之间的差异，对驱动因素的研究也是研究该流动性监管新规对商业银行影响的前提。

3.1　监管指标度量

《第三版巴塞尔协议：流动性风险计量、标准和监测的国际框架》（*Basel* Ⅲ: *International framework for liquidity risk measurement, standards and monitoring*）中对流动性覆盖率和净稳定资金比率的计量方面做出了原则性的说明，并规定这些监管标准应在全球范围内有监管当局推动实施并确保一致性。因此，标准中的各项计量参数都已经在国际协调一致并明确取值。但为反映辖区内的具体情况，各监管当局有权自行决定某些参数。在这些情况下，各监管当局应将自行决定的参数在监管制度中给予明确并保持透明，以确保境内外各方均清晰了解。由于目前还没有公开的监管指标数据，为研究流动性监管指标，必须首先明确其计算方法，进行估算。本节首先介绍第三版巴塞尔协议的计量方法，再介绍我国监管当局制定的方法，以及在学术研究中常用的估计方法。

3.1.1 巴塞尔协议Ⅲ的计量方法

1. 流动性覆盖率（LCR）

巴塞尔协议此Ⅲ指出流动性覆盖率旨在确保银行在监管当局设定的严重流动性压力情境下，能够保持充足的、无变现障碍的优质流动性资产，这些资产可以通过变现来满足其未来30日的流动性需求。这些流动性资产至少应该能够保证银行在设定的压力清下，一直存续到第30日，使得银行管理层和或监管当局有足够的时间采取适当的措施，有序处理银行的问题。

其基本定义为

$$LCR = \frac{\text{优质流动性资产储备}}{\text{未来30日现金净流出量}} \tag{3-1}$$

其中净现金流出总额为

$$\text{净现金流出总额} = \text{现金流出总额} - \min\left(\text{现金流入总额}75\% \times \text{现金流出总额}\right) \tag{3-2}$$

流动性覆盖率建立在传统的流动性“覆盖率”方法基础之上，在银行内部该方法被用来评估偶发流动性事件可能导致的风险暴露。流动性覆盖率的标准是不低于100%。主要由以下两个部分组成：①压力条件下的优质流动性资产储备。涉及各项资产的期限、质量等；②根据监管当局设定的情景参数计算出的现金净流出量。流动性覆盖率的计算极其复杂，巴塞尔委员会专门提出了一个模板用于参考，由于可公开获取的数据无法支持对流动性覆盖率的计算，本书不再赘述其计算模板，重点关注净稳定资金比率。

2. 净稳定资金比率（NSFR）

净稳定资金比率，长期流动性监管指标，与短期指标流动性覆盖率相互独立又互补，根据银行在一个年度内资产和业务的流动性特征设定可接受的最低稳定资金量。作为流动性覆盖率的补充，有助于银行通过结构调整减少短期融资的期限错配带来的流动性风险，增加长期稳定资金来源，提高银行的结构流动性水平。

与传统的银行流动性管理的指标不同，净稳定资金比率可以确保长期资产具有与其流动性风险状况相匹配且至少满足最低稳定负债限额的资金来源。目标就是防止银行在市场繁荣、流动性充裕时期过度依赖短期批发资金，从而造成流动性风险的积累。鼓励其对表内外资产的流动性风险进行更充分的评估。此外，净稳定资金比率指标也有助于抑制银行使用期限刚好大于流动性覆盖率规定的30日时间区间的短期资金建立其流动性资产储备。

其定义为

$$\text{净稳定资金比率(NSFR)}=\frac{\text{可用稳定资金(ASF)}}{\text{所需稳定资金(RSF)}} \tag{3-3}$$

净稳定资金比率定义为可用的稳定资金与所需稳定资金的比值，监管要求比例大于100%。其中，可用稳定资金（ASF）是指在持续压力情境下，1年内都能保证为稳定融资来源的权益类和负债类资金。一家机构对这类资金的需求量是其所持有各类资产的流动性特征、表外业务引发的或有风险暴露或其开展业务情况的函数。可见，净稳定资金比率（NSFR）越大，说明相对于银行的资产来说，银行的负债更稳定，银行面对的结构流动性风险越小。

具体的，可用稳定资金包括：①资本；②期限大于等于1年的优先股；③有效期限大于等于1年的债务；④无确定到期日的存款和/或期限小于1年的但在出现非系统性的特定压力事件时仍不会被取走的定期存款；⑤期限小于1年但在银行出现非系统性的特定事件时仍不会被取走的批发资金。可用稳定资金总量是这些构成要素与相应的ASF系数的乘积，根据相应资金状况的稳定性状况，设定ASF系数大小。

监管当局针对银行资产、表外风险暴露，以及其他选定业务的流动性风险基本特征，比如期限等特征，设定监管假设，计算相应业务所需的稳定资金总量。稳定资金总量，等于银行所持有的资产价值，与该资产特定的稳定资金需求系数（RSF系数）的乘积，再加上表外业务，或潜在流动性风险暴露于相应的RSF系数的乘积。RSF系数，是指各类资产和表外风险暴露项目中，监管当局认定需要由稳定资金支持的价值占比。具体来说，资产的流动性较强，在压力环境下较容易转化为流动性来源的资产可以被赋予较低的系数，也就是需要较少的稳定资金支持。同理，在压力环境下，流动性较差的资产则需要更多的稳定资金支持。

巴塞尔委员会也对净稳定资金比率做出了简单的参考计算方法，如表3-1所示：

表3-1　巴塞尔委员会净稳定资金比率NSFR计算框架

可用稳定资金ASF（资金来源）		所需稳定资金RSF（资金运用）	
项目	ASF系数	项目	RSF系数
资本总额，包括：巴塞尔委员会发布的全球资本标准中定义的一级资本和二级资本； 未包括在二级资本中、有效余期大于等于1年的优先股； 有效余期大于等于1年的所以担保及无担保借款和负债（包括定期存款），不包括因显性或隐含期权安排可能使预期期限小于1年的工具	100%	现金； 交易活跃的短期无担保工具（期限不足1年）； 能完全冲销逆回购协议的证券； 余期不足1年的证券； 向金融机构发放的、余期不足1年且不可展期的贷款	0
由零售客户和小企业客户提供的“稳定”且无确定到期日（活期）存款和/或余期不足1年的定期存款	90%	由主权实体、中央银行、国际清算银行、国际货币基金组织、欧洲委员会、非中央政府、多边开发银行发行或担保，且在第二版巴塞尔协议标准法下风险权重为0的债务	5%
由零售客户和小企业客户提供的“欠稳定”且无确定到期日（活期）存款和/或余期不足1年的定期存款	80%	由主权实体、中央银行和公共部门实体发行的，评级至少为AA-且无变现障碍的非金融优先级无担保公司债券和担保债券，其风险权重为20%，期限大于等于1年	20%

续表

可用稳定资金 ASF（资金来源）		所需稳定资金 RSF（资金运用）	
项目	ASF 系数	项目	RSF 系数
非金融机构、主权实体、中央银行、多边开发银行以及公共部门实体体用的无担保批发资金、无确定到期日存款和/或余期不足1年的定期存款。	50%	无变现障碍的上市权益类证券，或评级为A+至A-、期限大于等于1年的非金融优先级无担保公司债券（或担保债券）； 黄金； 向非金融公司客户、主权实体、中央银行和公共部门实体发放的期限不足1年的贷款	50%
以上所列之外的所有其他负债和权益	0%	任何期限的无变现障碍住房抵押贷款和其他无变现障碍贷款，不含向金融机构发放的、余期大于等于1年且在第二版巴塞尔协议标准法下信用风险权重为35%或更低的贷款	65%
		向零售客户和小企业发放的其他期限不足1年的贷款	85%
		所有其他资产	100%
		表外风险暴露	
		已承诺信用和流动性便利额度的未提取部分	5%
		其他或有融资业务	监管当局自行确定

巴塞尔委员会于2014年10月发布了《巴塞尔协议Ⅲ：净稳定资金比例》修改版，对净稳定资金比率相关项目系数进行了调整。2014版净稳定资金比例较2010版降低了指标实施对实体经济的负面影响，主要对指标中“稳定资金”的业务构成与权重系数的修订，并对信息披露等相关制度的完善进行了指导。如表3-2所示。

表3-2　净稳定资金比率NSFR2010年与2014年系数

可以稳定资金ASF	2010年系数	2014年系数	影响
现金和长期负债	100%	100%	不变
稳定存款	90%	95%	增加
欠稳定存款	80%	90%	增加
经营性存款	0%	50%	增加
6个月至1年到批发融资	0%	50%	增加
所需稳定资金（RSF）	2010年系数	2014年系数	影响
央行准备金、现金；无变现障碍同业贷款（RM < 6m）	0%	0%	不变
无变现障碍优质流动性资产（RM < 1Y）	0%	5%	降低
无变现障碍2a和2b资产（RM ≥ 1Y）	20/50%	15/50%	不变
有变现障碍优质流动性资产（6m－1Y）	0%	50%	降低
非优质流动性资产，非银行金融机构不可展期贷款（RM < 1Y）	0%	50%	降低
批发贷款（6m－1Y）	0%	50%	降低
无变现障碍零售贷款（RW ≤ 35% RM < 1Y）	65%	50%	增加
无变现障碍零售贷款（RW > 35% RM < 1Y）	85%	50%	增加
无变现障碍大型公司、政府等贷款（RM < 1Y）	50%	50%	不变
其他无变现障碍贷款（RW ≤ 35% RM ≥ 1Y）	65%	65%	不变
无变现障碍抵押贷款（RW ≤ 35% RM ≥ 1Y）	65%	65%	不变
其他无变现障碍经营性贷款（RW > 35% RM ≥ 1Y）	100%	85%	增加
一年期以上有变现障碍资产	100%	100%	不变
有变现障碍非优质流动性资产（RM ≥ 1Y）	100%	100%	不变

注：RM为剩余期限，m为月，Y为年。

表3-2第四列显示了2014年修订之后各项目系数对净稳定资金比率数值的影响。在可用稳定融资来源方面，除了现金和长期融资外，其他权重的变化都增加了净稳定资金比率。在所需稳定资金方面，对无变现障碍优质流动性资产也要赋予5%的权重，对有变现障碍的流动性资产和贷款等也赋予50%的权重，这些变化减小了净稳定资金比率，降低了无变现障碍的零售贷款的权重，这些变化增大了净稳定资金比率。

3.1.2　估算方法

1. 流动性覆盖率

2015年9月中国银行监督管理委员会（现中国银行保险监督管理委员会）发布了修改版《商业银行流动性风险管理办法（试行）》（以下简称《办法》），自2015年10月1日起施行。该办法在借鉴国际监管标准、结合我国银行业流动性风险管理实践并，明确提出了中国版流动性风险监管指标，包括两个指标：流动性覆盖率（LCR）和流动性比例。

《办法》中将流动性风险定义：商业银行无法以合理成本及时获得充足资金，用于偿还到期债务、履行其他支付义务和满足正常业务开展的其他资金需求的风险。该《办法》对流动性覆盖率提出了明确的计算方法，与第三版巴塞尔协议的方法一致，如下所示：

$$\text{流动性覆盖率(LCR)}=\frac{\text{合格优质流动性资产}}{\text{未来30天现金净流出量}}\times 100\% \tag{3-4}$$

并对各个项目以及折算系数进行了详细的说明，本书不再赘述。

2. 净稳定资金比率

根据巴塞尔协议Ⅲ，将净稳定资金比率（NSFR）的定义转换为数学表达就是

$$\text{NSFR}=\frac{\sum_i W_i L_i}{\sum_j W_j A_j} \tag{3-5}$$

其中L_i表示可用稳定资金的项目，即银行的资金来源，或者银行的负债。A_j表示银行资产对应的所需稳定资金的项目，即银行的资金运用，或者银行的资产。W_i和W_j分别表示负债与资产的折算系数。

当前净稳定资金比率还没有纳入我国监管当局的监管指标中，还没有官方计算方法。在研究中，不同研究者和机构采用了各自的方法，而精确地计算NSFR需要非常详细的财务报表数据，而目前可公开获得的数据达不到这样的精度，因

此多数是基于Bankscope数据库的财务数据，将巴塞尔的项目转换为标准财务报表科目，对净稳定资金比率进行大致的测算。本书对现有文献的测算方法进行总结，如表3-3所示：

表3-3　净稳定资金比率计算方法对比——基于Bankscope数据库

项目		$NSFR_1$	$NSFR_2$	$NSFR_3$	$NSFR_4$	$NSFR_5$	$NSFR_6$
可用稳定资金ASF（%）（负债Liabilities与股权Stock）							
Stock（股权）	Total equity 总股权	100	100	100	100	100	100
	Prefered shares and hybrid capital 优先股与混合资本	100	100	100			
	Non-controlling interest 非控制性权益	-100					
Liabilities（负债）	Deposits and short-term funding 存款及短期融资						
	Total customer deposits 客户存款总额	90					
	Customer deposits-currcnt 客户活期存款		85	80	90	90	80
	Customer deposits-savings 客户储蓄存款		70	70	95	95	90
	Customer deposits-term 客户定期存款		70	70	95	95	90
	Deposits from banks 其他银行存款	0	0	0	0	0	0
	Repos and cash collateral 回购与现金抵押品	50					
	Other deposits and short-term borrowings 其他存款和短期借款	0	0	0		50	50
	Wholesale short-term borrowing 1m-6m 批发性短期融资（1m-6m）						
	Wholesale short-term borrowing 6m-12m 批发性短期融资（6m-12m）				50		

续表

项目		NSFR₁	NSFR₂	NSFR₃	NSFR₄	NSFR₅	NSFR₆
Liabilities（负债）	Other interest-bearing liabilities 其他计息负债						
	Derivatives 衍生品		0	0	0		
	Trading liabilities 交易负债		0	0	0		
	Total long term funding 长期资金总额	60	100	100	100	100	100
	Reserves for pensions and other 退休金及其他储备	100					
	Other （non-interest bearing liabilities） 其他非计息负债		100	100			
	Loan loss reserves 贷款损失准备金		100	100			
	Other reserves 其他储备		100	100			
所需稳定资金 RSF（%）（资产 Assets 与表外）							
Assets（资产）	Total earning assets 盈利资产总额			100			
Assets（资产）	Net Loans 净贷款		100				
	Total customer loans 客户贷款总额						
	Mortgages 抵押贷款						
	Residential mortgage loans 住房抵押贷款	65			85	65	65
	Other mortgage loans 其他抵押贷款	65			85		
	Other consumer/retail loans 其他零售贷款	85			85		
	Corporate and commercial loans 企业及商业贷款	85			85		
	Other loans 其他贷款	100			85		
	Net Loans - Residential mortgage loans 净贷款减去住房抵押贷款					85	85
	Memo：Mandatory Reserves included above 备注：上述（贷款）强制性储备				100		

续表

项目		NSFR$_1$	NSFR$_2$	NSFR$_3$	NSFR$_4$	NSFR$_5$	NSFR$_6$
Assets （资产）	Reserves for impaired loans/NPLs 不良贷款准备金/不良贷款					100	100
	Other earning assets 其他盈利资产	100	35	35	100	100	100
	Loans and advances to banks 银行贷款和垫款	0			0	50	0
	Total securities 有价证券总值	40					
	Derivatives 衍生工具						
	Other securities 其他证券						
	Trading securities 交易性证券						
	Investment securities 投资性证券						
	Memo：Government Securities included above 备注：上述包括的政府证券				5		
	Government Securities 政府证券					5	5
	Other Securities = Total securities Less：Government Securities Less：At-equity investments in Associates 其他证券=有价证券总值-政府证券-投资于合伙制的股权					50	50
	Total securities Less：Memo：Government Securities included above 有价证券总值—备注： 上述包括的政府证券				50		
	At-equity investments in Associates 投资于合伙制的股权				100	100	100
	Fixed assets 固定资产		100	100		100	100
	Non-earning assets 非盈利资产						

续表

<table>
<tr><th colspan="2">项目</th><th>$NSFR_1$</th><th>$NSFR_2$</th><th>$NSFR_3$</th><th>$NSFR_4$</th><th>$NSFR_5$</th><th>$NSFR_6$</th></tr>
<tr><td rowspan="7">Assets
（资产）</td><td>Cash and due from banks
现金及同业存款</td><td>0</td><td>0</td><td>0</td><td>0</td><td>0</td><td>0</td></tr>
<tr><td>Goodwill 声誉</td><td></td><td>100</td><td>100</td><td></td><td></td><td></td></tr>
<tr><td>Other intangibles 其他无形资产</td><td></td><td>100</td><td>100</td><td></td><td></td><td></td></tr>
<tr><td>Other assets 其他资产</td><td></td><td>100</td><td>100</td><td></td><td></td><td></td></tr>
<tr><td>All other non-earning assets
所有其他非盈利资产</td><td>100</td><td></td><td></td><td></td><td></td><td></td></tr>
<tr><td>Non-earning assets = Total assets
Less：Total earning assets
Less：Cash and due from banks
非盈利资产=总资产-总盈利资产-现金及同业存款</td><td></td><td></td><td></td><td></td><td>100</td><td>100</td></tr>
<tr><td>Total assets
Less：Total earning assets
总资产—总盈利资产</td><td></td><td></td><td></td><td>100</td><td></td><td></td></tr>
<tr><td rowspan="2">Other
（其他）</td><td>Investments in property 财产投资</td><td>100</td><td></td><td></td><td></td><td>100</td><td>100</td></tr>
<tr><td>Insurance assets 保险资产</td><td>100</td><td></td><td></td><td></td><td>100</td><td>100</td></tr>
<tr><td rowspan="5">Off-balance sheet
（表外）</td><td>Off-balance
表外</td><td></td><td></td><td></td><td></td><td>5</td><td>5</td></tr>
<tr><td>Managed Securitized Assets Reported Off-Balance Sheet
有管理的证券化资产</td><td></td><td></td><td></td><td>5</td><td></td><td></td></tr>
<tr><td>Other off-balance sheet exposure to securitizations
其他表外证券化</td><td></td><td></td><td></td><td>5</td><td></td><td></td></tr>
<tr><td>Guarantees 保证</td><td>5</td><td></td><td></td><td>5</td><td></td><td></td></tr>
<tr><td>Acceptances and documentary credits reported off-balance sheet
承兑汇票和信用证</td><td>5</td><td></td><td></td><td>5</td><td></td><td></td></tr>
</table>

续表

项目		$NSFR_1$	$NSFR_2$	$NSFR_3$	$NSFR_4$	$NSFR_5$	$NSFR_6$
Off-balance sheet（表外）	Committed credit lines 承诺的信用额度	5			5		
	Other contingent liabilities 其他或有负债	5			5		

注：①该部分总结了6种主要的方法，分别来自：$NSFR_1$来自迪特里希、赫斯和范森里德（Dietrich, Hess, & Wanzenried, 2014）；$NSFR_2$来自瓦兹和费德里科（Vazquez & Federico, 2015）；$NSFR_3$来自卡潘和卡利梅亚；$NSFR_4$来自戈巴、柳濑和马洛尼（Gobat, Yanase, & Maloney, 2014）；$NSFR_5$和$NSFR_6$来自克拉蒙特和卡苏（Chiaramonte & Casu, 2016），其中$NSFR_5$是基于巴塞尔银行监管委员会（BCBS, 2014）提出的项目和权重设定，$NSFR_6$基于巴塞尔银行监管委员会提出的项目和权重设定。表中英文科目对应的是Bankscope数据库的标准财务报表科目。

②戈巴、柳濑和马洛尼（Gobat, Yanase, & Maloney, 2014）中将Bankscope中的“Other deposits and short-term borrowings”与一般意义上的“Wholesale short-term borrowing”对应起来，并赋值Wholesale short-term borrowing 6m-12m为50%；将Bankscope中“Memo：Government Securities included above”与一般意义上的“Level 1”级资产对应起来，赋值为5%，将Total securities减去Memo：Government Securities included above与一般意义上的“Level 2”级资产对应起来，赋值为50%；将Bankscope中Total assets减去Total earning assets与一般意义上的“non-interest earning assets”级资产对应起来，赋值为100%；选取的表外风险资产范围最广，赋值为5%。

③克拉蒙特和卡苏（Chiaramonte & Casu, 2016）中将Net Loans减去Residential mortgage loans的剩余贷款权重设置为85%；将Total securities减去Government Securities、At-equity investments in Associates与一般意义上的“Other Securities”对应起来，设置权重为50%；将Total assets减去Total earning assets、Cash and due from banks与一般意义上的“Non-earning assets”对应起来，设置权重为100%；文中没有详细说明如何选取表外风险暴露资产的权重。

表3-3中，迪特里希、赫斯和范森里德（Dietrich, Hess, & Wanzenried, 2014）的方法（$NSFR_1$）与巴塞尔银行监管委员会相似。大量研究都是采用典型的资产负债表数据估算NSFR，仅仅是权重不同。国际货币基金组织（IMF）认为在金融危机之前，在20个国家的大型银行的平均NSFR低于100，在2008恶化的更严重，在2009开始复苏。金（King, 2013）的NSFR研究了15个国家有代表性的银行，发现5个国家的银行在2009年满足最低要求。同时在一个60个银行（其中13个倒闭）的样本中，国际货币基金组织（IMF）认为NSFR是一个较弱的未来流动性问题指标。相对应的，瓦兹和费德里科（Vazquez & Federico, 2015）

认为具有较高NSFR的银行在金融危机期间破产的可能性更小。金（King，2013）基于巴塞尔银行监督管理委员会的权重设置计算NSFR，提出了最有效的满足NSFR要求的路径。

瓦兹和费德里科（Vazquez & Federico，2015）提到用来精确计算NSFR的银行资产和负债数据不能公开获得，但是我们可以根据Bankscope的数据，合理的估算NSFR。该文的测算方法（$NSFR_2$）与巴塞尔协议Ⅲ稍有不同，去掉了一些巴塞尔协议Ⅲ的项目。首先，由于不能获得贷款的类型及到期日，巴塞尔协议Ⅲ具有详细的权重，从0.5到1，因此该文采用较保守的方式，假设所以贷款都要求稳定融资，将贷款的权重设为1。针对其他盈利性资产，认为其更具流动性，将权重设为0.35。固定资产和其他盈利性资产（除Cash and due from banks之外）的权重也设为1。在负债端，根据类型将居民储蓄分类，根据到期日将其他负债分类。设定的权重反映了基本的假设：核心零售存款比其他短期融资来源更稳定。长期负债和股权被认为在1年的期限内都是稳定的。与巴塞尔协议Ⅲ一致，文章将杠杆率设为股权对资产的比值。使用银行流动性和杠杆率的替代指标进行稳健性检验。使用短期融资比例（Short-Term Funding Ratio，STFR）作为流动性的替代指标，即一年内到期的负债对总负债比值。

卡潘和卡利梅亚中权重的取值相对保守（$NSFR_3$），且与巴塞尔协议Ⅲ一致。同时，由于缺乏贷款到期数据，所以将所有贷款对稳定融资的需求设为1。其他盈利性资产参考瓦兹和费德里科（Vazquez & Federico，2015）的取值，为0.35。在负债端，长期融资、准备金和股权被认为是稳定融资来源，赋予最大的权重；而短期融资，比如同业存款、其他存款和短期借款，衍生品和交易性负债都赋值为0；零售存款（Customer deposits）被认为比短期融资更稳定，因此被赋予更高的权重。

克拉蒙特和卡苏（Chiaramonte & Casu，2016）提出了基于巴塞尔银行监督管理委员会（$NSFR_6$）和巴塞尔银行监督管理委员会（BCBS，2014）（$NSFR_5$）的NSFR计算方法。巴塞尔协议Ⅲ流动性监管从2010—2014年的变化是为了确保这些指标能够反映结构流动性，而不是仅用来进行压力测试。这些变化可以更好地识别流动性错配和脆弱的融资结构。ASF的权重反映了资本和负债的到期日，RSF的权重反映了资产的流动性特征、到期日及表外风险暴露（BCBS，2014）。同时，NSFR的权重的设定基于一些基本假设，如长期负债比短期负债更稳定，短期零售存款比同业批发融资更稳定。商业银行可以通过提高ASF或者降低RSF，或者二者的混合，来满足NSFR的要求（King，2013），这些策略会影响商业银行的流动性管理，更加强调持有流动性资产，尤其是政府债券。艾伦、陈和米尔思等人（Allen，Chan，& Milne et al.，2012）研究了巴塞尔协议Ⅲ流动性规则改变带来的经济应用，尤其是针对持有更多流动性资产对资产负债表的重构以及其随后对信贷供给的影响。科瓦斯和德里斯科尔（Covas & Driscoll，2014）开发了一个一般均衡模型，研究除现有的资本充足率要求外，流动性最低要求对宏观经济的影响。研究发现最低流动性要求将减少信贷约3%，增加约6%的证券。同时阻止了银行发挥最大的获利机会，银行将减少信贷和增加融资成本，进一步的，将导致总产出和消费的下降。相反地，迪特里希、赫斯和范森里德（Dietrich，Hess，& Wanzenried，2014）通过实证指出NSFR对银行业绩的影响是有限的。即使具有成本，但新规则的首要目的是保持银行业稳健性。持有资本和流动性资产对银行安全和稳健具有重要作用，而新规则与缓冲资本的交互作用还缺乏研究。尽管流动性和偿付能力密切相关，但二者不能完全替代。进一步的发现，资本化更好的银行需要更少的流动性，更高的资本化率使得储户和投资者对银行更具信心，进而提高银行短期融资能力和降低短期融资成本。但是，雄厚的资本还不足以解决流动性风险，无论持有多少资本，银行仍然需要持有流动性缓冲。在金融危机期间，随着危机的显现，即使是资本非常充足的银行也面临着短期融资困难。另外，充足的流动性缓冲可以补充银行面对危机时较低的资本充足。流动性标准可以通过很多渠道与资本产生互动（ECB，2014；Farag，Harland，& Nixon，2013）。银行可以通过降低有风险的、非流动性资产，以流动性资产来替代，从而会导致资本充足率的提高。另外随着资本充足率的提高，提高NSFR的成本会降低，意味着两个指标间的协同效应（ECB，2014）。

总之，在确保银行稳健性方面，资本和流动性同样重要。银行持有资本和流动性缓冲，对银行发挥金融中介作用是有害的，将阻碍银行发挥金融中介作用，也是监管的成本之一。银行和监管当局都在寻求防范风险与降低成本之间的最优组合。

3.2　净稳定资金比率描述性统计

3.2.1　净稳定资金比率计量方法

上文回顾了现有文献中常用的NSFR（净稳定资金比率）测算方法，可见可用稳定资金ASF权重的设定主要基于资本和负债的到期期限和稳定性，所需稳定资金RSF权重的设定主要基于资产，包括表外资产的到期日与风险暴露。根据巴塞尔银行监督管理委员会（BCBS，2014）及现有文献的计量方法，本书采用的计量方法如表3-6所示，同时参考上文的6种方法。

其中，NSFR_L表示采用极度保守的权重设定，NSFR_M表示权重的设定适度保守，NSFR_H表示权重的设定相对保守。本书设定的权重依然基于以下几个基本假设：长期融资比短期融资更稳定，核心零售存款比其他短期融资来源更稳定。长期负债和股权被认为在1年的期限内都是稳定的。

在负债端，长期融资和股权被认为是稳定融资来源，赋予最大的权重。其他零售存款方面，NSFR_L和NSFR_M的设定与卡潘和卡利梅亚、克拉蒙特和卡苏（Chiaramonte & Casu，2016）和巴塞尔银行监督管理委员会（BCBS，2014）的设定一致，鉴于可获得的数据仍然较为宽泛，无法得到详细的存款到期日，零售存款（Customer deposits）被认为比短期融资更稳定，因此NSFR_H在设定将所有零售存款统一被赋予更高的权重，设为90%。混合工具视为长期融资，赋予最大的权重。

在资产端，保守地对待贷款，NSFR_L是最保守的，将所有贷款按照都需要稳定融资来覆盖，RSF权重设为100%，NSFR_M的划分相对详细一些，根据克拉蒙特和卡苏（Chiaramonte & Casu，2016）和巴塞尔银行监督管理委员会

（BCBS，2014）将居民抵押贷款权重设为65%，其余贷款设为85%，NSFR_H参考迪特里希、赫斯和范森里德（Dietrich，Hess，& Wanzenried，2014）和巴塞尔银行监督管理委员会（BCBS，2014）对贷款进一步区分。其他盈利性资产均视为完全风险暴露，权重设定为100%。同时基于修订版的巴塞尔协议Ⅲ流动性要求，来区分证券的风险状况，与巴塞尔协议Ⅲ一致，将银行持有的政府债券RSF权重设为5%，其他债券如交易性和衍生品等赋予50%的权重。针对表外资产，采取最宽的尺度，参考戈巴、柳濑和马洛尼（Gobat，Yanase，& Maloney，2014）将表外业务的权重设置为5%（如表3-4所示）。

表3-4 NSFR计量方法

项目		NSFR_L	NSFR_M	NSFR_H
可用稳定资金ASF（%）（负债Liabilities与股权Stock）				
Stock（股权）	Total equity总股权	100	100	100
	Prefered shares and hybrid capital 优先股与混合资本		100	100
	Non-controlling interest非控制性权益			
Liabilities（负债）	Deposits and short-term funding存款及短期融资			
	Total customer deposits客户存款总额			90
	Customer deposits-current客户活期存款	90	90	
	Customer deposits-savings客户储蓄存款	95	95	
	Customer deposits-term客户定期存款	95	95	
	Deposits from banks其他银行存款			
	Repos and cash collateral回购与现金抵押品			50
	Other deposits and short-term borrowings 其他存款和短期借款	50	50	50
	Wholesale short-term borrowing 1m-6m 批发性短期融资（1m-6m）			
	Wholesale short-term borrowing 6m-12m 批发性短期融资（6m-12m）			
	Other interest-bearing liabilities其他计息负债			
	Derivatives衍生品			

续表

项目		NSFR_L	NSFR_M	NSFR_H
Liabilities（负债）	Trading liabilities 交易负债			
	Total long term funding 长期资金总额	100	100	100
	Reserves for pensions and other 退休金及其他储备			
	Other （non-interest bearing liabilities）其他非计息负债		100	100
	Loan loss reserves 贷款损失准备金		100	100
	Other reserves 其他储备		100	100
所需稳定资金 RSF（%）（资产 Assets 与表外 Off-balance）				
Assets（资产）	Total earning assets 盈利资产总额			
	Net Loans 净贷款	100		
	Total customer loans 客户贷款总额			
	Residential mortgage loans 住房抵押贷款		65	65
	Other mortgage loans 其他抵押贷款			65
	Other consumer/retail loans 其他零售贷款			85
	Corporate and commercial loans 企业及商业贷款			85
	Other loans 其他贷款			100
	Net Loans – Residential mortgage loans 净贷款减去住房抵押贷款		85	
	Memo：Mandatory Reserves included above 备注：上述（贷款）强制性储备			
	Reserves for impaired loans/NPLs 不良贷款准备金/不良贷款	100	100	100
	Other earning assets 其他盈利资产	100	100	100
	Loans and advances to banks 银行贷款和垫款		50	
	Total securities 有价证券总值			
	Derivatives 衍生工具			
	Other securities 其他证券			
	Trading securities 交易性证券			
	Investment securities 投资性证券			

续表

项目		NSFR_L	NSFR_M	NSFR_H
Assets（资产）	Memo：Government Securities included above 备注：上述包括的政府证券			
	Government Securities 政府证券	5	5	5
	Other Securities = Total securities Less：Government Securities Less：At-equity investments in Associates 其他证券=有价证券总值-政府证券-投资于合伙制的股权		50	50
	Total securities Less：Memo：Government Securities included above 有价证券总值-备注：上述包括的政府证券	50		
	At-equity investments in Associates 投资于合伙制的股权	100	100	100
	Fixed assets 固定资产	100	100	100
	Non-carning assets 非盈利资产	100	100	100
	Cash and due from banks 现金及同业存款			
	Goodwill 声誉	100		
	Other intangibles 其他无形资产	100		
	Other assets 其他资产	100		
	All other non-earning assets 所有其他非盈利资产			
	Non-earning assets = Total assets Less：Total earning assets Less：Cash and due from banks 非盈利资产=总资产-总盈利资产-现金及同业存款			
	Total Assets Less：Total earning assets 总资产—总盈利资产			

续表

项目		NSFR_L	NSFR_M	NSFR_H
Other（其他）	Investments in property 财产投资	100	100	100
	Insurance assets 保险资产	100	100	100
Off-balance sheet（表外）	Off-balance 表外			
	Managed Securitized Assets Reported Off-Balance Sheet 有管理的证券化资产	5	5	5
	Other off-balance sheet exposure to securitizations 其他表外证券化	5	5	5
	Guarantees 保证	5	5	5
	Acceptances and documentary credits reported off-balance sheet 承兑汇票和信用证	5	5	5
	Committed credit lines 承诺的信用额度	5	5	5
	Other contingent liabilities 其他或有负债	5	5	5

3.2.2　描述性统计

本部分对中国商业银行历年来的净稳定资金比率进行描述性统计，简要分析净稳定资金比率的趋势。虽然巴塞尔委员会2010年才提出这个监管指标，而且现在商业银行普遍还没有公开披露这些信息，但我们可以根据其计算方法进行测算。

数据来自 ORBIS Bank Focus，即原Bankscope数据库，仅考虑中国的商业银行。数据跨度上选取1987—2015年，同时由于计算净稳定资金比率涉及较多财务数据，较早年份的数据缺失情况较为严重，因此重点分析2000—2015年的情况。银行种类限定为商业银行。

1. 纵向比较

表3-5，图3-1、图3-2、图3-3显示了各个净稳定资金比率的年度均值的基本情况。表3-6、表3-7显示了这些指标的相关度。可见：

（1）本书的测算结果与现有文献的测算结果，其基本趋势是一致的。现有文献对净稳定资金比率的测算以及本书的测算都遵循相同的假设基础，表3-5和图

3-1、图3-2显示了无论是1992—2015年度，还是2000—2015年度，这些指标的时间趋势都是一致的。

（2）金融危机之前净稳定资金比率在逐渐恶化，而2007—2010年净稳定资金比率持续上升。这是由于2007年由美国次贷危机爆发的金融危机迅速蔓延至全球，无论是金融机构还是监管当局都强化流动性的管理，金融机构为了防范流动性风险，增加资产的流动性，降低风险暴露，提高融资的稳定性，监管当局也重新审视流动性监管，在强化以资本资管为核心的同时，提高对流动性监管的重视程度。这就造成了2007年开始，净稳定资金比率指标的提高。

（3）本书所提出的三种测算方法NSFR_L、NSFR_M和NSFR_H具有极其相似的趋势，由Pearson相关系数可知其存在显著相关性（表3-6和表3-7）。

（4）除了NSFR4之外，其余测算指标两两之间均存在显著相关性。

总之，通过对净稳定资金比率的测算，可以初步得出净稳定资金比率能够反映出商业银行为应对金融危机所表现出对流动性的偏好，以及长期流动性风险的状况，净稳定资金比率越大，其长期流动性风险越小。同时本书提出的测算方法既基于合理的假设，与巴塞尔委员的原则一致，又与现有文献的方法存在一致性，可以作为净稳定资金比率的合理指标来进行研究。

表3-5　净稳定资金比率（年度均值）

年份	计数	NSFR1	NSFR2	NSFR3	NSFR4	NSFR5	NSFR6	NSFR_L	NSFR_M	NSFR_H
1992	1	0.6936	0.7238	0.5754	0.8953	0.8251	0.8688	0.7975	0.8589	0.8121
1993	2	0.7295	0.8321	0.6722	0.9448	0.8660	0.9213	0.8214	0.9124	0.8662
1994	2	0.7439	0.8801	0.6930	0.9003	0.8304	0.8801	0.7754	0.9367	0.8978
1995	2	0.6888	0.9814	0.6727	0.8138	0.7131	0.7863	0.7190	0.8541	0.8831
1996	2	0.7392	0.9662	0.6204	0.8494	0.7340	0.8073	0.7596	0.7811	0.8090
1997	5	0.6813	1.0358	0.5783	0.7446	0.6158	0.6975	0.6569	0.6780	0.7371
1998	5	0.6926	0.9742	0.6025	0.7602	0.6492	0.7120	0.6714	0.7129	0.7465
1999	5	0.7361	1.0310	0.6475	0.8075	0.7020	0.7537	0.7151	0.7476	0.7811
2000	6	0.7139	1.0210	0.6358	0.7872	0.6847	0.7162	0.6787	0.7288	0.7525
2001	7	0.5544	0.8841	0.5499	0.6266	0.5628	0.5746	0.5476	0.6423	0.6506

续表

年份	计数	NSFR1	NSFR2	NSFR3	NSFR4	NSFR5	NSFR6	NSFR_L	NSFR_M	NSFR_H
2002	15	0.5551	0.8207	0.5271	0.6916	0.6462	0.6426	0.6125	0.6966	0.6678
2003	19	0.6239	0.8768	0.5722	0.7454	0.6917	0.6897	0.6649	0.7306	0.7014
2004	23	0.6438	0.9092	0.5770	0.7401	0.6758	0.6772	0.6626	0.7073	0.6913
2005	30	0.6125	0.8392	0.5361	0.6916	0.6308	0.6372	0.6143	0.6639	0.6620
2006	44	0.6441	0.8841	0.5736	0.7292	0.6729	0.6796	0.6497	0.7166	0.7088
2007	64	0.6172	0.8281	0.5260	0.7128	0.6583	0.6823	0.6499	0.6931	0.7049
2008	70	0.6733	0.8769	0.5600	0.7063	0.6842	0.7013	0.6662	0.7185	0.7338
2009	82	0.7467	0.9620	0.6147	0.7466	0.7351	0.7582	0.7246	0.7692	0.7924
2010	101	0.8030	1.0546	0.6612	0.7318	0.7668	0.7879	0.7647	0.7982	0.8495
2011	126	0.8203	1.0801	0.6462	0.6813	0.7263	0.7545	0.7372	0.7604	0.8535
2012	137	0.7912	1.0724	0.6388	0.6696	0.7207	0.7488	0.7300	0.7570	0.8274
2013	155	0.7625	1.1046	0.6510	0.6359	0.7161	0.7400	0.7216	0.7650	0.8021
2014	157	0.7622	1.1156	0.6517	0.6386	0.7112	0.7252	0.7072	0.7670	0.8054
2015	153	0.7139	1.0543	0.5785	0.5683	0.6104	0.6155	0.6067	0.6617	0.7474
总计	1213	0.7376	1.0222	0.6157	0.6732	0.6974	0.7164	0.6947	0.7399	0.7846

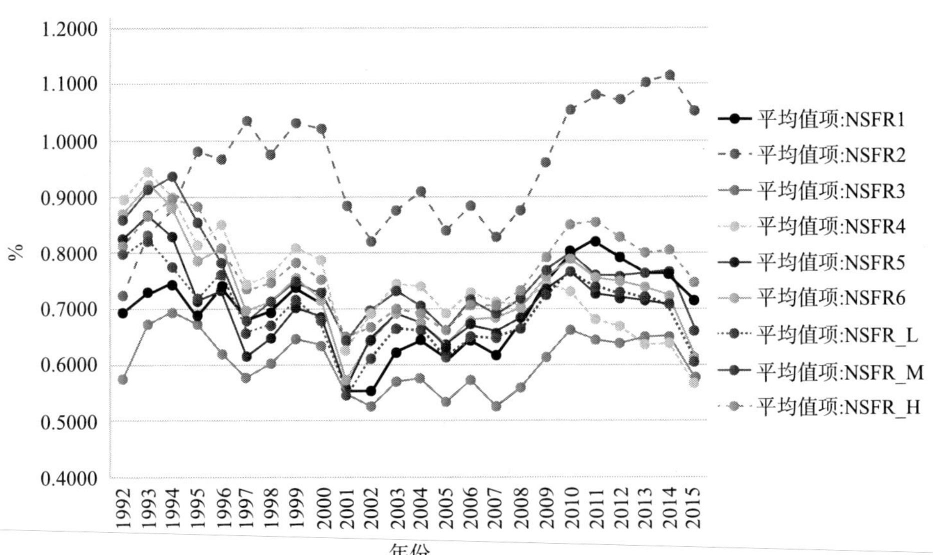

图3-1 净稳定资金比率（1992—2015年年度均值）

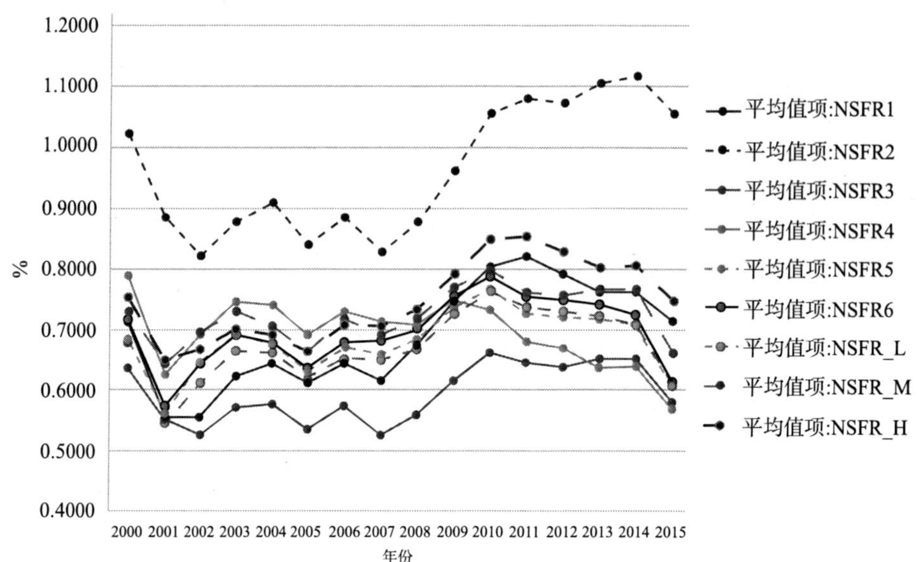

图3-2　净稳定资金比率（2000—2015年年度均值）

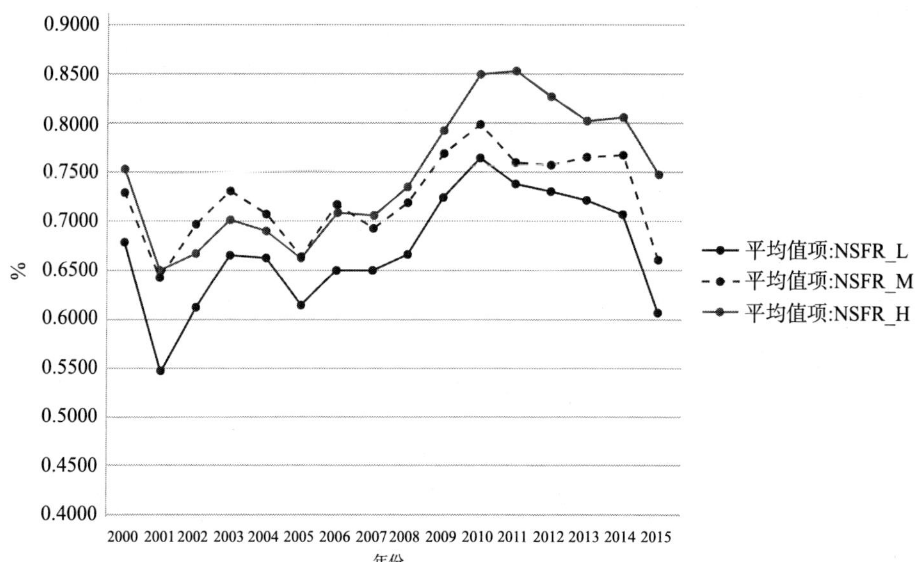

图3-3　净稳定资金比率（2000—2015年年度均值）

表3-6　各净稳定资金比率相关性（1992—2015年）

	NSFR1	NSFR2	NSFR3	NSFR4	NSFR5	NSFR6	NSFR L	NSFR M	NSFR H
NSFR1	1								
NSFR2	0.6718*	1							

续表

	NSFR1	NSFR2	NSFR3	NSFR4	NSFR5	NSFR6	NSFR L	NSFR M	NSFR H
NSFR3	0.8102*	0.5369*	1						
NSFR4	0.134	−0.4406*	0.388	1					
NSFR5	0.5778*	−0.136	0.6616*	0.7274*	1				
NSFR6	0.6030*	−0.0731	0.7135*	0.8123*	0.9572*	1			
NSFR L	0.7322*	0.0776	0.7426*	0.6924*	0.9500*	0.9702*	1		
NSFR M	0.5132*	−0.109	0.7458*	0.7542*	0.9404*	0.9480*	0.8915*	1	
NSFR H	0.8257*	0.347	0.8970*	0.4777*	0.7956*	0.8521*	0.8720*	0.8598*	1

表3-7 各净稳定资金比率相关性（2000—2015年）

	NSFR1	NSFR2	NSFR3	NSFR4	NSFR5	NSFR6	NSFR L	NSFRM	NSFRH
NSFR1	1								
NSFR2	0.8925*	1							
NSFR3	0.9156*	0.9217*	1						
NSFR4	−0.0681	−0.342	0.00400	1					
NSFR5	0.7822*	0.5331*	0.7513*	0.415	1				
NSFR6	0.8277*	0.5818*	0.7891*	0.392	0.9851*	1			
NSFR L	0.8735*	0.6528*	0.8269*	0.300	0.9810*	0.9900*	1		
NSFR M	0.8009*	0.6255*	0.8295*	0.316	0.9752*	0.9672*	0.9654*	1	
NSFR H	0.9798*	0.8636*	0.9054*	−0.0591	0.8168*	0.8605*	0.8965*	0.8517*	1

根据巴塞尔委员会的过渡期安排，净稳定资金比率还没有具体的指导意见，我国监管当局仅仅将流动性覆盖率纳入监管指标中。从表3-8和图3-4中可知，如果按照本书的测算结果，其年度均值还远远达不到监管要求。表3-8和图3-4对2015年中国商业银行净稳定资金比率的分布情况进行了总结。可见绝大多数商业银行在2015年年底都没有达到100%的监管要求，多数分布在50%~90%。

表3-8 2015年中国商业银行净稳定资金比率描述性统计

	最大	最小值	均值	中值
NSFR_L	0.982675	0.047045	0.606736	0.645178

续表

	最大	最小值	均值	中值
NSFR_M	1.100566	0.085605	0.661747	0.709792
NSFR_H	1.108132	0.104323	0.747371	0.747642

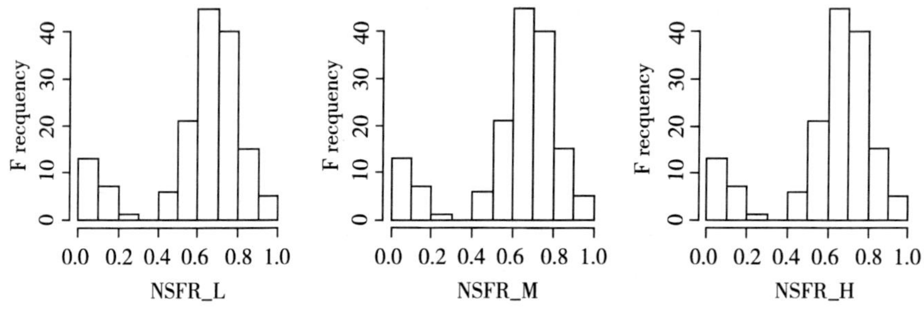

图3-4　2015年中国商业银行净稳定资金比率频方图

2. 横向比较

进一步分类分析不同类型银行NSFR的区别，本书根据佩沙罗和威尔（Pessarossi & Weill）将银行样本分成五类：大型国有商业银行（Large State-Owned Commercial Bank，LSCB）、股份制商业银行（Joint-Stock Commercial Banks，JSCB）、城市商业银行（City Commercial Banks，CCB）、外国银行（Foreign Banks，FOR）、村镇商业银行（Rural Commercial Banks，RCB）。另外，中国银行业监督管理委员会（现中国银行保险监督管理委员会）《商业银行流动性风险管理办法（试行）》中提出资产规模小于2000亿元人民币的商业银行不适用流动性覆盖率监管要求，因此本书按照2000亿元人民币的规模将商业银行分为大规模（大于2000亿元）和小规模（小于2000亿元）两种银行。

表3-9和图3-5显示了五种类型银行的净稳定资金比率，可见在金融危机期间，村镇商业银行（RCB）的净稳定资金比率水平是最高的。大型国有商业银行（LSCB）的净稳定资金比率是最稳健的，在金融危机之前，平稳的处于高位，危机期间，不断上升，在金融危机之后超过村镇商业银行在高位平稳运行。而外国银行（FOR）的净稳定资金比率则波动较大，在2005—2007年一直处于相对较低水平，之后迅速上升。该结果与金融危机期间商业银行应对流动性风险的行为

是一致的。说明在流动性风险管理方面，我国国有大行的长期流动性风险暴露还是较小的，运行较为稳健。

表 3-9　中国商业银行 NSFR（分类型）

变量	观测值	均值	标准差	最小值	最大值
nsfr lccb	16	0.667	0.0818	0.454	0.771
nsfr lfor	16	0.642	0.123	0.353	0.767
nsfr ljscb	16	0.635	0.0621	0.555	0.734
nsfr llscb	14	0.742	0.0613	0.652	0.831
nsfr lrcb	12	0.726	0.116	0.528	0.858
nsfr mccb	16	0.732	0.0697	0.562	0.833
nsfr mfor	16	0.650	0.0943	0.494	0.778
nsfr mjscb	16	0.684	0.0629	0.603	0.793
nsfr mlscb	14	0.832	0.0985	0.705	0.952
nsfr mrcb	12	0.785	0.130	0.523	0.903
nsfr hccb	16	0.741	0.0839	0.553	0.858
nsfr hfor	16	0.708	0.0986	0.511	0.824
nsfr hjscb	16	0.738	0.0701	0.617	0.837
nsfr hlscb	14	0.832	0.0943	0.737	0.957
nsfr hrcb	12	0.820	0.111	0.601	0.936

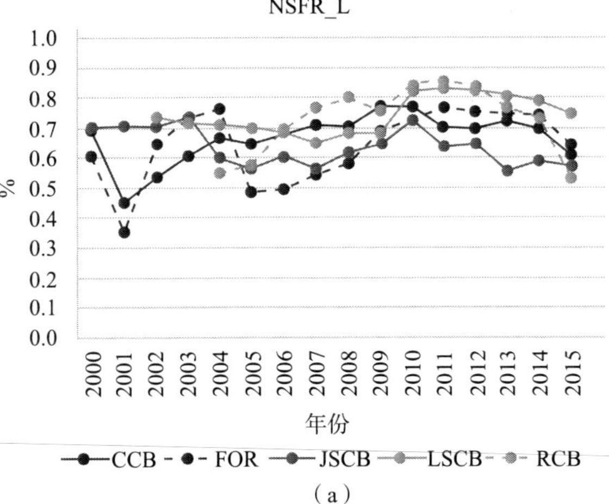

（a）

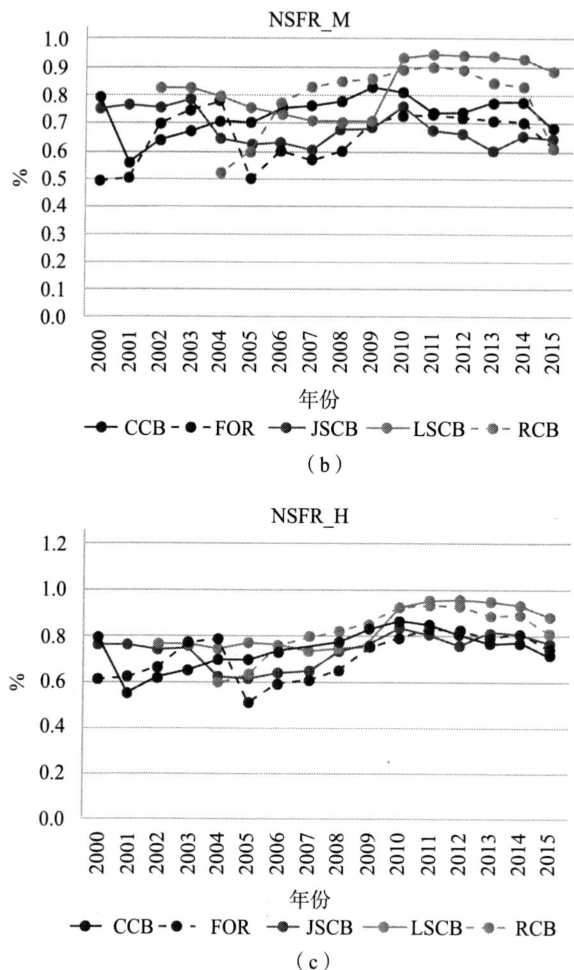

（b）

（c）

图3-5　中国商业银行NSFR（分类型）

表3-10和图3-6显示了按照规模划分的商业银行NSFR，结果显示金融危机之前，大规模商业银行的净稳定资金比率高于小规模银行，从金融危机开始，小规模银行的净稳定资金比率开始上升，并超过大规模银行。由于大型银行资产较多，往往也更重视流动性风险的管理，小规模银行面临危机受到的影响更大，因此面对金融危机带来的威胁，小规模银行的反应更灵敏，其净稳定资金比率的变化说明小规模银行明显感受了流动性风险带来的威胁，开始转变资产负债结构，使得净稳定资金比率发生显著变化。变化幅度明显高于大规模银行，因此在金融危机之后其净稳定资金比率超过了大规模银行。

表3-10　中国商业银行NSFR（分规模）

变量	观测值	均值	标准差	最小值	最大值
nsfr lb	15	0.690	0.0370	0.610	0.743
nsfr ls	16	0.665	0.0773	0.515	0.781
nsfr mb	15	0.745	0.0466	0.676	0.813
nsfr ms	16	0.715	0.0628	0.614	0.810
nsfr hb	15	0.772	0.0206	0.740	0.805
nsfr hs	16	0.739	0.0843	0.623	0.868

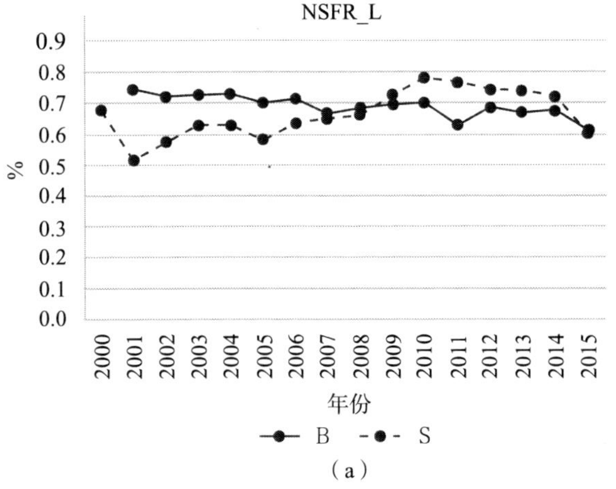

（a）

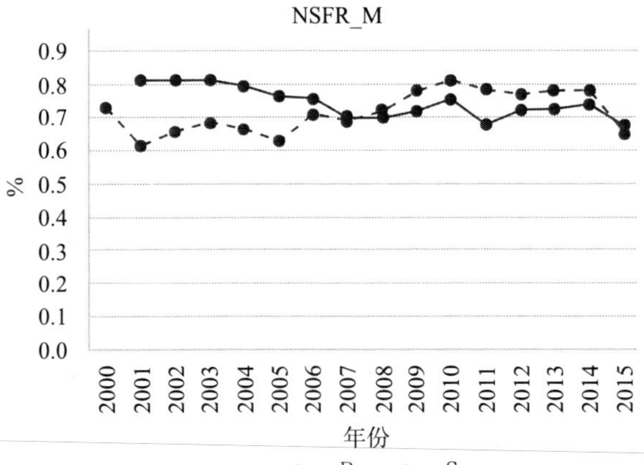

（b）

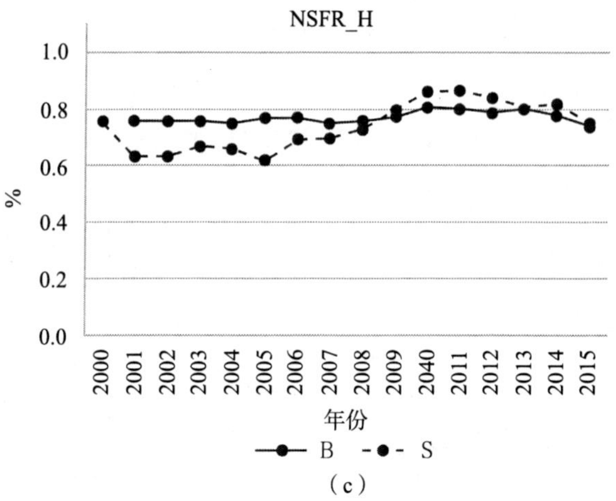

（c）

图3-6　中国商业银行NSFR（分规模）

3.3　净稳定资金比率的驱动因素

全球银行的当前大多数银行的巴塞尔协议Ⅲ流动性监管指标值不同，不同特征的商业银行的指标值也呈现出不同的特点，比如，大多数银行都不能满足NSFR的监管要求，迪特里希、赫斯和范森里德（Dietrich，Hess，& Wanzenried，2014）通过1996—2010年的样本发现大多数西欧的银行都不满足NSFR的最低要求，尤其是大型和快速增长的银行，以及资产管理和投资银行。上文发现中国的绝大多数银行也都不满足净稳定资金比率的最低要求。

本书聚焦于净稳定资金比率，其目的是针对中长期资产，包括表外的风险暴露，建立更加可持续的融资来源，从而降低资产负债表到期错配的程度。净稳定资金比率要求银行采用更稳定的融资来源，促进银行转变商业模式，因此我们认为净稳定资金比率将对银行具有显著的、实质性的影响。为了分析净稳定资金比率对银行的影响，我们首先要从头开始研究什么因素可以导致净稳定资金比率的变化，即其驱动因素是什么。

由于计算流动性覆盖率需要极其详细的流动资产和30天负债的构成及其持续期，而这些信息基本上不可能公开获得，因此对流动性覆盖率的分析就不可能进行。

因此，本书拟对巴塞尔协议Ⅲ流动性监管指标的驱动因素进行详细分析，包括银行层面的因素、宏观经济因素等。

3.3.1 理论分析

商业银行不得不调整资产负债表以满足监管要求，而这些调整策略对银行经营和实体经济均会产生影响。金（King，2013）认为不满足净稳定资金比率最低要求的银行，将调整其资产负债结构，提高稳定融资来源。商业银行可以采取很多不同的策略来应对流动性监管要求，比如资产负债表缩水、改变信贷构成及期限、改变投资组合等。这些策略会产生诸多影响，即所谓的监管成本，比如这些策略均对外部实体经济具有影响，具有外部性，同时研究还表明在流动性监管、银行风险和收益之间存在相互抵消。其满足监管要求的成本最小的策略是增加高评级债券的仓位，延长批发性融资（Wholesale funding）的期限。

迪特里希、赫斯和范森里德（Dietrich，Hess，& Wanzenried，2014）认为银行只有两个选择，一是通过延长负债的期限或者提高股本，来改变融资组合，但这些调整可能提高银行融资成本，降低银行收益。二是减少资产数量，即缩表，但信贷供给降低将对实体经济产生负面影响，同时限量配置生息资产意味着损失盈利机会，失去已有的市场份额，最终减少收益。商业银行很可能是采取混合策略，以满足监管要求。作者同时研究了净稳定资金比率的驱动因素，资本充足越好的银行具有越高的净稳定资金比率，宏观因素也会影响银行的净稳定资金比率，比如GDP增长率和到期风险溢价，在一个收益率迅速上升的宏观环境中，相比较长期融资，银行更偏好短期融资。

总之，对巴塞尔流动性监管新规的研究仍然较为缺乏，尤其是针对中国商业银行的研究，国内学者也对净稳定资金比率进行了诸多研究，但缺乏系统性的全面研究，也缺乏对其驱动因素的研究和实证检验。很多学者都将目光聚焦于资本监管和杠杆率监管，因为资本决定了商业银行的长期安全性。但是金融危机的事实证明，即使是资本充足率很高的银行，面对金融危机的冲击，依然存在破产的风险。因此本书试图在这方面做出贡献。

3.3.2 理论假设与模型设定

下面从三个方面考察巴塞尔协议Ⅲ流动性监管指标净稳定资金比率的驱动因素：银行特征、所有制属性、市场或宏观因素。按照新规提出时间将样本分段：2006—2010年与2011—2015年。

基本面板数据模型为

$$NSFR_{it} = \alpha + \delta NSFR_{i,t-1} + \sum_{j=1}^{J}\beta_j X_{it}^{j} + \sum_{m=1}^{M}\beta_m X_{it}^{m} + \varepsilon_{it} \quad (3\text{-}6)$$

其中，$|\delta| < 1$，$NSFR_{it}$是巴塞尔协议Ⅲ流动性监管指标净稳定资金比率，X_{it}^{j}表示银行层面的特征变量，X_{it}^{m}是宏观变量。该基本模型包含滞后期。

由于商业银行的资产负债结构不可能迅速调整，资产和负债均具有滞后性，因此其结构流动性也存在滞后性，本书在设定模型时加入净稳定资金比率的滞后一期在自变量中。$NSFR_{i,t-1}$的系数δ就代表了净稳定资金比率的调整速度。由于是动态模型，最小二乘估计具有偏差和不一致性（Baltagi，2001）。

另外一个问题是潜在的内生性问题。由于股权以100%的权重进入净稳定资金比率的计算中，因此资本率越高的银行具有越高的净稳定资金比率。但是该因果关系也有可能是相反的。为了处理这些问题，本书采用动态GMM估计。

选取自变量和控制变量，（1）选取银行特征变量。

①资本率，以股权/总资产表示。股本是银行长期稳定的融资来源，资本占比意味着银行的长期安全性。为了研究资本与结构流动性的关系，我们使用股权对总资产的比例表示资本率，与巴塞尔协议Ⅲ的杠杆率要求一致。由于股权以100%的权重加入到净稳定资金比率的可用稳定融资来源ASF中，股权的增加既提高资本率，又提高净稳定资金比率，同时我们认为商业银行既追求稳健的资本率又追求更具弹性和稳定的融资结构，因此我们提出假设：

假设1：资本率越高的银行具有越高的净稳定资金比率，资本率对净稳定资金比率具有正向影响。

②贷款增长速度：净贷款（Net loans）的年度增长率。贷款增长速度也意味着商业银行的历史信贷扩张，在市场繁荣期，信贷扩展需要更多短期资金来支持去融资。因此我们假设：

假设2：信贷扩展导致净稳定资金比率降低，贷款增长速度对净稳定资金比率具有负面影响。

③银行规模，用总资产的对数表示。小型银行基本上专注于传统的金融中介活动（Berger & Bouwman，2009），使用批发性融资或者央行资金支持的能力较弱。同时由于银行规模的扩张可能导致管理人员产生大而不倒的认知，从而产生更多的道德风险和过度的风险偏好，比如过度依赖短期批发性融资而支持其长期资产，产生更严重的期限错配。因此我们提出假设：

假设3：银行规模与净稳定资金比率存在负相关。

④商业模式，用净贷款与总资产的比值表示。即依赖存贷利差盈利的银行其非利息收入占比较低，而一些金融机构的资管业务和投行业务则比较活跃，此时其收入来源多样化，贷款比例较低。我国利率市场化改革自2015年才开始全面取消利率管制，过去商业银行的存贷款利率都受到央行基准利率的严格指导，因此本书使用信贷资产占比作为衡量银行依赖利息收入的程度，作为银行商业模式的指标。本书认为净稳定资金比率是商业模式非中性的，这些收入多样化的银行，其融资来源也是多样的，比如批发性融资等。因此我们假设：

假设4：贷款比例与净稳定资金比率负相关，传统银行的净稳定资金比率较高。

（2）其次，商业银行的所有制属性同样影响其净稳定资金比率。由于目前中国非国有控股银行还处于起步阶段，仅有个别几家股份制银行属于民营资本控股。因此本书根据佩沙罗和威尔（Pessarossi & Weill）将银行样本分成五类：大型国有商业银行（LSCB）、股份制商业银行（JSCB）、城市商业银行（CCB）、外国银行（FOR）、村镇商业银行（RCB）。国有商业银行在中国金融体系中发挥着至关重要的作用，是系统性重要银行，因此往往更加风险厌恶。但同时这些银行也可能存在道德风险，比如由于其特殊地位，存在隐性担保，可能存在过度投资的可能。

而国外银行，一方面，不能够吸引到足够多的传统储蓄，要更加依赖批发性融资；另一方面，可能从母公司获得存款，从而获得成本较低的长期融资。因此，这些因素对净稳定资金比率的影响还需要实证检验。

（3）市场或者宏观经济等外部环境影响着商业银行结构流动性的大体走势，流动性及流动性创造与宏观经济因素密切相关。

①用GDP增长率表示经济周期变化。在经济增长时期，商业银行信贷规模扩张，使用更多的短期融资，可以容忍更严重的期限错配。同时，在增长期，由于市场存在较多更高收益的投资机会，比如理财、投资股票等，导致银行的零售存款更少。因此我们提出假设：

假设5：GDP增长率与净稳定资金比率负相关。

②收益率价差，或者收益率曲线斜率，或者到期风险溢价。因为银行的存贷款和利差很大程度上受到利率期限结构的影响，因此本书用十年期政府债券收益率与短期市场收益率（货币市场工具）之差表示市场收益率价差。收益率曲线越倾斜，收益率价差越高，则商业银行越倾向于短期融资。因此本书提出假设：

假设6：收益率价差与净稳定资金比率负相关。

③金融危机虚拟变量。设定一个金融危机的虚拟变量，分三阶段，金融危机前（2000—2006年）、金融危机中（2007—2010年）和金融危机后（2011—2015年）。金融危机开始于2007年8月，全球银行都受到了显著的波及。在金融危机之前，巴塞尔协议Ⅱ是全球的银行业统一监管框架，流动性监管被忽视，银行倾向于从市场上借入短期融资，而不是依靠更加稳健但是更加困难的零售存款。在繁荣期，该模式使商业银行大获其利，但是在危机阶段，市场流动性枯竭，该模式又使得银行大受其害。金融危机开始后，银行意识到保持足够的流动性储备，有助于其吸收损失和流动性压力。商业银行开始通过各种手段提高结构流动性，应对金融危机。因此本书提出假设：

假设7：金融危机开始后，银行净稳定资金比率开始提高。

3.3.3　样本选取与描述性统计

一、样本选取

金融危机虚拟变量Crisis3，将时间分为三阶段，金融危机前（2000—2006年）、金融危机中（2007—2010年）和金融危机后（2011—2015年）。收益率价差（Yieldcurve）的计算方法为：用10年期国债收益率年度算术平均值减去基准利率12个月算术加权平均利率。其中，10年期国债收益率代表了长期收益率，而基准利率代表了短期利率。按照所有制和组织形式，将商业银行分为五类，LSCB、JSCB、FOR、CCB和RCB样本数分别为63、141、258、599和152。资产规模大于2000亿人民币的银行样本有302个，小于2000亿人民币的样本有911个。由于各银行数据长度不一致，该样本是一个典型的非平衡面板（如表3-11所示）。

表3-11　变量基本统计量

变量名	计算方法	样本量	均值	标准差	最小值	最大值
NSFR_L	ASF/RSF	1213	0.695	0.232	0	1.281
NSFR_M	ASF/RSF	1213	0.740	0.250	0.0134	1.470
NSFR_H	ASF/RSF	1213	0.785	0.220	0.0157	1.349
CapRate	Equity/Total Assets（%）	1213	9.294	8.287	-13.71	91.42
LoanRate	netloans/L.netloans - 1	1034	0.282	1.450	-0.945	33.20
Size	ln（Total Assets /1000）	1213	18.21	1.920	11.69	23.82
Business	netloans/ Total Assets	1212	0.467	0.130	0.0188	0.881
GDP		1208	8.933	1.936	6.900	14.20
Yieldcurve		1176	0.621	0.779	-0.324	2.414
Crisis3		1213	1.661171	0 .8644716	1	3
Bankstyle	LSCB	63				
	JSCB	141				
	FOR	258				
	CCB	599				
	RCB	152				

续表

变量名	计算方法	样本量	均值	标准差	最小值	最大值
Scaletype	B（总资产大于2000亿）	302				
	S（总资产小于2000亿）	911				

注：NSFR_L表示极度保守的权重设定，NSFR_M表示适度保守的权重设定，NSFR_H表示相对保守的权重设定，CapRat表示资本率，LoanRate表示贷款增速，Size表示规模，Business表示商业模式即贷款占比，GDP表示国民生产总值，Yieldcurve表示收益率价差，Crisis3表示金融危机虚拟变量，Bankstyle表示银行类型虚拟变量，Scaletype表示标度类型。

二、描述性统计

进一步描述不同类型、不同规模银行的各变量，以及在金融危机时期的各变量的区别。在上文已经通过图标的方式初步分析了不同类型和不同规模银行的净稳定资金比率的区别，发现大型国有商业银行（LSCB）的净稳定资金比率是最稳健的，在金融危机之前，平稳的处于高位，危机期间，不断上升，之后在高位平稳运行。而外国银行（FOR）的净稳定资金比率则波动较大，在2005—2007年一直处于相对较低水平，之后迅速上升。同时金融危机之前，大规模商业银行的净稳定资金比率高于小规模银行，从金融危机开始，小规模银行的净稳定资金比率开始上升，并超过大规模银行。此处，通过对规模和金融危机分组对比的形式，详细分析各变量的区别。

表3-12显示了按照规模大小分为大规模（资产大于2000亿人民币）和小规模银行（资产小于2000亿人民币）样本，对变量进行分组对比。其中，第一列是变量名，第二列是大规模银行各变量的均值，第三列是小规模银行各变量的均值，第四列至第六列是t值检验的结果，第四列显示t值统计量，第五列显示t检验的P值，第六列标出了显著性。P值越小，越显著，说明两组之间存在显著差异，不显著说明接受原假设，两组之间的差异在统计上不显著。

表3-12 变量分组对比（按规模类型）

变量名	均值（b）	均值（s）	t值	P值	显著性
NSFR_L	0.6668	0.7036	-2.7973	0.0053	***
NSFR_M	0.7210	0.7455	-1.7139	0.0870	*

续表

变量名	均值（b）	均值（s）	t值	P值	显著性
NSFR_H	0.7766	0.7871	-0.8556	0.3925	
GDP	8.5635	9.0640	-4.1090	0.0000	***
CapRate	5.8356	10.2958	-13.2811	0.0000	***
Yieldcurve	0.5630	0.6415	-1.5493	0.1219	
LoanRate	0.1854	0.3133	-2.0318	0.0425	**
Size	20.7419	17.4073	38.4096	0.0000	***
Business	0.4564	0.4696	-1.8824	0.0601	*

注：***、**、*分别表示在1%、5%和10%水平上显著。

结果显示，大规模银行和小规模银行在净稳定资金比率上（NSFR_L、NSFR_M）存在显著差异，净稳定资金比率受到规模的影响。资本率（CapRate）、贷款增速（LoanRate）、商业模式即贷款占比（Business）同样存在规模非中性，在大规模银行和小规模银行之间存在显著差异。而GDP增速和收益率价差等市场及宏观经济环境因素的差异主要是由于不同规模样本数量不同而导致的。规模（Size）显著自然不必赘述。

表3-13按照处于金融危机的哪一个时期进行分组对比，第一列是变量，第二列代表金融危机前（2000—2006年）的变量均值，第三列代表金融危机期间（2007—2010年）变量均值，第四列是金融危机后（2011—2015年）变量均值，第五列至第七列是分组样本之间的t值检验，第五列报告了金融危机前与金融危机中（Bef-Cri）两组样本的t值检验，第六列是金融危机前与金融危机后（Bef-Aft）两组样本的t值检验，第七列是金融危机中和金融危机后（Cri-Aft）两组样本的t值检验。其中t值检验报告了t值统计量和P值。结果显示：

（1）净稳定资金比率在金融危机前都显著低于金融危机期间和金融危机之后的水平，存在显著差异。而在金融危机期间和金融危机之后两个样本期净稳定资金比率不存在显著差异。说明自金融危机开始净稳定资金比率处于上升态势，并将高水平的净稳定资金比率保持到了金融危机之后。

（2）资本率也体现出同样的趋势，资本率在金融危机前的水平显著地低于金融危机期间和金融危机之后的水平。

（3）收益率价差则是从金融危机开始降低，金融危机前和金融危机期间的收益率价差不存在显著差异，金融危机前和金融危机期间的收益率价差则显著地高于金融危机后的收益率价差，自金融危机开始，市场收益率斜率不断降低，短期融资成本相较于长期融资成本上升。

（4）银行规模在三个时期均体现出了显著的差异，规模不断扩张。银行资产规模往往是随着时间不断扩张的，不再赘述。

（5）贷款增速则没有体现出显著的差异。但是以信贷占比表示的商业模式却体现出了显著的变化，在三个时期的信贷占比均具有显著的差异，具有显著的下降的趋势。说明尽管贷款增速没有变化，但是信贷占比的分母项资产规模的不断扩张，以及金融危机的影响，使得商业银行的贷款占比没有保持同样的增速，而是出于下降的状况及信贷增速显著的低于资产规模的扩展。这个原因是多方面的，一方面，自金融危机以来，商业银行重视结构流动性，另一方面，我国的商业银行在追求利润来源的多样化，开始重视资管、投行等业务的看展。贷款占比的趋势体现了商业模式的转型。

表3-13　变量分组对比（按金融危机分段）

变量名	均值（Bef）	均值（Cri）	均值（Aft）	t-检验 Bef-Cri	t-检验 Bef-Aft	t-检验 Cri-Aft
NSFR_L	0.6388	0.7094	0.6987	-3.3999*** （0.0008）	-3.197*** （0.0016）	0.6905 （0.4901）
NSFR_M	0.7008	0.7519	0.7414	-2.2574** （0.0247）	-2.0054** （0.0461）	0.6171 （0.5374）
NSFR_H	0.6900	0.7800	0.8050	-4.1426*** （0.000）	-6.1083*** （0.000）	-1.6062 （0.1088）
GDP	10.8747	10.7682	7.7562	0.6677 （0.5048）	24.5849*** （0.000）	28.2395*** （0.000）
CapRate	6.7994	9.2620	9.5874	-3.0808*** （0.0023）	-3.8256*** （0.0002）	-0.6023 （0.5472）

续表

变量名	均值（Bef）	均值（Cri）	均值（Aft）	t-检验 Bef-Cri	t-检验 Bef-Aft	t-检验 Cri-Aft
Yieldcurve	1.5168	1.4168	0.1139	1.478 （0.1413）	21.609*** （0.000）	48.2632*** （0.000）
LoanRate	0.2899	0.2633	0.2825	0.7897 （0.4306）	0.0984 （0.9216）	-0.2661 （0.7902）
Size	17.4431	17.9040	18.5673	-2.0854** （0.0381）	-5.479*** （0.000）	-5.3937*** （0.000）
Business	0.5571	0.5226	0.4237	3.3673*** （0.0008）	15.2893*** （0.000）	11.9686*** （0.000）

注：***、**、*分别表示在1%，5%和10%水平上显著。

继续深入分析规模与金融危机对净稳定资金比率的影响。表3-14显示了按照规模大小和是否处于金融危机期间，对净稳定资金比率分组比较。数据区间选择2000—2015年。并进一步区分，按照金融危机前、中、后分为三个时间段，分别为2000—2006年、2007—2010年、2011—2015年。对三个层次的净稳定资金比率进行分组统计，Panel A、B、C为NSFR_L、NSFR_M、NSFR_H的统计结果。其中，显示每一分组的净稳定资金比率均值，以及各组之间双边t检验的结果，P值显著说明拒绝原假设，两组之间均值具有显著区别，即两组净稳定资金比率具有显著的改变。

结果显示：

（1）无论是大规模银行还是小规模银行，在金融危机前后的净稳定资金比率均发生了显著变化。

（2）在金融危机之前（2000—2006年），大规模和小规模银行的净稳定资金比率存在明显区别，大规模银行的净稳定资金比率显著高于小规模银行。

（3）小规模银行在金融危机中（2007—2010年）和金融危机后（2011—2015年），与金融危机前（2000—2006年）具有显著区别，都显著提高了净稳定资金比率的水平。

（4）小规模银行在金融危机中（2007—2010年）的净稳定资金比率与大规模银行在金融危机前（2000—2006年）的净稳定资金比率没有显著区别，可以推断小规模银行在金融危机期间将结构流动性水平提升到了大规模银行的水平。

（5）在金融危机中（2007—2010年），大规模和小规模银行的净稳定资金比率，没有显著性差异。此时，小规模银行大幅度提升了结构流动性水平，而大规模银行的变化不大。

（6）在金融危机后（2011—2015年），小规模银行的净稳定资金比率依然显著地高于大规模银行。

总之，小规模银行在金融危机之前过于依赖同业融资，信贷扩张严重，在金融危机期间受到的威胁较高，因此其净稳定资金比率在金融危机期间迅速提高，达到甚至超过了大规模银行的水平。该结果既验证了净稳定资金比率受到规模和金融危机的影响，又验证了净稳定资金比率可以较好地度量商业银行对期限错配的降低欲望，和追求长期流动性稳健的诉求。

表3-14　净稳定资金比率分组描述性统计

<table>
<tr><th colspan="2" rowspan="2"></th><th colspan="3">大规模</th><th colspan="3">小规模</th></tr>
<tr><th>金融危机前</th><th>金融危机中</th><th>金融危机后</th><th>金融危机前</th><th>金融危机中</th><th>金融危机后</th></tr>
<tr><td colspan="8">Panel A NSFR_L</td></tr>
<tr><td colspan="2">均值</td><td>0.718333</td><td>0.691138</td><td>0.6514052</td><td>0.612231</td><td>0.7133054</td><td>0.7178105</td></tr>
<tr><td rowspan="3">大规模</td><td>金融危机前</td><td></td><td></td><td></td><td></td><td></td><td></td></tr>
<tr><td>金融危机中</td><td>1.2789
（0.2052）</td><td></td><td></td><td></td><td></td><td></td></tr>
<tr><td>金融危机后</td><td>4.3591***
（0.000）</td><td>1.6517
（0.1014）</td><td></td><td></td><td></td><td></td></tr>
<tr><td rowspan="3">小规模</td><td>金融危机前</td><td>4.7245***
（0.000）</td><td>2.7108***
（0.0075）</td><td>1.5597
（0.1205）</td><td></td><td></td><td></td></tr>
<tr><td>金融危机中</td><td>0.30368
（0.7616）</td><td>−0.89242
（0.3739）</td><td>−3.0928***
（0.0021）</td><td>−3.9072***
（0.0001）</td><td></td><td></td></tr>
<tr><td>金融危机后</td><td>0.038766
（0.9691）</td><td>−1.1645
（0.2471）</td><td>−3.7829***
（0.0002）</td><td>−4.3962***
（0.000）</td><td>−0.24202
（0.8089）</td><td></td></tr>
</table>

续表

		大规模			小规模		
		金融危机前	金融危机中	金融危机后	金融危机前	金融危机中	金融危机后
Panel B NSFR_M							
均值		0.784488	0.725928	0.708771	0.672884	0.757445	0.754667
大规模	金融危机前						
	金融危机中	2.5638** （0.0126）					
	金融危机后	4.6214*** （0.000）	0.6535 （0.5148）				
小规模	金融危机前	4.6232*** （0.000）	1.6744* （0.0961）	1.3101 （0.1917）			
	金融危机中	1.5239 （0.1286）	−1.1619 （0.2475）	−2.2158** （0.0272）	−2.9956*** （0.0031）		
	金融危机后	2.1276** （0.0341）	−1.1567 （0.2504）	−2.4054** （0.0165）	−3.14*** （0.002）	0.1371 （0.891）	
Panel C NSFR_H							
均值		0.762729	0.778997	0.778295	0.665767	0.7802	0.815808
大规模	金融危机前						
	金融危机中	−0.7105 （0.4799）					
	金融危机后	−1.1369 （0.2568）	0.0281 （0.9776）				
小规模	金融危机前	4.1786*** （0.0001）	3.6309*** （0.0004）	4.4631*** （0.000）			
	金融危机中	−1.028 （0.3048）	−0.0448 （0.9644）	−0.0969 （0.9228）	−4.215*** （0.000）		
	金融危机后	−4.419*** （0.000）	−1.5306 （0.1298）	−2.4137** （0.0161）	−6.164*** （0.000）	−1.9228* （0.0551）	

注：①***、**、*分别表示在1%、5%和10%水平上显著；②显示t值，括号内为t检验P值。

3.3.4 实证检验

在上文描述性统计的基础上，本书通过面板模型（4-6）对净稳定资金比率的驱动因素进行量化分析。

表3-15报告了对模型（4-6）的基本估计结果。是其中第一列是变量名，自变量中包含了净稳定资金比率的滞后一期（L.NSFR_L），（1）列结果是基本估计结果，（2）~（4）列分别将金融危机前（CrisisBef）、金融危机中（CrisisCri）和金融危机后（CrisisAft）等三个虚拟变量加入模型中。

在估计方法上，（1）~（4）列结果均使用两阶段—纠偏—稳健性系统GMM估计，表中AR（1）和AR（2）显示了Arellano-Bond高阶自相关检验，残差检验的P值显示，模型残差不存在高阶自相关，满足GMM估计的假设，模型设定合理。（5）列是包含了金融危机全部变量的混合OLS估计结果，（6）列是固定效应估计结果。滞后期（L.NSFR_L）的系数是净稳定资金比率的调整系数，虽然混合OLS估计和固定效应估计会产生偏差，但是其估计结果代表了调整系数的上限和下限。可以用来确定系统GMM估计的合理性。

表3-15　NSFR驱动因素模型估计（基本模型）

VARIABLES（变量）	（1）	（2）	（3）	（4）	（5）	（6）
	sys_end1	sys_end2	sys_end3	sys_end4	ols	fe
	NSFR_L	NSFR_L	NSFR_L	NSFR_L	NSFR_L	NSFR_L
L.NSFR_L	0.722***	0.731***	0.715***	0.714***	0.757***	0.551***
	(0.0698)	(0.0586)	(0.0715)	(0.0755)	(0.0330)	(0.0548)
CapRate	0.00413***	0.00388***	0.00388***	0.00391***	0.00318***	0.00204
	(0.000976)	(0.000940)	(0.000986)	(0.000982)	(0.000801)	(0.00141)
LoanRate	−0.00744	−0.00718	−0.00787	−0.00716	−0.00741	−0.00759**
	(0.00459)	(0.00566)	(0.00494)	(0.00533)	(0.00651)	(0.00326)
Size	0.00341	0.00284	0.00323	0.00357	0.00312	−0.0519***
	(0.00288)	(0.00275)	(0.00271)	(0.00274)	(0.00221)	(0.0182)

续表

VARIABLES（变量）	(1)	(2)	(3)	(4)	(5)	(6)
	sys_end1	sys_end2	sys_end3	sys_end4	ols	fe
	NSFR_L	NSFR_L	NSFR_L	NSFR_L	NSFR_L	NSFR_L
Business	0.316***	0.298***	0.309***	0.281**	0.195***	0.200**
	(0.104)	(0.0877)	(0.111)	(0.116)	(0.0494)	(0.0804)
GDP	0.00555**	0.00754**	0.00307	0.00186	0.00355	-1.58×10^{-5}
	(0.00277)	(0.00294)	(0.00295)	(0.00299)	(0.00313)	(0.00290)
Yieldcurve	-0.0128*	-0.0110*	-0.0203**	-0.0241**	-0.0227**	-0.0149
	(0.00727)	(0.00643)	(0.00837)	(0.00994)	(0.00928)	(0.00966)
CrisisBef		-0.0307***			0.0177	-0.0941**
		(0.01000)			(0.0235)	(0.0387)
CrisisCri			0.0298***		0.0449**	-0.0134
			(0.00984)		(0.0209)	(0.0248)
CrisisAft				-0.0335		
				(0.0214)		
Constant	-0.0950	-0.0964	-0.0635	-0.0135	-0.0407	1.177***
	(0.0943)	(0.0892)	(0.0902)	(0.0976)	(0.0623)	(0.376)
Observations	1005	1005	1005	1005	1005	1005
AR（1）	0.000	0.000	0.000	0.000		
AR（2）	0.114	0.122	0.117	0.119		

注：①***、**、*分别表示在1%、5%和10%水平上显著；②括号中为标准误差；③Arellano-Bond自相关检验显示P值。

估计结果显示：

（1）净稳定资金比率滞后一期（L.NSFR_L）的系数显著为正，净稳定资金比率具有显著的持续性，其系数与调整速度之和为1，可见调整速度小于0.3，说明净稳定资金比率的变化较为平稳。

（2）资本率（CapRate）系数为正，验证了本书的假设，资本率对净稳定资金比率存在显著为正的影响，资本越充足，越是安全的银行其结构流动性状况越好，除此之外，二者具有因果关系的原因还包括股本的增加既能提高资本率水平，又以100%的权重进入可用稳定融资中计算净稳定资金比率。

（3）商业模式（Business）系数显著为正，商业模式即信贷资产占比，商业银行的盈利模式显著影响其净稳定资金比率水平。依赖利息收入的银行，比那些具有多样化利润来源，比如资管和投行业的银行，具有更高的净稳定资金比率，验证了本书的假设，即那些收入结构多样化的银行更倾向于使用替代性的融资来源，比如批发性融资。因此，巴塞尔协议Ⅲ流动性新规对那些投行和综合性银行的影响要更严重，将减弱不同商业模式银行之间净稳定资金比率的差异。

（4）收益率价差（Yieldcurve）的系数显著为负，收益率曲线斜率对银行净稳定资金比率具有显著为负的影响，严重了本书的假设，到期风险溢价越高，收益率价差越明显，商业银行越倾向于短期融资，而非长期融资，导致净稳定资金比率水平越低。

（5）金融危机前（CrisisBef）虚拟变量系数显著为负。验证了我们的假设，也与上文分析一致，在金融危机前，商业银行信贷扩张严重，倾向于从市场上借入短期融资，比如批发性融资和央行贷款，其零售存款份额下降。因此在金融危机前，商业银行的净稳定资金比率水平显著低于其他时期，期限错配现象严重。

（6）金融危机中（CrisisCri）虚拟变量系数显著为正。在2007—2010年金融危机期间，市场流动性枯竭，金融危机开始后，银行意识到保持足够的流动性储备，减少信贷供给，提高其吸收损失和缓解流动性压力的能力。商业银行开始通过各种手段提高结构流动性，应对金融危机。

表3-16报告了在模型中加入规模分类因素之后的估计结果。其中（1）列估计结果在基本模型基础上增加了小规模银行（Smallbank）虚拟变量，（2）列结果增加小规模银行与金融危机前这两个变量的交叉项（SB_CrisisBef），（3）列结果增加了小规模银行与金融危机中这两个变量的交叉项（SB_CrisisCri），（4）列结果增加了小规模银行与金融危机后的交叉项（SB_CrisisAft），（5）列结果在保证不存在完全共线性的同时，增加了SB_CrisisBef与SB_CrisisCri这两个交叉项。在估计方法上，（1）~（5）列结果均使用两阶段—纠偏—稳健性系统GMM估计，表中AR（1）和AR（2）显示了Arellano-Bond高阶自相关检验，残差检验的P值

显示，该模型估计的残差不存在高阶自相关，满足GMM估计的假设，模型设定合理。

表3-16　NSFR驱动因素模型估计（分规模）

VARIABLES（变量）	(1)	(2)	(3)	(4)	(5)
	sys_SB	sys_Bef	sys_Cri	sys_Aft	sys_SB_allCri
	NSFR_L	NSFR_L	NSFR_L	NSFR_L	NSFR_L
L.NSFR_L	0.723***	0.728***	0.731***	0.724***	0.728***
	(0.0726)	(0.0677)	(0.0710)	(0.0734)	(0.0676)
CapRate	0.00402***	0.00406***	0.00370***	0.00392***	0.00400***
	(0.000892)	(0.000912)	(0.000803)	(0.000802)	(0.000896)
LoanRate	−0.00712	−0.00698	−0.00696	−0.00699	−0.00760
	(0.00485)	(0.00544)	(0.00493)	(0.00450)	(0.00505)
Business	0.305***	0.368***	0.318***	0.310***	0.367***
	(0.110)	(0.100)	(0.105)	(0.114)	(0.104)
GDP	0.00248	0.00573**	0.00364	0.00386	0.00569**
	(0.00315)	(0.00276)	(0.00277)	(0.00281)	(0.00261)
Yieldcurve	−0.0212**	−0.0122*	−0.0168**	−0.0171**	−0.0118*
	(0.00937)	(0.00699)	(0.00772)	(0.00760)	(0.00698)
CrisisCri	0.0335*				
	(0.0203)				
CrisisBef	0.00116				
	(0.0220)				
Smallbank	−0.0150				
	(0.0132)				
SB_CrisisBef		−0.0486***			−0.0475**
		(0.0154)			(0.0204)
SB_CrisisCri			0.0178*		6.03×10^{-5}
			(0.0102)		(0.0134)
SB_CrisisAft				−0.0147	
				(0.0149)	

续表

VARIABLES（变量）	(1)	(2)	(3)	(4)	(5)
	sys_SB	sys_Bef	sys_Cri	sys_Aft	sys_SB_allCri
	NSFR_L	NSFR_L	NSFR_L	NSFR_L	NSFR_L
Constant	0.00695	-0.0587	-0.0204	-0.00494	-0.0579
	(0.0533)	(0.0497)	(0.0551)	(0.0545)	(0.0512)
Observations	1005	1005	1005	1005	1005
Number of id	160	160	160	160	160
AR（1）	0.000	0.000	0.000	0.000	0.000
AR（2）	0.113	0.109	0.115	0.113	0.109

注：①***、**、*分别表示在1%、5%和10%水平上显著；②括号中为标准误差；③Arellano-Bond自相关检验显示P值。

结果显示，资本率、商业模式和收益率价差与基本模型估计结果一致，同时尽管小规模银行虚拟变量Smallbank的系数不显著，但其与金融危机虚拟变量的交叉显著：

（1）交叉项SB_CrisisBef的系数显著为负。在金融危机前，小规模银行的净稳定资金比率显著较小，小规模银行在金融危机前的信贷扩张更为严重。与本书提出的假设和描述性分析一致。

（2）交叉项SB_CrisisCri的系数显著为正。在金融危机阶段，由于在金融危机前，小规模银行的净稳定资金比率本来就显著小于大规模银行，为了应对金融危机，提高结构流动性，其资产负债结构的调整就必须更加剧烈，其净稳定资金比率的提高幅度更大。

表3-17显示了加入银行类型虚拟变量的估计结果。其中第（1）~（5）列在基本模型的基础上分别增加了大型国有商业银行（LSCB）、外国银行（FOR）、股份制商业银行（JSCB）、城市商业银行（CCB）、村镇商业银行（RCB）等五个虚拟变量。在估计方法上，（1）~（5）列结果均使用两阶段—纠偏—稳健性系统GMM估计，表中AR（1）和AR（2）显示了Arellano-Bond高阶自相关检验，残差检验的P值显示，该模型估计的残差不存在高阶自相关，满足GMM估计的假设，模型设定合理。

表3-17　NSFR驱动因素模型估计（分类型）

VARIABLES（变量）	(1)	(2)	(3)	(4)	(5)	(6)
	sys_end1	sys_end2	sys_end3	sys_end4	sys_end5	sys_end6
	NSFR_L	NSFR_L	NSFR_L	NSFR_L	NSFR_L	NSFR_L
L.NSFR_L	0.719***	0.729***	0.727***	0.729***	0.722***	0.734***
	(0.0690)	(0.0670)	(0.0662)	(0.0670)	(0.0691)	(0.0688)
CapRate	0.00382***	0.00470***	0.00381***	0.00404***	0.00368***	0.00464***
	(0.000869)	(0.00114)	(0.000835)	(0.000924)	(0.000865)	(0.00118)
LoanRate	-0.00584	-0.00608	-0.00486	-0.00505	-0.00519	-0.00559
	(0.00607)	(0.00601)	(0.00672)	(0.00646)	(0.00674)	(0.00595)
SB_CrisisCri	0.0280**	0.0223*	0.0210*	0.0203*	0.0240**	0.0245*
	(0.0128)	(0.0129)	(0.0126)	(0.0115)	(0.0117)	(0.0133)
Business	0.300***	0.301***	0.302***	0.290***	0.307***	0.302***
	(0.113)	(0.106)	(0.105)	(0.105)	(0.112)	(0.109)
GDP	0.00284	0.00381	0.00296	0.00353	0.00286	0.00339
	(0.00286)	(0.00280)	(0.00281)	(0.00278)	(0.00281)	(0.00275)
SB_CrisisAft	-0.00846	-0.00980	-0.0144	-0.0134	-0.0107	-0.00990
	(0.0174)	(0.0171)	(0.0160)	(0.0148)	(0.0165)	(0.0181)
Yieldcurve	-0.0219***	-0.0213***	-0.0212***	-0.0201***	-0.0218***	-0.0210***
	(0.00783)	(0.00788)	(0.00746)	(0.00752)	(0.00792)	(0.00769)
LSCB	0.0283**					0.0330*
	(0.0129)					(0.0173)
FOR		-0.0250				-0.0105
		(0.0162)				(0.0214)
JSCB			-0.0116			0.00189
			(0.0225)			(0.0248)
CCB				0.0159		0.0182
				(0.0111)		(0.0153)
RCB					-0.00946	
					(0.0153)	

续表

VARIABLES（变量）	(1)	(2)	(3)	(4)	(5)	(6)
	sys_end1	sys_end2	sys_end3	sys_end4	sys_end5	sys_end6
	NSFR_L	NSFR_L	NSFR_L	NSFR_L	NSFR_L	NSFR_L
Constant	0.00494	-0.00922	0.00412	-0.00866	0.00609	-0.0244
	(0.0502)	(0.0470)	(0.0485)	(0.0513)	(0.0503)	(0.0562)
Observations	1005	1005	1005	1005	1005	1005
AR（1）	0.000	0.000	0.000	0.000	0.000	0.000
AR（2）	0.120	0.116	0.120	0.121	0.120	0.116

注：①***、**、*分别表示在1%、5%和10%水平上显著；②括号中为标准误差；③Arellano-Bond自相关检验显示P值。

结果显示，大型国有商业银行（LSCB）的系数显著为正，与前文假设一致，国有商业银行的股东，或者说是国有资本往往更加风险厌恶，更加重视安全性。在中国的现实经济体制下，由于商业银行在经济运行中所起的至关重要的作用，我国还是一个以间接融资为主的经济体，因此国有银行对安全性的重视显而易见。

而国外银行（FOR）的系数不显著，一方面，不能够吸引到足够多的传统储蓄，要更加依赖批发性融资；另一方面，可能从母公司获得存款，从而获得成本较低的长期融资，可能这两种因素都存在。

表3-18报告了加入银行类型和金融危机期间交叉项的估计结果。其中第（1）列至第（5）列在基本模型的基础上分别增加了大型国有商业银行（LSCB）、股份制商业银行（JSCB）、外国银行（FOR）、城市商业银行（CCB）、村镇商业银行（RCB）等五个虚拟变量与金融危机中（CrisisCri）的交叉项。在估计方法上，第（1）至（5）列结果均使用两阶段—纠偏—稳健性系统GMM估计，表中AR（1）和AR（2）显示了Arellano-Bond高阶自相关检验，残差检验的P值显示，该模型估计的残差不存在高阶自相关，满足GMM估计的假设，模型设定合理。

表3-18 NSFR驱动因素模型估计（银行类型与金融危机）

VARIABLES（变量）	(1)	(2)	(3)	(4)	(5)
	sys_LSCB	sys_JSCB	sys_FOR	sys_CCB	sys_RCB
	NSFR_L	NSFR_L	NSFR_L	NSFR_L	NSFR_L
L.NSFR_L	0.729***	0.729***	0.729***	0.730***	0.719***
	(0.0694)	(0.0724)	(0.0731)	(0.0755)	(0.0720)
CapRate	0.00402***	0.00389***	0.00419***	0.00406***	0.00383***
	(0.000857)	(0.000812)	(0.000849)	(0.000871)	(0.000809)
LoanRate	−0.00698	−0.00737	−0.00684	−0.00698	−0.00746
	(0.00485)	(0.00495)	(0.00498)	(0.00512)	(0.00454)
Business	0.336***	0.333***	0.327***	0.343***	0.321***
	(0.107)	(0.106)	(0.105)	(0.109)	(0.101)
GDP	0.00443	0.00467	0.00536*	0.00333	0.00438
	(0.00291)	(0.00287)	(0.00282)	(0.00297)	(0.00284)
Yieldcurve	−0.0151**	−0.0153*	−0.0117*	−0.0160**	−0.0144*
	(0.00754)	(0.00779)	(0.00697)	(0.00811)	(0.00745)
LSCB_CrisisCri	0.0574***				
	(0.0190)				
JSCB_CrisisCri		0.0312			
		(0.0303)			
FOR_CrisisCri			−0.0253		
			(0.0250)		
CCB_CrisisCri				0.0227	
				(0.0168)	
RCB_CrisisCri					0.0498***
					(0.0154)
Constant	−0.0354	−0.0352	−0.0402	−0.0310	−0.0197
	(0.0559)	(0.0551)	(0.0525)	(0.0580)	(0.0528)
Observations	1005	1005	1005	1005	1005
AR（1）	0.000	0.000	0.000	0.000	0.000
AR（2）	0.105	0.109	0.108	0.109	0.112

注：①***、**、*分别表示在1%、5%和10%水平上显著；②括号中为标准误差；③Arellano-Bond自相关检验显示P值。

结果显示，交叉项LSCB_CrisisCri和RCB_CrisisCri的系数显著为正。说明在金融危机期间，大型国有商业银行和村镇商业银行的净稳定资金比率显著异于其他银行。

总之，针对净稳定资金比率的实证结果显示，净稳定资金比率显著的受到其滞后期、资本率、商业模式、收益率价差、规模以及是否处于金融危机的影响。

3.3.5 稳健性检验

为了得出更为稳健的结论，本书继续使用NSFR_M和NSFR_H替代NSFR_L作为净稳定资金比率的指标，对模型（4-6）进行估计。表3-19和表3-20分别是对NSFR_M和NSFR_H进行驱动因素估计的基本模型，表3-21和表3-22分别是针对NSFR_M和NSFR_H进行分规模的估计，表3-23和表3-24分别是针对NSFR_M和NSFR_H进行分银行类型的估计，表3-25和表3-26分别是针对NSFR_M和NSFR_H进行银行类型与金融危机的估计。

表3-19　NSFR驱动因素模型估计（基本模型NSFR_M）

VARIABLES（变量）	(1)	(2)	(3)	(4)	(5)	(6)
	sys_end1	sys_end2	sys_end3	sys_end4	ols	fe
	NSFR_M	NSFR_M	NSFR_M	NSFR_M	NSFR_M	NSFR_M
L.NSFR_M	0.651***	0.694***	0.654***	0.654***	0.736***	0.506***
	(0.0849)	(0.0576)	(0.0800)	(0.0832)	(0.0324)	(0.0542)
CapRate	0.00306***	0.00225**	0.00264**	0.00267***	0.00195***	0.000363
	(0.00113)	(0.000984)	(0.00114)	(0.00100)	(0.000742)	(0.00135)
LoanRate	−0.00249	−0.00285	−0.00208	−0.00275	−0.00338	−0.00323
	(0.00472)	(0.00497)	(0.00476)	(0.00463)	(0.00496)	(0.00216)
Size	0.00349	0.00307	0.00270	0.00307	0.00354	−0.0498***
	(0.00329)	(0.00308)	(0.00349)	(0.00319)	(0.00231)	(0.0181)
Business	0.497***	0.460***	0.491***	0.484***	0.302***	0.401***
	(0.115)	(0.0814)	(0.115)	(0.114)	(0.0527)	(0.0768)

续表

VARIABLES（变量）	(1)	(2)	(3)	(4)	(5)	(6)
	sys_end1	sys_end2	sys_end3	sys_end4	ols	fe
	NSFR_M	NSFR_M	NSFR_M	NSFR_M	NSFR_M	NSFR_M
GDP	−0.00219	-3.68×10^{-5}	−0.00471	−0.00386	−0.000951	−0.00595**
	(0.00277)	(0.00267)	(0.00289)	(0.00317)	(0.00338)	(0.00298)
Yieldcurve	−0.0191**	−0.0156**	−0.0250***	−0.0239**	−0.0215**	−0.0131
	(0.00791)	(0.00682)	(0.00915)	(0.0115)	(0.00986)	(0.0103)
CrisisBef		−0.0313***			0.00636	−0.113***
		(0.0120)			(0.0251)	(0.0390)
CrisisCri			0.0265**		0.0326	−0.0273
			(0.0116)		(0.0228)	(0.0250)
CrisisAft				−0.0141		
				(0.0279)		
Constant	−0.0343	−0.0526	0.00363	0.00783	−0.0176	1.171***
	(0.117)	(0.0948)	(0.115)	(0.111)	(0.0650)	(0.378)
Observations	1005	1005	1005	1005	1005	1005
AR（1）	0.000	0.000	0.000	0.000		
AR（2）	0.159	0.160	0.159	0.163		

注：①***、**、*分别表示在1%、5%和10%水平上显著；②括号中为标准误差；③Arellano-Bond自相关检验显示P值。

表3-20 NSFR驱动因素模型估计（基本模型NSFR_H）

VARIABLES（变量）	(1)	(2)	(3)	(4)	(5)	(6)
	sys_end1	sys_end2	sys_end3	sys_end4	ols	fe
	NSFR_H	NSFR_H	NSFR_H	NSFR_H	NSFR_H	NSFR_H
L.NSFR_H	0.734***	0.735***	0.741***	0.744***	0.769***	0.556***
	(0.0384)	(0.0402)	(0.0400)	(0.0395)	(0.0323)	(0.0446)
CapRate	0.00301**	0.00322***	0.00277**	0.00298***	0.00274***	0.00110
	(0.00123)	(0.00115)	(0.00115)	(0.00108)	(0.000898)	(0.00175)
LoanRate	0.00520	0.00642	0.00674	0.00576	0.00427	0.00745
	(0.00573)	(0.00599)	(0.00629)	(0.00695)	(0.00635)	(0.00598)

续表

VARIABLES（变量）	(1)	(2)	(3)	(4)	(5)	(6)
	sys_end1	sys_end2	sys_end3	sys_end4	ols	fe
	NSFR_H	NSFR_H	NSFR_H	NSFR_H	NSFR_H	NSFR_H
Size	0.00245	0.00275	0.00247	0.00289	0.00264	-0.0455
	(0.00246)	(0.00258)	(0.00238)	(0.00232)	(0.00191)	(0.0290)
Business	0.374***	0.339***	0.302**	0.270**	0.254***	0.270**
	(0.0979)	(0.120)	(0.124)	(0.127)	(0.0492)	(0.106)
GDP	0.000697	0.00308	-0.00480*	-0.00916***	-0.00591	-0.0167***
	(0.00266)	(0.00273)	(0.00273)	(0.00351)	(0.00376)	(0.00529)
Yieldcurve4	-0.0106***	-0.00907**	-0.0201***	-0.0242***	-0.0220***	-0.0308***
	(0.00390)	(0.00417)	(0.00466)	(0.00566)	(0.00602)	(0.00588)
CrisisBef		-0.0466***				
		(0.0138)				
CrisisCri			0.0538***		0.0343**	0.0591***
			(0.0103)		(0.0158)	(0.0184)
CrisisAft				-0.0750***	-0.0333	0.00401
				(0.0208)	(0.0266)	(0.0294)
Constant	-0.0511	-0.0614	0.00602	0.110	0.0400	1.159*
	(0.0727)	(0.0853)	(0.0847)	(0.0911)	(0.0733)	(0.606)
Observations	942	942	942	942	942	942
AR（1）	0.000	0.000	0.000	0.000		
AR（2）	0.458	0.455	0.580	0.571		

注：①***、**、*分别表示在1%、5%和10%水平上显著；②括号中为标准误差；③Arellano-Bond自相关检验显示P值。

表3-21　NSFR驱动因素模型估计（分规模NSFR_M）

VARIABLES（变量）	(1)	(2)	(3)	(4)	(5)
	sys_SB	sys_Bef	sys_Cri	sys_Aft	sys_SB_allCri
	NSFR_M	NSFR_M	NSFR_M	NSFR_M	NSFR_M
L.NSFR_M	0.651***	0.653***	0.652***	0.647***	0.647***
	(0.0805)	(0.0755)	(0.0850)	(0.0848)	(0.0776)

续表

VARIABLES（变量）	(1)	(2)	(3)	(4)	(5)
	sys_SB	sys_Bef	sys_Cri	sys_Aft	sys_SB_allCri
	NSFR_M	NSFR_M	NSFR_M	NSFR_M	NSFR_M
CapRate	0.00283**	0.00278***	0.00220**	0.00261***	0.00267**
	(0.00112)	(0.000964)	(0.000958)	(0.000955)	(0.00108)
LoanRate	-0.00166	-0.00224	-0.00267	-0.00223	-0.00319
	(0.00465)	(0.00488)	(0.00461)	(0.00474)	(0.00486)
CrisisCri	0.0141				
	(0.0222)				
Business	0.487***	0.536***	0.484***	0.482***	0.558***
	(0.131)	(0.0960)	(0.124)	(0.120)	(0.0951)
GDP	-0.00242	-0.00194	-0.00331	-0.00290	-0.000442
	(0.00303)	(0.00251)	(0.00286)	(0.00270)	(0.00245)
CrisisBef	-0.0225				
	(0.0242)				
Yieldcurve	-0.0208**	-0.0169**	-0.0201**	-0.0199**	-0.0141*
	(0.0103)	(0.00713)	(0.00950)	(0.00799)	(0.00741)
Smallbank	-0.0159				
	(0.0156)				
SB_CrisisBef		-0.0517***			-0.0676***
		(0.0162)			(0.0232)
SB_CrisisCri			0.00749		-0.0150
			(0.0120)		(0.0151)
SB_CrisisAft				-0.00324	
				(0.0171)	
Constant	0.0500	0.0135	0.0516	0.0518	-0.00164
	(0.0636)	(0.0559)	(0.0724)	(0.0649)	(0.0632)
Observations	1005	1005	1005	1005	1005
Number of id	160	160	160	160	160
AR（1）	0.000	0.000	0.000	0.000	0.000

续表

VARIABLES（变量）	（1）	（2）	（3）	（4）	（5）
	sys_SB	sys_Bef	sys_Cri	sys_Aft	sys_SB_allCri
	NSFR_M	NSFR_M	NSFR_M	NSFR_M	NSFR_M
AR（2）	0.155	0.145	0.159	0.159	0.142

注：①***、**、*分别表示在1%、5%和10%水平上显著；②括号中为标准误差；③Arellano-Bond自相关检验显示P值。

表3-22　NSFR驱动因素模型估计（分规模NSFR_H）

VARIABLES（变量）	（1）	（2）	（3）	（4）	（5）
	sys_SB	sys_Bef	sys_Cri	sys_Aft	sys_SB_allCri
	NSFR_H	NSFR_H	NSFR_H	NSFR_H	NSFR_H
L.NSFR_H	0.743***	0.721***	0.741***	0.743***	0.725***
	（0.0412）	（0.0408）	（0.0393）	（0.0386）	（0.0395）
CapRate	0.00271***	0.00314***	0.00242**	0.00285***	0.00295***
	（0.000962）	（0.00101）	（0.000966）	（0.000963）	（0.00104）
LoanRate	0.00665	0.00592	0.00635	0.00640	0.00642
	（0.00658）	（0.00588）	（0.00589）	（0.00606）	（0.00596）
CrisisCri	0.0662***				
	（0.0220）				
Business	0.295**	0.387***	0.313**	0.334***	0.360***
	（0.127）	（0.118）	（0.124）	（0.120）	（0.133）
GDP	-0.00730*	0.00128	-0.00132	-0.000146	-0.000628
	（0.00373）	（0.00273）	（0.00277）	（0.00276）	（0.00262）
CrisisBef	0.0301				
	（0.0311）				
Yieldcurve4	-0.0226***	-0.0111***	-0.0141***	-0.0116***	-0.0139***
	（0.00583）	（0.00420）	（0.00425）	（0.00446）	（0.00402）
Smallbank	-0.0110				
	（0.0118）				
SB_CrisisBef		-0.0594***			-0.0398
		（0.0180）			（0.0262）

续表

VARIABLES（变量）	(1)	(2)	(3)	(4)	(5)
	sys_SB	sys_Bef	sys_Cri	sys_Aft	sys_SB_allCri
	NSFR_H	NSFR_H	NSFR_H	NSFR_H	NSFR_H
SB_CrisisCri			0.0278**		0.0185
			(0.0118)		(0.0155)
SB_CrisisAft				-0.0136	
				(0.0134)	
Constant	0.0776	-0.00540	0.0310	0.0198	0.0152
	(0.0554)	(0.0470)	(0.0502)	(0.0495)	(0.0596)
Observations	942	942	942	942	942
Number of id	160	160	160	160	160
AR（1）	0.000	0.000	0.000	0.000	0.000
AR（2）	0.615	0.509	0.517	0.487	0.547

注：①***、**、*分别表示在1%、5%和10%水平上显著；②括号中为标准误差；③Arellano-Bond自相关检验显示P值。

表3-23　NSFR驱动因素模型估计（分类型NSFR_M）

VARIABLES（变量）	(1)	(2)	(3)	(4)	(5)	(6)
	sys_end1	sys_end2	sys_end3	sys_end4	sys_end5	sys_end6
	NSFR_M	NSFR_M	NSFR_M	NSFR_M	NSFR_M	NSFR_M
L.NSFR_M	0.652***	0.661***	0.666***	0.668***	0.664***	0.670***
	(0.0750)	(0.0776)	(0.0757)	(0.0747)	(0.0767)	(0.0770)
CapRate	0.00189*	0.00378***	0.00218**	0.00265***	0.00237**	0.00380***
	(0.00115)	(0.00107)	(0.00104)	(0.00103)	(0.00109)	(0.00116)
LoanRate	-0.00215	-0.00210	-0.00177	-0.00208	-0.00173	-0.00148
	(0.00503)	(0.00517)	(0.00514)	(0.00479)	(0.00503)	(0.00483)
SB_CrisisCri	0.0287*	0.0195	0.0151	0.0143	0.0195	0.0221
	(0.0147)	(0.0140)	(0.0152)	(0.0136)	(0.0144)	(0.0148)
Business	0.491***	0.500***	0.513***	0.481***	0.499***	0.477***
	(0.115)	(0.110)	(0.112)	(0.114)	(0.114)	(0.112)

续表

VARIABLES（变量）	(1)	(2)	(3)	(4)	(5)	(6)
	sys_end1	sys_end2	sys_end3	sys_end4	sys_end5	sys_end6
	NSFR_M	NSFR_M	NSFR_M	NSFR_M	NSFR_M	NSFR_M
GDP	-0.00470*	-0.00334	-0.00441	-0.00350	-0.00421	-0.00346
	(0.00274)	(0.00267)	(0.00277)	(0.00276)	(0.00284)	(0.00267)
SB_CrisisAft	0.00342	0.00458	-0.00668	-0.00739	-0.00391	0.00345
	(0.0176)	(0.0175)	(0.0168)	(0.0158)	(0.0164)	(0.0166)
Yieldcurve	-0.0257***	-0.0231***	-0.0242***	-0.0234***	-0.0250***	-0.0234***
	(0.00815)	(0.00824)	(0.00820)	(0.00806)	(0.00837)	(0.00826)
LSCB	0.0479***					0.0433**
	(0.0142)					(0.0200)
FOR		-0.0474**				-0.0366
		(0.0195)				(0.0248)
JSCB			-0.0274			-0.0122
			(0.0249)			(0.0290)
CCB				0.0245*		0.0133
				(0.0129)		(0.0169)
RCB					-0.00245	
					(0.0183)	
Constant	0.0574	0.0309	0.0446	0.0299	0.0445	0.0257
	(0.0603)	(0.0547)	(0.0557)	(0.0557)	(0.0552)	(0.0570)
Observations	1005	1005	1005	1005	1005	1005
Number of id	160	160	160	160	160	160
AR（1）	0.000	0.000	0.000	0.000	0.000	0.000
AR（2）	0.157	0.154	0.159	0.162	0.159	0.155

注：①***、**、*分别表示在1%、5%和10%水平上显著；②括号中为标准误差；③Arellano-Bond自相关检验显示P值。

表3-24　NSFR驱动因素模型估计（分类型NSFR_H）

VARIABLES（变量）	(1)	(2)	(3)	(4)	(5)	(6)
	sys_end1	sys_end2	sys_end3	sys_end4	sys_end5	sys_end6
	NSFR_H	NSFR_H	NSFR_H	NSFR_H	NSFR_H	NSFR_H
L.NSFR_H	0.739***	0.740***	0.744***	0.743***	0.750***	0.733***
	(0.0376)	(0.0396)	(0.0370)	(0.0376)	(0.0391)	(0.0405)
CapRate	0.00271***	0.00307**	0.00277***	0.00254**	0.00277***	0.00318**
	(0.000981)	(0.00131)	(0.000995)	(0.00117)	(0.00102)	(0.00132)
LoanRate	0.00569	0.00502	0.00528	0.00647	0.00540	0.00524
	(0.00728)	(0.00697)	(0.00744)	(0.00644)	(0.00726)	(0.00699)
SB_CrisisCri	0.0416***	0.0328***	0.0348***	0.0341**	0.0306**	0.0472***
	(0.0135)	(0.0119)	(0.0130)	(0.0140)	(0.0125)	(0.0138)
Business	0.314***	0.311***	0.321***	0.317***	0.331***	0.302***
	(0.116)	(0.114)	(0.109)	(0.123)	(0.116)	(0.114)
GDP	−0.00313	−0.00210	−0.00282	−0.00270	−0.00256	−0.00256
	(0.00263)	(0.00257)	(0.00254)	(0.00261)	(0.00263)	(0.00257)
SB_CrisisAft	0.000426	−0.00708	−0.00634	−0.00673	−0.00833	0.00661
	(0.0146)	(0.0129)	(0.0148)	(0.0145)	(0.0139)	(0.0163)
Yieldcurve4	−0.0171***	−0.0161***	−0.0165***	−0.0164***	−0.0162***	−0.0169***
	(0.00431)	(0.00428)	(0.00447)	(0.00438)	(0.00440)	(0.00418)
LSCB	0.0438***					0.0391***
	(0.0123)					(0.0137)
FOR		−0.0178				−0.0254
		(0.0151)				(0.0156)
JSCB			0.00525			0.00636
			(0.0169)			(0.0168)
CCB				−0.00487		−0.0109
				(0.0110)		(0.0114)
RCB					0.00765	
					(0.00921)	

续表

VARIABLES（变量）	(1)	(2)	(3)	(4)	(5)	(6)
	sys_end1	sys_end2	sys_end3	sys_end4	sys_end5	sys_end6
	NSFR_H	NSFR_H	NSFR_H	NSFR_H	NSFR_H	NSFR_H
Constant	0.0383	0.0384	0.0348	0.0420	0.0252	0.0450
	(0.0471)	(0.0490)	(0.0444)	(0.0525)	(0.0465)	(0.0520)
Observations	942	942	942	942	942	942
Number of id	160	160	160	160	160	160
AR（1）	0.000	0.000	0.000	0.000	0.000	0.000
AR（2）	0.582	0.580	0.588	0.578	0.582	0.572

注：①***、**、*分别表示在1%、5%和10%水平上显著；②括号中为标准误差；③Arellano-Bond自相关检验显示P值。

表3-25　NSFR驱动因素模型估计（分类型与金融危机NSFR_M）

VARIABLES（变量）	(1)	(2)	(3)	(4)	(5)
	sys_LSCB	sys_JSCB	sys_FOR	sys_CCB	sys_RCB
	NSFR_M	NSFR_M	NSFR_M	NSFR_M	NSFR_M
L.NSFR_M	0.656***	0.652***	0.652***	0.654***	0.650***
	(0.0822)	(0.0825)	(0.0847)	(0.0840)	(0.0828)
CapRate	0.00232***	0.00254***	0.00278***	0.00229**	0.00279***
	(0.000841)	(0.000964)	(0.000910)	(0.000892)	(0.000903)
LoanRate	−0.00199	−0.00256	−0.00245	−0.00192	−0.00163
	(0.00482)	(0.00476)	(0.00445)	(0.00501)	(0.00470)
Business	0.485***	0.498***	0.476***	0.485***	0.472***
	(0.120)	(0.117)	(0.117)	(0.110)	(0.116)
GDP	−0.00370	−0.00321	−0.00170	−0.00386	−0.00306
	(0.00282)	(0.00276)	(0.00268)	(0.00282)	(0.00268)
Yieldcurve	−0.0194**	−0.0206**	−0.0144*	−0.0211**	−0.0190**
	(0.00822)	(0.00820)	(0.00774)	(0.00832)	(0.00825)
LSCB_CrisisCri	0.0702***				
	(0.0209)				

续表

VARIABLES（变量）	(1)	(2)	(3)	(4)	(5)
	sys_LSCB	sys_JSCB	sys_FOR	sys_CCB	sys_RCB
	NSFR_M	NSFR_M	NSFR_M	NSFR_M	NSFR_M
JSCB_CrisisCri		0.0342			
		(0.0347)			
FOR_CrisisCri			-0.0458*		
			(0.0277)		
CCB_CrisisCri				0.0237	
				(0.0193)	
RCB_CrisisCri					0.0536**
					(0.0240)
Constant	0.0503	0.0424	0.0373	0.0531	0.0517
	(0.0651)	(0.0622)	(0.0598)	(0.0634)	(0.0661)
Observations	1005	1005	1005	1005	1005
Number of id	160	160	160	160	160
AR（1）	0.000	0.000	0.000	0.000	0.000
AR（2）	0.154	0.154	0.157	0.158	0.163

注：①***、**、*分别表示在1%、5%和10%水平上显著；②括号中为标准误差；③Arellano-Bond自相关检验显示P值。

表3-26　NSFR驱动因素模型估计（分类型与金融危机NSFR_H）

VARIABLES（变量）	(1)	(2)	(3)	(4)	(5)
	sys_LSCB	sys_JSCB	sys_FOR	sys_CCB	sys_RCB
	NSFR_H	NSFR_H	NSFR_H	NSFR_H	NSFR_H
L.NSFR_H	0.747***	0.742***	0.743***	0.737***	0.739***
	(0.0385)	(0.0388)	(0.0397)	(0.0406)	(0.0388)
CapRate	0.00294***	0.00307***	0.00320***	0.00306***	0.00279***
	(0.000988)	(0.000941)	(0.00101)	(0.00100)	(0.000996)
LoanRate	0.00677	0.00726	0.00718	0.00602	0.00651
	(0.00567)	(0.00530)	(0.00529)	(0.00616)	(0.00578)

续表

VARIABLES（变量）	(1)	(2)	(3)	(4)	(5)
	sys_LSCB	sys_JSCB	sys_FOR	sys_CCB	sys_RCB
	NSFR_H	NSFR_H	NSFR_H	NSFR_H	NSFR_H
Business	0.365***	0.360***	0.350***	0.369***	0.344***
	(0.119)	(0.117)	(0.127)	(0.108)	(0.116)
GDP	0.000155	0.000122	0.00177	−0.00162	0.000331
	(0.00287)	(0.00293)	(0.00261)	(0.00301)	(0.00283)
Yieldcurve4	−0.0108**	−0.0114**	−0.00793**	−0.0135***	−0.0105**
	(0.00450)	(0.00452)	(0.00395)	(0.00483)	(0.00433)
LSCB_CrisisCri	0.0642***				
	(0.0177)				
JSCB_CrisisCri		0.0357			
		(0.0295)			
FOR_CrisisCri			−0.0308		
			(0.0244)		
CCB_CrisisCri				0.0343**	
				(0.0165)	
RCB_CrisisCri					0.0365**
					(0.0149)
Constant	−0.00858	−0.00340	−0.00938	0.00846	0.00822
	(0.0467)	(0.0454)	(0.0503)	(0.0418)	(0.0462)
Observations	942	942	942	942	942
Number of id	160	160	160	160	160
AR（1）	0.000	0.000	0.000	0.000	0.000
AR（2）	0.459	0.422	0.389	0.490	0.440

注：①***、**、*分别表示在1%、5%和10%水平上显著；②括号中为标准误差；③Arellano-Bond自相关检验显示P值。

模型设计和估计方法上与上文一致，估计结果显示，无论是用NSFR_L还是NSFR_M或NSFR_H，对净稳定资金比率驱动因素的分析都是一致的。首先，说明了本书选择的三个净稳定资金比率指标具有合理性，可以用于进一步的分析；其次，汇总本节的结果显示，模型估计结果验证了多项理论假设，净稳定资金比率与资本率正相关，与商业模式正相关，与收益率价差负相关，在金融危机前净稳定资金比率衰减，在金融危机期间，净稳定资金比率提升，同时小规模银行的净稳定资金比率在金融危机期间的提升幅度高于大规模商业银行。

3.4　小结

通过回顾巴塞尔协议Ⅲ对两个流动性监管指标的计算方法，总结现有文献对净稳定资金比率的主要方法。本章首先提出了本书测算净稳定资金比率的三种方法，通过调整可用稳定融资来源和必要稳定资金项目的权重，制定出极度保守、中度保守和适度保守三种测算方法，对中国商业银行自 1992—2015 年的净稳定资金比率进行测算。如果按照本书的测算结果，中国商业银行净稳定资金比率在 2015 年年底都没有达到 100% 的监管要求，多数分布在 50%~90%。

然后进行时间维度上的纵向分析，分类型和分规模的横向比较，以及通过构建净稳定资金比率驱动因素面板模型，进一步量化分析银行特征变量、市场及宏观经济环境等因素对净稳定资金比率的影响。

2007 年开始的金融危机对银行体系和实体经济产生了剧烈的冲击，全球金融监管当局、巴塞尔委员会以及商业银行认为金融危机的起源在于流动性危机，开始注重商业银行流动性的监管，经过巴塞尔委员会及全球金融监管当局的努力推出了流动性监管指标。本章实证分析结果表明，净稳定资金比率确实在金融危机前不断下降，在金融危机开始后随着商业银行收缩信贷资产等手段，净稳定资金比率开始上升。净稳定资金比率在金融危机前都显著低于金融危机期间和金融危机之后的水平，存在显著差异。而在金融危机期间和金融危机之后两个样本期净稳定资金比率不存在显著差异。说明自金融危机开始净稳定资金比率处于上升态势，并将高水平的净稳定资金比率保持到了金融危机之后。净稳定资金比率确实能够较好地衡量商业银行结构流动性和期限错配的风险。这种变化来自在金融危机前，商业银行信贷扩张严重，倾向于从市场上借入短期融资，比如批发性融资和央行贷款，其零售存款份额下降。因此在金融危机前，商业银行的净稳定资金比率水平显著低于其他时期，期限错配现象严重。金融危机中市场流动性枯竭，金融危机开始后，银行意识到保持足够的流动性储备，减少信贷供给，提高其吸收损失和缓解流动性压力的能力。商业银行开始通过各种手段提高结构流动性，应对金融危机。

全球商业银行的净稳定资金比率分化情况显著，不同特征银行的净稳定资金比率不同。资产规模是决定一个商业银行融资能力的重要因素，如果以2000亿人民币为资产规模分界线，将银行划分为大规模银行和小规模银行的话，可以发现在金融危机之前，大规模和小规模银行的净稳定资金比率存在明显区别，大规模银行的净稳定资金比率显著高于小规模银行。从金融危机开始，小规模银行的净稳定资金比率开始上升，并超过大规模银行。由于大型银行资产较多，往往也更重视流动性风险的管理，小规模银行由于其依靠主动负债驱动信贷投放的特性，在金融危机期间受到的威胁较高，因此面对金融危机带来的威胁，小规模银行的反应更灵敏，其净稳定资金比率的变化说明小规模银行明显感受了流动性风险带来的威胁，开始转变资产负债结构，使得净稳定资金比率发生显著变化。变化幅度明显高于大规模银行，因此在金融危机之后其净稳定资金比率超过了大规模银行。但无论是大规模银行还是小规模银行，在金融危机前后的净稳定资金比率均发生了显著变化。

除了资产规模之外，商业最重要的安全保障就是资本，即股本。以资本率来衡量的话，发现资本率对净稳定资金比率存在显著为正的影响，资本越充足，越是安全的银行其结构流动性状况越好，除此之外，二者具有因果关系的原因还包括股本的增加既能提高资本率水平，又以100%的权重进入可用稳定融资中计算净稳定资金比率。

此外，商业银行之间的差异还体现在商业模式或者获利模式上，从国际上来看，目前美国商业银行的收入来源更加多元化，我国商业银行近几年也开始大力发展中间业务等业务种类，比如重视资管、投行等业务。更加依赖利息收入的银行，比那些具有多样化利润来源，比如资管和投行业的银行，具有更高的净稳定资金比率，显示收入结构多样化的银行更倾向于使用替代性的融资来源，比如批发性融资。因此，巴塞尔协议Ⅲ流动性新规对那些投行和综合性银行的影响要更严重，将减弱不同商业模式银行之间净稳定资金比率的差异。

从商业银行的融资来源选择上来看，利率期限结构是一个重要因素。当市场收益率曲线较为倾斜时，长期融资和短期融资收益率到期风险溢价价差更大，此时商业银行倾向于选择短期融资，用于长期投资。因此，货币市场的收益率价差与银行净稳定资金比率负相关。

最后，中国商业银行目前的所有制结构正在出现分化，监管当局对设立民营银行开始放宽，但仍是国有银行为主的一个市场结构。因此本书也分析了银行类型对净稳定资金比率的影响。国有商业银行的股东，或者说是国有资本往往更加风险厌恶，更加重视安全性。在中国的现实经济体制下，由于商业银行在经济运行中所起的至关重要的作用，我国还是一个以间接融资为主的经济体，因此国有银行对安全性的重视显而易见。同时在金融危机期间，大型国有商业银行和村镇商业银行的净稳定资金比率显著异于其他银行。

第4章　净稳定资金比率与商业银行资产配置

流动性是现代金融理论中的一个基本概念，流动性风险是未来全球金融机构面临的重大风险之一，2008年金融危机使人们重新审视流动性风险监管。流动性冲击会通过多种途径影响金融市场的稳定，并不断传染。轻微的流动性冲击可能仅造成金融市场的短期波动，而在经济发展的危机期间，严重的流动性冲击就会不断传染和放大，传导至实体经济部门，产生系统性风险。对商业银行来说，流动性冲击的直接影响就是导致其资产配置的变化，而银行的资产配置行为则影响着实体经济增长及周期。

在流动性冲击下，商业银行为了保证足够的流动性，被迫在资产配置方面进行调整，降低风险资产配置，提高流动性较高的资产配置占比。尽管流动性风险管理一直是金融机构的监管重点，但2010年提出的新巴塞尔协议Ⅲ指标是一套更复杂的处理短期与长期流动性错配的全球标准。商业银行为了满足巴塞尔协议Ⅲ流动性监管指标的要求，必然要在资产负债表两端进行资产和负债的调整。在资产端要增加优质流动性资产的相对比重，在负债端增加稳定资金来源。

巴塞尔协议Ⅲ流动性监管的核心内容是确保商业银行具有足够的能力吸收和化解流动性冲击。本章从净稳定资金比率这一监管指标是否能够在流动性冲击下稳定商业银行的资产配置结构，来度量净稳定资金比率是否能够提高商业银行抵御流动性冲击的角度，研究其监管有效性。通过客观审慎地研究巴塞尔协议Ⅲ新流动性风险监管指标在我国银行业的适用性，有助于指导商业银行实施稳健的流动性风险管理措施。

4.1 理论分析

4.1.1 流动性冲击与银行的资产配置行为

对金融中介来说，流动性是核心。首先，银行能够通过负债与资产之间的转换创造流动性（Diamond & Dybvig，1983），银行以授信的方式为贷款者提供流动性，保留一定的流动资产为存款者提供兑付。由于银行必须为存款人提供流动性，而它们持有的是非流动性的贷款，另外，存款者可能会在任何时候要求兑付，尤其可能在银行流动性状况并不好的时候发生，比如在贷款违约和发生重大流动性冲击的时候，因此商业银行的稳定性很容易受到冲击（Diamond & Rajan，2001a）。在传统框架下，通过存款保险、银行股权融资及保持现金储备来防范银行挤兑（Diamond & Dybvig，1983；Gorton & Pennacchi，1990）。在我国实行存款保险制度之前，国家作为隐形担保，保证银行业的刚性兑付，对居民的存款进行保护，从而防止银行挤兑的发生。

市场流动性冲击对商业银行资产负债表影响是多方面的，在负债端，市场流动性紧缺时，银行必须承担较高的融资成本以支持信贷。在资产端，流动性冲击对银行资产配置的影响主要反映在：在流动性紧张的情况下，商业银行将：①出售非流动性资产以获得流动性，例如出售贷款；②持有更多流动性资产，减少风险资产。

4.1.2 巴塞尔协议Ⅲ流动性监管新规与商业银行资产配置

金融危机后国际银行监管改革呈现资本监管和流动性监管共重的趋势（王兆星，2014），研究新的流动性监管对商业银行资产配置行为的影响，有助于商业银行的稳健经营和监管当局的适度监管。

净稳定资金比率代表了银行融资结构抵御流动性冲击的能力。进一步地，银行资产流动性的改善，增加了银行资产变现的能力，提高了应对流动性风险的能力，激励银行持有更多的风险资产（Wagner，2007）。科内特、麦克纳特和斯特拉恩（Cornett，Mcnutt，& Strahan，2011）提出在2007—2009年金融危机期间，流动性枯竭的情况下，相对于其他银行，更加依赖核心存款和股权融资的银行，即具有稳定融资来源的银行，还在继续进行贷款。持有更多非流动性资产的银行，增加了资产的流动性并减少了贷款。卡潘和卡利梅亚（Kapan & Minoiu，2015）提出相较于其他银行，偏向于市场融资以及具有较低结构流动性的银行在金融危机期间消减了更多的信贷，同时资本数量和质量会减弱这样的效应。荣格和金（Jung & Kim，2015）通过季度贷款数据分析韩国的银行融资结构与流动性冲击下信贷供给的关系，结论显示当银行面对严重的流动性冲击时，会较少贷款，而持有较高核心融资率（核心存款、核心资本、超过一年期负债）的银行则继续增加为企业发放贷款，在银企关系强的银行和企业中，该趋势更为明显。但这现在仅存在于大型银行中。

当前文献对流动性冲击的资产配置研究比较充足，也有一定的巴塞尔协议Ⅲ流动性监管新规对缓解流动性冲击影响信贷数量的作用的研究。但总体上缺乏在流动性冲击下监管新规对银行资产配置行为的作用的研究，尤其是对各类资产持有量变化的研究较少。因此，本章从资产配置的角度，研究稳定融资比例如何影响流动性冲击下信贷占比、流动性资产占比等的变化。

4.2　理论框架与模型设定

4.2.1　流动性冲击

流动性是一个具有多种维度的概念。在研究中，一般将流动性分为市场流动性和宏观流动性两个层面，宏观经济领域最核心的流动性是宏观流动性，在这个层面上一般将宏观流动性定义为不同统计口径的货币供给量，比如M0、M1、M2等。宏观流动性是整个经济实体的货币供给。货币供给增长率超过经济增长率和通货膨胀率之和通常表明实体经济流动性过剩，此时会造成投资过热、资产价格上涨和通过膨胀率上升，反之可认为是流动性不足。此外还有研究用信贷总量衡量全社会宏观流动性的指标，信贷总量能够较好地反映出融资的紧张程度和经济活力，它考虑了金融中介机构的流动性创造能力。

市场流动性主要指金融市场的流动性供需状况，包括货币市场、同业市场、信贷等市场。作为资产价格的利率是衡量金融市场流动性状况的核心指标，当利率上升说明资产需求上升，金融市场流动性吃紧，反之则说明流动性宽裕。细分来看，金融市场利率可以分为：货币市场利率，体现基础货币市场的流动性状况，包括银行间市场同业拆放利率和质押式债券回购加权利率；银行间债券市场利率，比如长期国债到期收益率；存款和信贷市场利率，反应的是货币信贷供给层面的流动性，自2015年我国才全面放开存贷款利率管制。目前较为活跃的是上海银行间同业拆放利率和银行间的国债收益率。

从商业银行的角度来看，商业银行的流动性是指银行满足存款者提取存款、支付到期债务和提供给贷款人正常信贷的能力。满足存款提取和支付到期债务的流动性成为基本流动性，再加上给贷款人提供信贷所需的流动性称之为充足流动性。充足流动性的保证是盈利的前提，基本流动性的保证是银行经营安全的前提。因此，当发生流动性冲击时，在安全性的要求下，商业银行为保证基本流动性，会首先选择减少信贷。

具体地，针对流动性风险的定义，1997年巴塞尔委员会发布的《有效银行监管的核心原则》的定义如下：流动性风险是指银行无力为负债的减少或者资产的增加提供融资的可能性，即当银行流动性不足时，无法以合理的成本迅速增加负债或变现资产获得足够的现金，从而影响其盈利水平。2015年中国银行业保险监督管理委员会（现中国银行保险监督管理委员会）《商业银行流动性风险管理办法（试行）》所定义的流动性风险是指：商业银行无法以合理成本及时获取充足资金，用于偿付到期债务、履行其他支付义务和满足正常业务开展的其他资金需求的风险。可见，一般情况下的流动性风险可能是以不合理的成本满足其资金需求，影响盈利水平，出现财务困难，而极端的流动性风险是银行以不合理的成本也无法获得充足资金，造成银行破产倒闭。

商业银行面对的流动性风险一般按照风险产生的原因，分为融资流动性和市场流动性（Brunnernerier & Pedersen，2007）。其中，融资流动性是指商业银行获得资金的难易程度。商业银行从存款人或其他资金所有者处取得资金，即融资的充足性、及时性和成本，这些因素都影响着银行融资流动性。比如，在金融同业市场上融资成本大幅度增加，就导致了融资流动性风险增加。相应的，市场流动性是指商业银行出售资产的难易程度。当银行需要流动性时，在金融市场将资产变现的成本损失和变现速度都反映市场流动性的高低。比如，因市场深度不足或者市场秩序混乱，导致银行在出售资产或者平仓时，遭遇价格下跌，互相踩踏，就出现了市场流动性风险增加。从银行资产负债表的角度看，融资流动性主要影响银行资产负债表的负债方，而市场流动性主要影响银行资产负债表的资产方（韩剑，2009），但是当整个银行体系出现流动性枯竭时，商业银行一方面出售信贷资产获取流动性支持，一方面增加短期融资提供流动性，融资流动性冲击和市场流动性冲击可能是同时出现，互相传染的。

本书所指的流动性冲击，指的是市场流动性紧张时，由融资成本上升引起的流动性冲击，即银行的融资流动性或者货币市场的融资流动性。当货币市场融资流动性紧张时，银行的短期融资，比如批发性融资成本上升，造成流动性冲击。而银行一旦受到剧烈冲击，为满足流动性需求，银行不得不将信贷等资产转换为流动性资产，从而造成资产价格急剧上升，银行产生挤兑风险，会进一步导致股价下跌、资产贱卖、长期融资成本上升。当流动性冲击发生时，商业的资产配置发生变化，导致银行稳健性和安全性受到冲击，从而可能进一步传导至其他市场和实体经济领域。

国外研究中经常使用两种指标来衡量流动性紧张状况，一是Libor-OLS息差作为市场流动性冲击的指标，来衡量银行体系风险溢价水平，即伦敦同业拆放利率Lbibor与隔夜指数掉期利率OLS的差值。二是TED价差，即三个月美国国债利率与三个月伦敦同业拆放利率Lbibor的价差。这两个指标本质上包含着相同的逻辑，在正常情况下，银行间市场的拆借利率，比如Libor，与市场无风险利率即三个月国债利率或者隔夜利率，不会有太大的差异。而一旦市场流动性紧张，银行间市场风险溢价提高，两者之差将扩大。进一步地，在差值扩大的情况下，当商业银行面临的短期融资成本急剧上升时，相对于流动性风险暴露较小的银行，面对较高流动性风险暴露的银行将提高其现金和其他流动性资产，减少新的信贷供给。

我国自2006年推出了自己的银行间市场利率，上海银行间拆放利率Shibor，但还没有开发出类似于OLS的人民币利率衍生产品。因此本书采用类似衡量市场流动性状况的逻辑，提出了类似于TED价差的指标来衡量银行间市场融资流动性，使用1个月Shibor利率减去一个月国债到期收益率。如下所示：

$$TED = Shibor1m - TBond1m$$

其中，Shibor1m是1个月Shibor利率，代表银行间的短期市场利率，反映了银行同业借贷的信用风险，体现了市场的流动性状况。TBond1m是一个月国债到期收益率是无风险收益率。用这两个利率差异度量银行间市场的系统流动性风险。可见TED价差越大，说明银行间系统流动性风险越高。

4.2.2 商业银行资产配置

从资产组合的角度讲，商业银行资产配置是指银行根据资产业务的性质、负债对流动性的要求，合理分配各种具备不同期限和收益率的资产，达到最佳组合，应付各种确定和不确定的流动性需要（刘海虹，2000）。根据流动性可以将商业银行的资产分为三类：第一类持有现金，现金资产流动性最大，安全性最好，但是收益最差；第二类为证券类资产，证券类资产流动性比现金资产略差，安全性也略差，但是具有收益性，变现能力较强；第三类为信贷资产，信贷业务是商业银行的主要业务，占据资产比例最大，商业银行通过短存长贷盈利，同时存在信用风险，因此信贷资产风险很大，但收益率相对较高，是银行利润的主要来源。因此，商业银行的资产配置可以理解为：以支付债务为约束条件，以安全性、流动性和盈利性这“三性”为目标函数，根据期限和收益率合理安排资产组合。

本书研究的资产配置主要指信贷资产占比、流动资产占比和非盈利资产占比。其中，流动资产是指可以在一年内或者超过一年的一个商业周期内变现或者运用的资产，对银行而言，流动资产主要包括客户贷款、现金及存拆放同业、证券资产、应收账款等资产。商业银行为满足巴塞尔协议Ⅲ流动性监管指标必然要在资产负债两方进行调整，金（King，2013）提出低于NSFR监管要求的银行需要增加稳定融资来源和减少需要融资的资产。满足NSFR最有效的策略是增加持有高评级证券和延长整体融资的期限，但这些措施会降低银行净利差。国内学者也针对NSFR监管要求提出调整银行经营行为。一是在负债端增加长期负债，二是在资产端，增加流动性高的非信贷类资产。因此可以预期净稳定资金比率对商业银行的信贷资产占比和流动资产占比会产生影响。同时，已有研究表明流动性风险可以显著影响商业银行的信贷资产占比和流动资产占比，在流动性风险的冲击下，商业银行为了保持充足的流动性，需要增加流动资产占比，减少信贷供给，金融危机的现实也让银行业和监管当局看到流动性冲击对银行资产结构的影响。

商业银行的非盈利性资产包括库存现金、固定资产、应收利息、其他应收款、拨付备付金、无形资产等不产生收益的资产。其中，固定资产、无形资产和应收利息都是比较稳定的，不会在短期内发生大幅度变化，银行能够主动调节的主要是现金和拨付备付金。因此，在追求盈利的银行中，减少非盈利资产的占用是其目的之一。这两种资产在银行受到流动性时，都是能起到缓和和吸收流动性风险的资产。因此，非盈利资产占比的变化可以看作是银行受到流动性冲击时的一种反应。可以假设，银行在面对流动性冲击时非盈利资产占比将增加。

本书通过研究在流动性冲击下，净稳定资金比率的提高是否可以稳定银行的资产结构，来度量净稳定资金比率的监管有效性。

4.2.3　银行特征变量与商业银行资产配置

商业银行的资产配置不仅受到流动性冲击等外部因素以及净稳定资金比率等

结构流动性要求的影响，还受到很多银行层面特征变量的影响，因此需要对这些变量进行控制。

（1）资产规模。小规模银行的业务往往比较单一，大规模银行无论是出于安全性还是收益性的考虑，业务较为多元。一方面，大规模银行的融资来源多样化，在发生危机时被救助的可能性也更大，因此相比小规模银行来说，大规模银行发生道德风险的可能就更高，容易持有更多风险资产。同时，大规模银行的业务可以多元化，有实力参与多种金融产品的投资，资产配置种类多样化。因此，银行资产配置结构可能因规模不同而不同。图4-1显示了大规模银行（B，资产规模大于2000亿人民币）和小规模银行（S，资产规模小于2000亿人民币）的平均贷款占比、流动资产占比和非盈利资产占比情况。结果显示，在2005—2009年，小规模银行的贷款占比高于大规模银行，而在2009—2015年又小于大规模银行；自2003年以来小规模银行的流动资产占比一直大于大规模银行。在金融危机期间（2007—2010年）两类银行的非盈利资产占比都产生了一个剧烈的提升，危机前和危机后的非盈利资产占比具有显著的差异，总体来看，2004年以后小规模银行的非盈利资产占比更高。

（2）资产质量。以不良贷款率，拨备比率（Loan loss res/Gross loans）来衡量银行资产质量。当不良贷款率恶化时，信贷不能回收，商业会降低之后的信贷供给，而具有充足拨备的银行则能够较好的低于一定的不良贷款，有利于减缓信贷供给的降低。

（3）资本充足。以总资本率，一级核心资本充足率，资本结构，资本金/负债等指标度量商业银行的资本充足。商业银行资本越充足，表明其长期融资越稳定，具有更多的稳定融资来源以激励银行持有更多风险资产。同时资本充足率是商业银行监管的一个核心指标，资本充足率直接影响着银行的信贷规模。

（4）净息差。当息差较大时，意味着银行信贷资产的收益率上升，银行发放信贷的收益更多，倾向于发放更多贷款，所以会有更高的贷款资产比重。

（5）流动性。使用净贷款/存款及短期融资、流动资产/存款及短期融资来表示商业银行的资金来源对银行资产的覆盖情况。当存款及短期融资越高，商业银行有更多的资金来源进行投资，激励其商业银行持有风险资产。

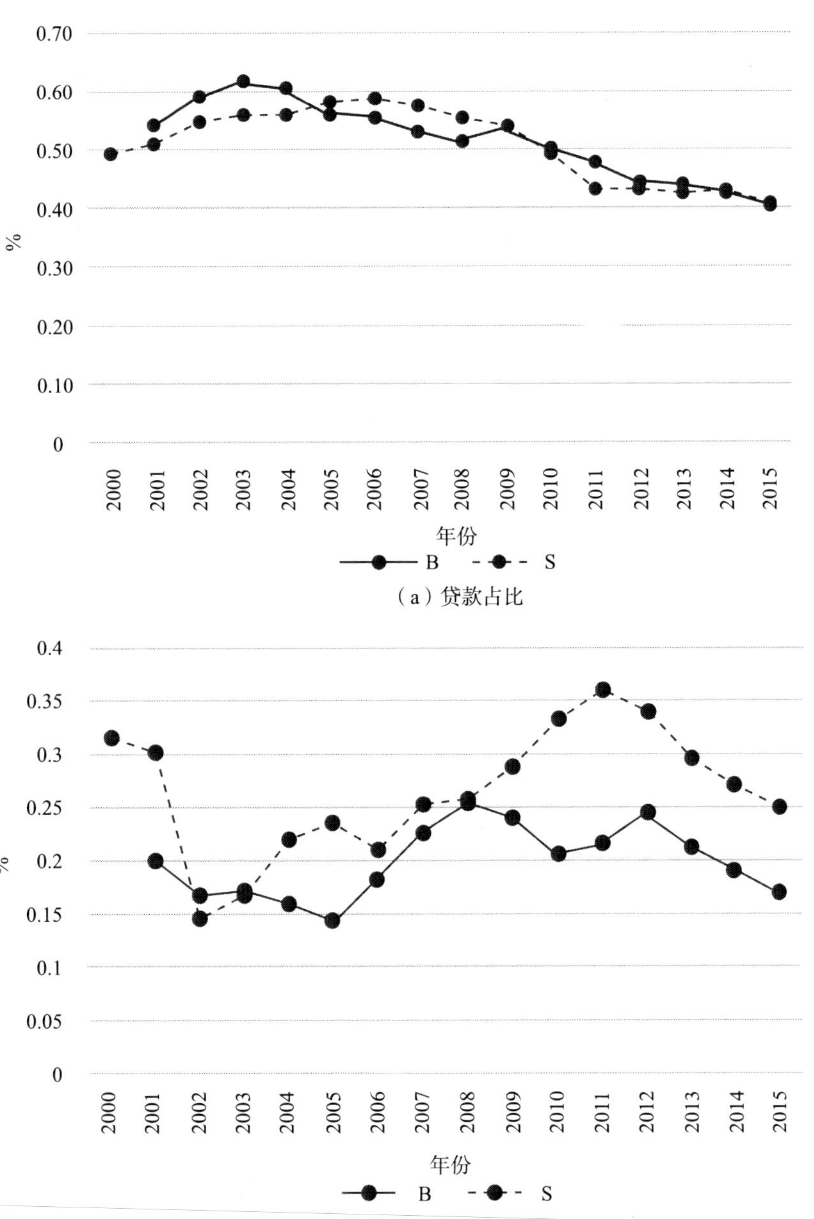

（a）贷款占比

（b）流动资产占比

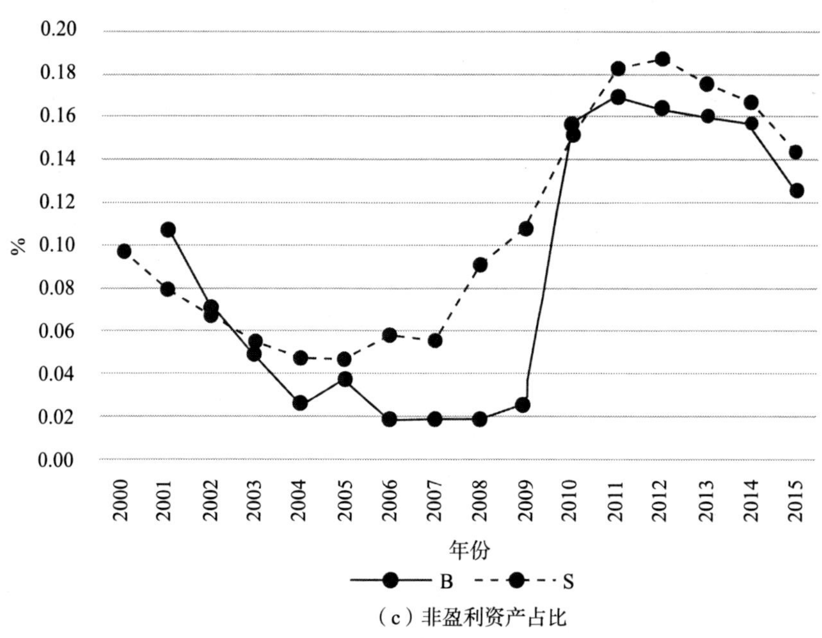

（c）非盈利资产占比

图4-1　银行资产配置（分规模）

（6）银行类型。商业银行的盈利能力和经营风格受到产权类型的影响，其资产配置也相应受到影响。贾春新（2007）提出股份制银行比国有银行的经营风格更为谨慎，且随着时间的进行，国有银行的经营风格也在越来越谨慎，其可能的原因是股份制银行具有更好的公司治理结构。中国对完全由民营资本组建银行的许可证刚刚放开，但也有严格的审核批准制度，目前中国银行体系仍然是国有银行和股份制银行为主。中国的股份制银行一般都是由政府出面组建，且其多数股权都是由政府部门或国有企业持有，但是其股权更为分散。公司治理理论提出股权多元化意味着一定的权力制衡，公司管理人员要接受更严格的选拔与监督。另一方面，国有银行具有国家隐性担保，尽管存款保险制度已经于2015年开始实施，但是在外部监督方面，国有银行受到投资者（比如存款人）的监督往往也弱于股份制银行等金融机构，投资者对国有银行兑付信用的信任仍然是最强的。在政府救助方面，在面对可能的金融危机时，政府对国有银行的救助力度应该高于股份制银行和其他银行。因此，股份制银行面对挤兑的风险就更高，在资产配置中就不得不持有更多的准备金，流动资产，较少贷款。相对应的，国有银行就更容易出现道德风险问题。另外，股份制银行、城商行、农村商业银行等银行存在被接管的可能性，这种威胁无疑有利于这些银行的经营行为、资产配置行为更加谨慎。

4.2.4　宏观经济环境与商业银行资产配置

1. 宏观经济增速

在经济增长时期，商业银行持有较少的准备金，较多的风险资产，信贷规模扩张，选择更多的短期融资，可以容忍更严重的期限错配。同时，在增长期，由于市场存在较多更高收益的投资机会，如理财、投资股票等，导致银行的零售存款更少。但同时在经济增长繁荣期，金融市场繁荣的投资机会，可能也会导致除贷款资产以外其他资产的增长，但整体来说，银行信贷资产所面临的风险更大。经济增长会刺激银行的风险行为，所以银行贷款的增长应该会超过其他资产的增长。

2. 金融危机虚拟变量

始于2007年的金融危机对商业银行造成严重的冲击，众多研究一致表明，为了保持足够多的流动性，商业银行减少了信贷供给，增加了流动资产的配置。图4-2显示在金融危机期间（2007—2010年）流动资产占比均值呈上升趋势，在金融危机后（2011—2015年）则一直呈下降趋势，而贷款资产占比在金融危机期间呈下降趋势，在金融危机后也保持着相应降低的水平。非盈利资产在金融危机期间的增长幅度最大，呈现出一个跳跃式的增长，在金融危机后也保持在相对高的水平，与金融危机前的水平具有显著的差异。很好地说明了金融危机对商业银行资产配置的效应。

3. 货币供应量

货币供应量作为货币政策的中介目标，在宏观经济和政策分析中一直处于核心地位。而信贷供给渠道也是货币政策发挥作用的重要渠道。众多研究表明货币供给量与信贷供给之间存在因果关系，从长期来看二者变化是一致的。因此货币供给量也是商业银行信贷占比的影响因素之一。

按照货币供给方程，货币供给量的大小受到两种因素的驱动，一是基础货币，二是货币流通速度。通常情况下，按照流动性强弱的程度，将货币供给量分为三个层次：①M0，流通中现金，是单位库存现金和居民持有现金；②M1，狭义货币供给量，在M0的基础上加上单位活期存款；③M2，广义货币供给量，在M1基础上加上居民储蓄存款、单位在银行的定期存款及信托类存款和客户在证券公司保证金等准货币。可见M2最大，M1次之，M0最小，当M0增加时，消费增加，当M1和M2增加时全社会投资加速。本书采用M2作为衡量全社会货币供给量的指标。

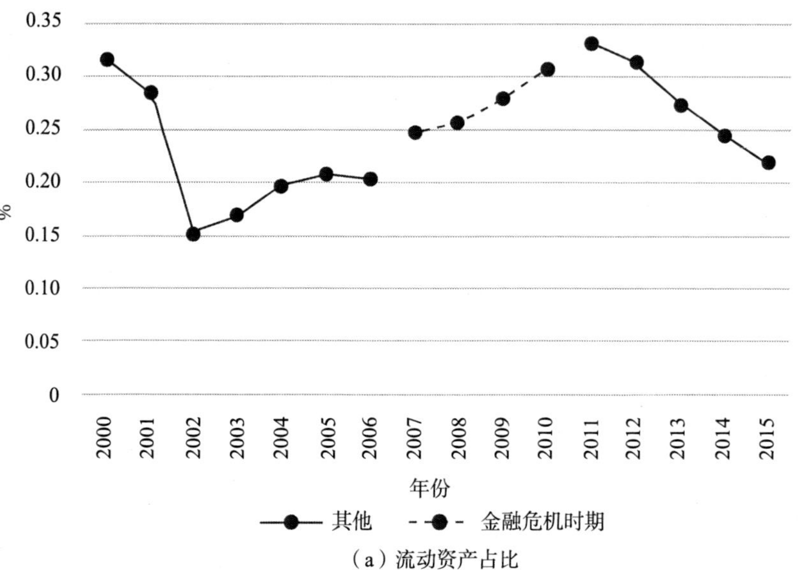

（a）流动资产占比

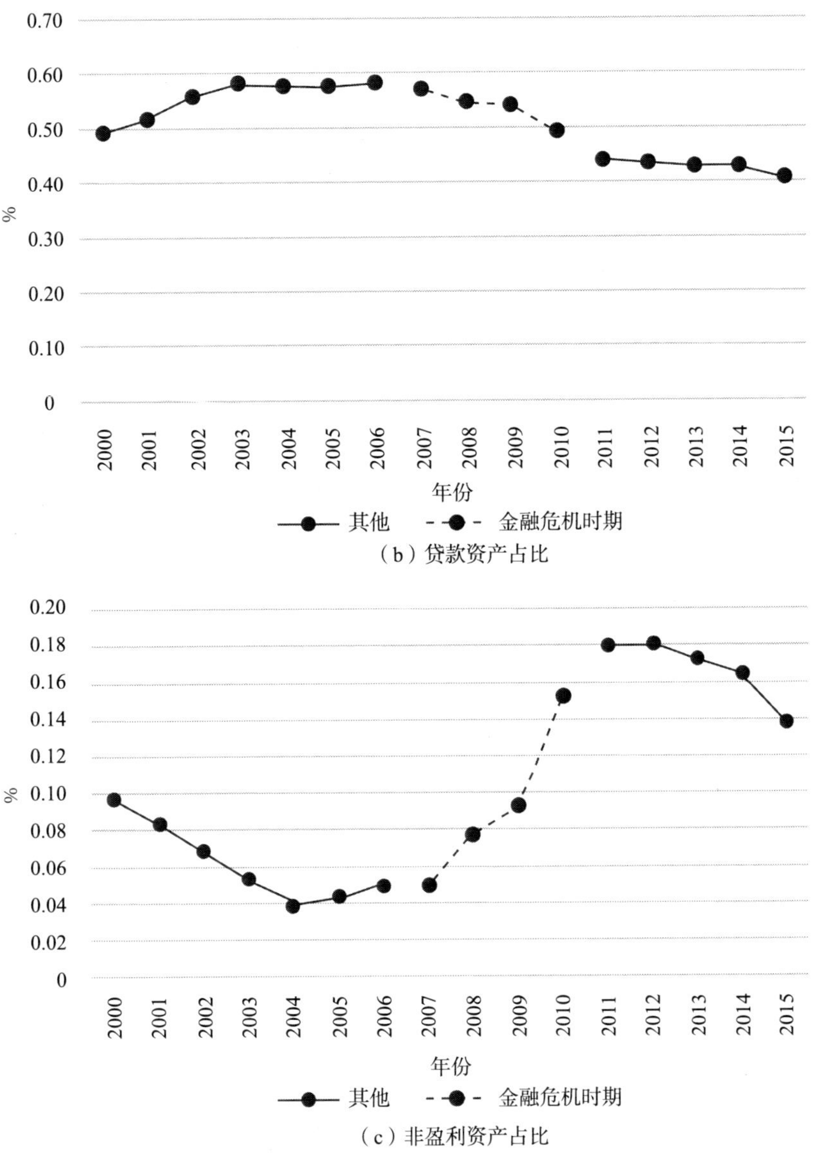

（b）贷款资产占比

（c）非盈利资产占比

图 4-2　银行资产配置（分阶段）/a/b/c

4.2.5　模型设定与假设

基于以上的讨论，本书采用贷款占比、流动资产占比和非盈利资产占比三个比例来衡量商业银行资产配置变化。主要研究如下两个层次的问题：首先，商业银行的资产组合如何受到其他因素的影响，尤其是在受到流动性冲击时是否发生了变化；其次，净稳定资金比率在其中能否发挥稳定银行资产配置的作用。出于这两个目的，本书并建立如下三个面板数据模型：

$$\begin{aligned} GL2TA_{it} = {} & a + \beta^0 GL2TA_{i,t-1} + \beta^1 liquidityshock_{it} + \beta^2 NSFR_{it} + \\ & \beta^3 SIZE_{it} + \beta^4 IL2GL_{it} + \beta^5 LLR2GL_{it} + \beta^6 NIM_{it} + \\ & \beta^7 NL2DSTF_{it} + \beta^8 LA2DSTF_{it} + \beta^9 Tier1_{it} + \beta^{10} GDP_{it} + \\ & \beta^{11} M2_{it} + \beta^{12} Crisis_{it} + \beta^{13} BankStyle_{it} + \\ & \beta^{14} liquidityshock_{it} \cdot NSFR_{it} + \mu_{it} \end{aligned} \tag{4-1}$$

$$\begin{aligned} LA2TA_{it} = {} & a + \beta^0 GL2TA_{i,t-1} + \beta^1 liquidityshock_{it} + \beta^2 NSFR_{it} + \\ & \beta^3 SIZE_{it} + \beta^4 IL2GL_{it} + \beta^5 LLR2GL_{it} + \beta^6 NIM_{it} + \\ & \beta^7 NL2DSTF_{it} + \beta^8 LA2DSTF_{it} + \beta^9 Tier1_{it} + \beta^{10} GDP_{it} + \\ & \beta^{11} M2_{it} + \beta^{12} Crisis_{it} + \beta^{13} BankStyle_{it} + \\ & \beta^{14} liquidityshock_{it} \cdot NSFR_{it} + \mu_{it} \end{aligned} \tag{4-2}$$

$$\begin{aligned} NEA2TA_{it} = {} & a + \beta^0 GL2TA_{i,t-1} + \beta^1 liquidityshock_{it} + \beta^2 NSFR_{it} + \\ & \beta^3 SIZE_{it} + \beta^4 IL2GL_{it} + \beta^5 LLR2GL_{it} + \beta^6 NIM_{it} + \\ & \beta^7 NL2DSTF_{it} + \beta^8 LA2DSTF_{it} + \beta^9 Tier1_{it} + \beta^{10} GDP_{it} + \\ & \beta^{11} M2_{it} + \beta^{12} Crisis_{it} + \beta^{13} BankStyle_{it} + \\ & \beta^{14} liquidityshock_{it} \cdot NSFR_{it} + \mu_{it} \end{aligned} \tag{4-3}$$

其中，因变量$GL2TA_{it}$表示信贷占总资产比例

$$GL2TA_{it} = \frac{Gross\ Loan_{it}}{Asset_{it}} \tag{4-4}$$

因变量$LA2TA_{it}$表示流动资产占总资产比例

$$LA2TA_{it} = \frac{Liquid\ Assets_{it}}{Asset_{it}} \tag{4-5}$$

因变量$NEA2TA_{it}$表示非盈利资产占总资产比例

$$NEA2TA_{it} = \frac{Non\ Earning\ Assets_{it}}{Asset_{it}} \tag{4-6}$$

可以看到在自变量中均存在因变量的滞后一期，这是由于商业银行的资产变动并不是一朝一夕能够完成的，无论是负债还是资产均具有滞后性和持续性，因此我们认为各类资产占比受到滞后期的影响。鉴于此在进行模型估计的时候要采用动态GMM估计方法。

自变量分别是：

$liquidityshock_{it}$代表流动性冲击，由三个月Shibor减去央行一年期存款基准利率作为银行间流动性冲击的强弱。

$NSFR_{it}$代表银行的净稳定资金比率。

$SIZE_{it}$代表银行规模，是银行总资产的对数。

$IL2GL_{it}$代表不良贷款率，是不良贷款与贷款的比值。

$LLR2GL_{it}$代表拨备比率，是拨备与贷款的比值。

NIM_{it}代表净息差。

$NL2DSTF_{it}$代表净贷款对存款和短期融资的比值。

$LA2DSTF_{it}$代表流动资产对存款和短期融资的比值。

$Tier1_{it}$代表一级核心资本充足率。

GDP_{it}是国内生产总值增长率。

$M2_{it}$是货币供给量M2的增长率。

$Crisis_{it}$是金融危机虚拟变量，分别对应三个时间段：在金融危机前（2000—2006年），金融危机期间（2007—2010年）和金融危机后（2011—2015年）。

$BankStyle_{it}$是银行类型虚拟变量。同前文分类。

$Liqvidityshockit*NSFR_{it}$是流动性冲击与净稳定资金比率的交叉项。通过考察交叉项的系数，可以验证净稳定资金比率是否能够稳定流动性风险对商业银行资产配置产生的冲击。

4.3　样本选取与描述性统计

4.3.1　样本选取

本书银行财务报表数据来自Bankscope全球银行数据库，宏观经济数据和市场利率来自RESET金融数据库。样本期间为2000—2015年。由于个体样本数据并非完全连续的，为了保证个体样本的时间连续性，去掉间断年前后样本较少的年份，留下连续时间样本较多的数据。最终各变量的基本统计量如表4-1所示。

表4-1　基本统计量

变量描述	变量名	样本量	均值	标准差	最小值	最大值
贷款资产占比	GL2TA	1158	0.475	0.134	0.0164	0.891
流动资产占比	LA2TA	1126	0.267	0.147	0.0196	0.976
非盈利资产占比	NEA2TA	1107	0.135	0.0793	0.00199	0.569
流动性冲击	LiquidShock1	1089	0.244	0.881	−2.140	0.958
净稳定资金比率	NSFR L	1188	0.698	0.229	6.23×10^{-5}	1.281
	NSFR M	1194	0.739	0.251	0.0134	1.470
	NSFR H	1194	0.784	0.222	0.0157	1.349
银行规模	Size	1194	18.25	1.907	11.69	23.82
不良贷款率	IL2GL	892	2.002	3.540	0.0100	41.86
拨备比率	LLR2GL	1060	2.563	1.613	0.0400	22.02
流动性	NL2DSTF	1168	54.08	15.81	7.010	148.5
	LA2DSTF	1168	32.79	26.63	2.450	349.2
	NIM	1157	3.026	1.130	0.170	10.05
一级核心资本充足率	Tier1	894	16.57	25.35	0.780	446
国内生产总值增长率	GDP	1194	8.931	1.944	6.900	14.20
货币供给量增长率	M2	1016	0.158	0.0421	0.110	0.284
金融危机前	CrisisBef	1194	0.125	0.331	0	1
金融危机中	CrisisCri	1194	0.265	0.442	0	1
金融危机后	CrisisAft	1194	0.610	0.488	0	1
国有大型银行	LSCB	1194	0.0528	0.224	0	1
外国银行	FOR	1194	0.214	0.411	0	1
城市商业银行	CCB	1194	0.494	0.500	0	1
股份制银行	JSCB	1194	0.111	0.315	0	1
村镇银行/农村商业银行	RCB	1194	0.127	0.333	0	1

其中，流动性冲击LiquidShock1用使用三个月Shibor减去央行一年期存款基

准利率作为银行间流动性冲击的强弱，数据分布来自Wind数据库和央行网站。货币供给量M2采用每年年底12月的数据，数据来自中国人民银行。银行规模Size是总资产（元）除以1000的对数，因为总资产数据来自Bankscope数据库，单位是千元。

4.3.2 描述性统计

表4-2报告了按照资产规模将银行样本分为两类：大规模银行（B，资产规模大于2000亿人民币）和小规模银行（S，资产规模小于2000亿人民币）的银行特征变量的均值以及T检验的结果。（1）列显示了大规模银行变量的样本均值，（2）列显示了小规模银行变量的样本均值，（3）列是二者的差值，（4）列是两组样本均值t检验的P值，（5）列标注出了两组样本均值是否存在显著差异。

表4-2 变量分组对比（按规模）

变量	(1) MEAN B	(2) MEAN S	(3) MEAN B-S	(4) T-TEST P-value	(5) 显著性
IL2GL	1.9971	2.0047	-0.0076	0.9762	
LA2DSTF	22.9553	36.1020	-13.1467	0.0000	***
LLR2GL	2.8446	2.4574	0.3873	0.0005	***
NIM	2.8096	3.0995	-0.2899	0.0001	***
NL2DSTF	50.6021	55.2440	-4.6419	0.0000	***
NSFR_H	0.7766	0.7870	-0.0105	0.4789	
NSFR_L	0.6668	0.7085	-0.0417	0.0061	***
NSFR_M	0.7210	0.7455	-0.0246	0.1420	
Tier1	9.8233	19.5200	-9.6967	0.0000	***
Size	20.7421	17.4010	3.3410	0.0000	***
GL2TA	0.4683	0.4779	-0.0096	0.2899	
LA2TA	0.2020	0.2889	-0.0868	0.0000	***
NEA2TA	0.1221	0.1394	-0.0173	0.0015	***

注：***、**、*分别表示在1%、5%和10%水平上显著。

结果显示：

（1）净稳定资金比率（NSFR_L）均有显著差异，大规模银行的净稳定资金比率显著小于小规模银行。

（2）在流动性指标方面，大规模银行的LA2DSTF和NL2DSTF显著小于小规模银行，说明小规模银行的存款与短期融资相对于其净贷款和流动资产而言，覆盖能力较差，小规模银行的经营风格比较激进。

（3）在净息差（NIM）方面，大规模银行的净息差显著小于小规模银行，说明小规模银行在贷款利差方面的收益率要高于大规模银行，偏爱持有信贷资产。

（4）在资产质量方面，大规模银行的拨备比率（LLR2GL）显著高于小规模银行，大规模银行在资产安全方面，提供了更多的拨备覆盖，经营风格更安全。

（5）而在资本充足方面，大规模银行的一级核心资本充足率（Tier1）则显著的低于小规模银行，小规模银行吸收存款能力较弱，因此其主要的长期融资来源还是股权融资，该高水平的长期融资又激励着小规模银行持有更多信贷资产。

（6）在资产配置方面，大规模银行的流动资产占比（LA2TA）显著低于小规模银行，非盈利资产占比（NEA2TA）也显著小于小规模银行。

4.4 实证检验

4.4.1 贷款资产配置变化

表4-3报告了对信贷资产占比模型的基本估计结果，考察了流动性冲击及净稳定资金比率对信贷占比的影响。其中第一列是变量名，自变量中包含了贷款资产占比的滞后一期（L.GL2TA），（1）列结果采用基本的NSFR_L作为净稳定资金比率，（2）列采用NSFR_M作为净稳定资金比率，（3）列结果采用NSFR_H作为净稳定资金比率。（4）列和（5）列也是采用NSFR_L作为净稳定资金比率，但估计方法有所不同。

在估计方法上，由于自变量中存在因变量的滞后一期，以及自变量可能存在内生性，因此（1）至（3）列结果均使用两阶段—纠偏—稳健性系统GMM估计，表中AR（1）和AR（2）显示了Arellano-Bond高阶自相关检验，残差检验的P值显示，该模型估计的残差不存在高阶自相关，满足GMM估计的假设，模型设定合理。（4）列采用混合OLS估计，（5）列是固定效应估计，滞后期（L.GL2TA）的系数是贷款资产占比的调整系数，虽然混合OLS估计和固定效应估计会产生偏差，但是其估计结果代表了调整系数的上限和下限。可以用来确定系统GMM估计的合理性。

表4-3　信贷资产持有量变化回归模型

VARIABLES（变量）	(1)	(2)	(3)	(4)	(5)
	sys_end1	sys_end2	sys_end3	ols	fe
	GL2TA	GL2TA	GL2TA	GL2TA	GL2TA
L.GL2TA	0.631***	0.599***	0.672***	0.742***	0.396***
	(0.0428)	(0.0415)	(0.0397)	(0.0308)	(0.0690)
Ted1m	−0.0290***	−0.0258***	−0.0291***	−0.0289***	−0.0498***
	(0.00824)	(0.00783)	(0.00849)	(0.00910)	(0.00964)
Size	0.000436	−0.000796	−0.000193	0.00140	−0.0905***
	(0.00307)	(0.00323)	(0.00357)	(0.00112)	(0.0154)
IL2GL	0.000906	0.000988	0.00124	0.000917	0.000281
	(0.00175)	(0.00173)	(0.00182)	(0.00120)	(0.000831)
LLR2GL	−0.00627**	−0.00728***	−0.00572**	−0.00428*	−0.00571
	(0.00269)	(0.00282)	(0.00279)	(0.00227)	(0.00558)
NIM	0.0149***	0.0124***	0.0156***	0.0116***	0.0238***
	(0.00261)	(0.00275)	(0.00281)	(0.00247)	(0.00569)
tier1	−0.000492***	−0.000456***	−0.000404***	−0.000470***	−0.000910***
	(0.000142)	(0.000151)	(0.000145)	(0.000143)	(0.000132)
GDP	0.00516*	0.00513*	0.00456	0.00438	0.000543
	(0.00292)	(0.00290)	(0.00316)	(0.00315)	(0.00303)
M2	0.133*	0.133*	0.118	0.124	0.0346
	(0.0786)	(0.0768)	(0.0768)	(0.0881)	(0.0773)

续表

VARIABLES（变量）	(1)	(2)	(3)	(4)	(5)
	sys_end1	sys_end2	sys_end3	ols	fe
	GL2TA	GL2TA	GL2TA	GL2TA	GL2TA
CrisisCri	−0.0307***	−0.0301***	−0.0257***	−0.0273**	0.0158
	(0.0103)	(0.0103)	(0.00943)	(0.0111)	(0.00992)
CrisisAft	−0.0192	−0.0224	−0.0126	−0.00776	0.0875***
	(0.0208)	(0.0204)	(0.0223)	(0.0228)	(0.0236)
NSFR_L	0.0826***			0.0629***	0.0259
	(0.0278)			(0.0162)	(0.0268)
NSFR_M		0.0993***			
		(0.0264)			
NSFR_H			0.0394**		
			(0.0198)		
Constant	0.0677	0.0984	0.0838	0.0133	1.908***
	(0.0829)	(0.0816)	(0.0951)	(0.0509)	(0.308)
Observations	663	665	665	663	663
R-squared				0.775	0.647
Number of id	137	137	137		137
AR（1）	0.001	0.001	0.001		
AR（2）	0.177	0.201	0.171		

注：①***、**、*分别表示在1%、5%和10%水平上显著；②括号中为标准误差；③Arellano-Bond自相关检验显示P值。

结果显示：

（1）贷款资产占比的调整速度较慢，低于0.5，商业银行的贷款资产配置比例较稳定。

（2）流动性冲击（Ted1m）的系数显著为负。流动性冲击下，银行收缩风险资产，减少信贷配置，贷款资产占比下降。验证了本书的假设，也与现有文献的研究结论一致。

（3）净息差（NIM）的系数显著为正，存贷利差收益率越高，越是激励商业银行提供信贷，刺激商业银行持有更多信贷资产。验证了我们的假设。

（4）国内生产总值（GDP）增长率系数显著为正。与我们的假设一致，即在经济增长时期，商业银行持有较少的准备金，信贷规模扩张，使用更多的短期融资，可以容忍更严重的期限错配。宏观经济加速增长伴随着银行信贷占比的提高，也为日后商业银行留下了风险。

（5）货币供应量（M2）系数显著为正，信贷供给渠道也是货币政策发挥作用的重要渠道。众多研究显示货币供应量增加导致信贷增加，不再赘述。

（6）金融危机期间（CrisisCri）系数显著为负。与我们的假设一致，在金融危机期间，商业银行面临流动性冲击，也面临信贷资产价值的下降，此时银行为增加资产流动性，将减少信贷资产占比。

（7）净稳定资金比率（NSFR_L，NSFR_M和NSFR_H）系数显著为正。与我们的假设一致，银行的净稳定资金比率越高，银行具有可靠的融资来源，银行更加安全，期限错配状况还不严重，激励银行增加信贷资产的配置。

表4-4在基本模型的基础上，加入了净稳定资金比率与流动性冲击的交叉项。其中（1）列针对NSFR_L加入了NSFR_L与流动性冲击的交叉项，（2）列和（3）列分别针对不同的净稳定资金比率加入了不同的交叉项。在估计方法上，依然采用两阶段—纠偏—稳健性系统GMM估计，表中AR（1）和AR（2）显示了Arellano-Bond高阶自相关检验，残差检验的P值显示，该模型估计的残差不存在高阶自相关，满足GMM估计的假设，模型设定合理。

表4-4　信贷资产持有量变化回归模型（加入交叉项）

VARIABLES（变量）	（1）	（2）	（3）
	sys_NSFR_L	sys_NSFR_M	sys_NSFR_H
	GL2TA	GL2TA	GL2TA
L.GL2TA	0.646***	0.618***	0.674***
	（0.0427）	（0.0426）	（0.0629）
Ted1m	−0.0580***	−0.0681***	−0.0464
	（0.0176）	（0.0196）	（0.0824）
Size	0.000159	−0.000845	−0.000148
	（0.00316）	（0.00306）	（0.0164）

续表

VARIABLES（变量）	(1)	(2)	(3)
	sys_NSFR_L	sys_NSFR_M	sys_NSFR_H
	GL2TA	GL2TA	GL2TA
IL2GL	0.00127	0.000898	0.00132
	(0.00187)	(0.00168)	(0.00159)
LLR2GL	-0.00640**	-0.00723***	-0.00606
	(0.00286)	(0.00274)	(0.00481)
NIM	0.0153***	0.0136***	0.0158*
	(0.00268)	(0.00266)	(0.00899)
Tier1	-0.000485***	-0.000419***	-0.000401
	(0.000151)	(0.000143)	(0.000952)
GDP	0.00458	0.00488	0.00440
	(0.00292)	(0.00301)	(0.00962)
M2	0.115	0.121	0.110*
	(0.0792)	(0.0788)	(0.0639)
CrisisCri	-0.0261**	-0.0275***	-0.0239
	(0.0103)	(0.0101)	(0.0213)
CrisisAft	-0.0163	-0.0197	-0.0114
	(0.0209)	(0.0207)	(0.0643)
NSFR_L_ted1m	0.0412**		
	(0.0166)		
NSFR_M_ted1m		0.0549***	
		(0.0184)	
NSFR_H_ted1m			0.0216
			(0.0676)
Constant	0.127	0.163**	0.114
	(0.0786)	(0.0792)	(0.270)
Observations	663	665	665
Number of id	137	137	137
AR（1）	0.001	0.001	0.001

续表

VARIABLES（变量）	(1)	(2)	(3)
	sys_NSFR_L	sys_NSFR_M	sys_NSFR_H
	GL2TA	GL2TA	GL2TA
AR（2）	0.175	0.223	0.234

注：①***、**、*分别表示在1%、5%和10%水平上显著；②括号中为标准误差；③Arellano-Bond自相关检验显示P值。

结果显示：流动性冲击（Ted1m）的系数为负，降低银行资产中贷款的配置比例，而在其他变量依然显著的情况下，净稳定资金比率与流动性冲击的交叉项（NSFR_L_ted1m和NSFR_M_ted1m）系数显著为正，说明了在流动性冲击下，具有较高稳定融资来源比例的银行，期限错配还不严重的银行，具有空间吸收和缓解流动性冲击对商业银行信贷资产占比的负向作用，净稳定资金比率的提高有助于缓解流动性冲击对银行信贷资产调整的压力。

在巴塞尔协议Ⅲ框架下，银行为满足巴塞尔协议Ⅲ流动性新规，将增加稳定融资来源。在面对流动性冲击时，其融资来源较稳定，银行出售金融资产和实物抵押品的压力减小，也可以支持其继续持有风险资产，因此流动性冲击对信贷供给的负向作用被削弱。净稳定资金比率能够起到稳定商业银行贷款资产占比的作用，与本书的假设一致。

表4-5加入净稳定资金比率与金融危机期间（CrisisCri）的交叉项。AR（1）和AR（2）显示了Arellano-Bond高阶自相关检验，残差检验的P值显示，该模型估计的残差不存在高阶自相关，满足GMM估计的假设，说明两阶段—纠偏—稳健性系统GMM估计结果合理。

表4-5　信贷资产持有量变化回归模型（加入金融危机交叉项）

VARIABLES（变量）	(1)	(2)	(3)
	sys_NSFR_L	sys_NSFR_M	sys_NSFR_H
	GL2TA	GL2TA	GL2TA
L.GL2TA	0.692***	0.688***	0.690***
	(0.0387)	(0.0380)	(0.0378)

续表

VARIABLES（变量）	（1）	（2）	（3）
	sys_NSFR_L	sys_NSFR_M	sys_NSFR_H
	GL2TA	GL2TA	GL2TA
Ted1m	−0.0274***	−0.0276***	−0.0271***
	（0.00822）	（0.00794）	（0.00768）
Size	−0.000264	−0.000168	−0.000324
	（0.00345）	（0.00321）	（0.00336）
IL2GL	0.00148	0.00132	0.00138
	（0.00171）	（0.00166）	（0.00169）
LLR2GL	−0.00556**	−0.00566**	−0.00575**
	（0.00276）	（0.00282）	（0.00278）
NIM	0.0157***	0.0158***	0.0161***
	（0.00293）	（0.00276）	（0.00282）
Tier1	−0.000367**	−0.000350**	−0.000354**
	（0.000178）	（0.000173）	（0.000169）
GDP	0.00408	0.00418	0.00387
	（0.00271）	（0.00290）	（0.00283）
M2	0.114	0.113	0.112
	（0.0797）	（0.0786）	（0.0778）
CrisisCri	−0.0383**	−0.0478***	−0.0252
	（0.0189）	（0.0155）	（0.0185）
CrisisAft	−0.00990	−0.0101	−0.0109
	（0.0196）	（0.0207）	（0.0203）
NSFR_L_CrisisCri	0.0216		
	（0.0191）		
NSFR_M_CrisisCri		0.0332**	
		（0.0167）	
NSFR_H_CrisisCri			0.00313
			（0.0178）

续表

VARIABLES（变量）	(1)	(2)	(3)
	sys_NSFR_L	sys_NSFR_M	sys_NSFR_H
	GL2TA	GL2TA	GL2TA
Constant	0.104	0.104	0.108
	(0.0882)	(0.0837)	(0.0848)
Observations	663	665	665
Number of id	137	137	137
AR（1）	0.001	0.001	0.001
AR（2）	0.147	0.147	0.144

注：①***、**、*分别表示在1%、5%和10%水平上显著；②括号中为标准误差；③Arellano-Bond自相关检验显示P值。

结果显示：

（1）金融危机期间（CrisisCri）虚拟变量系数显著为负，在金融危机期间，商业银行的贷款资产占比显著降低，这与观测到的现实是一致的，也与本书的假设一致。

（2）净稳定资金比率与金融危机期间的交叉项（NSFR_M_CrisisCri）系数显著为正。说明在金融危机期间，期限错配风险较小的银行还能够持续的提供信贷供给，信贷资产配置受到金融危机影响较小。该结论进一步验证了净稳定资金比率对信贷资产配置的稳定作用。

进一步将样本按照规模大小分为大规模银行样本（资产规模大于2000亿元人民币）和小规模银行样本（资产规模小于2000亿元人民币），对贷款资产占比变化模型进行估计。表4-6和表4-7分别报告了小规模银行样本和大规模银行样本的信贷资产配置模型回归结果。在估计方法上，依然采用两阶段—纠偏—稳健性系统GMM估计，表中AR（1）和AR（2）显示了Arellano-Bond高阶自相关检验，残差检验的P值显示，该模型估计的残差不存在高阶自相关，满足GMM估计的假设，模型设定合理。

表4-6 信贷资产持有量变化回归模型（小规模样本）

VARIABLES（变量）	(1)	(2)	(3)	(4)	(5)	(6)
	sys_NSFR_L	sys_NSFR_M	sys_NSFR_H	sys_NSFR_L_t	sys_NSFR_M_t	sys_NSFR_H_t
	GL2TA	GL2TA	GL2TA	GL2TA	GL2TA	GL2TA
L.GL2TA	0.595***	0.582***	0.618***	0.555***	0.565***	0.608***
	(0.0559)	(0.0572)	(0.0634)	(0.0645)	(0.0561)	(0.0637)
Ted1m	−0.0350***	−0.0323***	−0.0335***	−0.0617***	−0.0701***	−0.0458**
	(0.00989)	(0.00983)	(0.00973)	(0.0214)	(0.0222)	(0.0179)
Size	−0.0145*	−0.0151*	−0.0172**	−0.0189**	−0.0158**	−0.0176**
	(0.00845)	(0.00844)	(0.00736)	(0.00889)	(0.00751)	(0.00754)
IL2GL	0.000663	0.000712	0.000739	0.000976	0.000759	0.000840
	(0.00154)	(0.00158)	(0.00140)	(0.00169)	(0.00151)	(0.00139)
LLR2GL	−0.00786**	−0.00890***	−0.00789**	−0.00903***	−0.00963***	−0.00806**
	(0.00308)	(0.00289)	(0.00322)	(0.00328)	(0.00292)	(0.00320)
NIM	0.0141***	0.0122***	0.0155***	0.0166***	0.0147***	0.0168***
	(0.00303)	(0.00332)	(0.00333)	(0.00349)	(0.00307)	(0.00351)
Tier1	−0.000904***	−0.000770***	−0.000819***	−0.000966***	−0.000782***	−0.000831***
	(0.000217)	(0.000190)	(0.000164)	(0.000222)	(0.000174)	(0.000175)
GDP	0.00420	0.00416	0.00323	0.00358	0.00399	0.00324
	(0.00334)	(0.00341)	(0.00326)	(0.00334)	(0.00345)	(0.00396)
M2	0.0116	0.00333	−0.000263	−0.000463	0.00265	0.00323
	(0.0968)	(0.0996)	(0.102)	(0.104)	(0.0930)	(0.103)
CrisisCri	−0.0287**	−0.0250	−0.0174	−0.0195	−0.0205	−0.0140
	(0.0138)	(0.0161)	(0.0131)	(0.0128)	(0.0141)	(0.0143)
CrisisAft	−0.0159	−0.0161	−0.00529	−0.0104	−0.0120	−0.00204
	(0.0268)	(0.0290)	(0.0269)	(0.0273)	(0.0287)	(0.0301)
NSFR_L	0.0739*					
	(0.0389)					
NSFR_M		0.0928**				
		(0.0377)				

续表

VARIABLES（变量）	(1) sys_NSFR_L GL2TA	(2) sys_NSFR_M GL2TA	(3) sys_NSFR_H GL2TA	(4) sys_NSFR_L_t GL2TA	(5) sys_NSFR_M_t GL2TA	(6) sys_NSFR_H_t GL2TA
NSFR_H			0.0287			
			(0.0236)			
NSFR_L_ted1m				0.0368*		
				(0.0213)		
NSFR_M_ted1m					0.0475**	
					(0.0214)	
NSFR_H_ted1m						0.0141
						(0.0142)
Constant	0.403**	0.406**	0.463***	0.550***	0.492***	0.492***
	(0.175)	(0.170)	(0.154)	(0.173)	(0.145)	(0.159)
Observations	431	433	433	431	433	433
Number of id	108	108	108	108	108	108
AR（1）	0.003	0.003	0.003	0.003	0.003	0.003
AR（2）	0.291	0.320	0.248	0.257	0.299	0.239

注：①***，**，*分别表示在1%、5%和10%水平上显著；②括号中为标准误差；③Arellano-Bond自相关检验显示P值。

表 4-7　信贷资产持有量变化回归模型（大规模样本）

VARIABLES（变量）	(1) sys_NSFR_L GL2TA	(2) sys_NSFR_M GL2TA	(3) sys_NSFR_H GL2TA	(4) sys_NSFR_L_t GL2TA	(5) sys_NSFR_M_t GL2TA	(6) sys_NSFR_H_t GL2TA
L.GL2TA	0.757***	0.766***	0.757***	0.801***	0.831***	0.839***
	(0.148)	(0.109)	(0.116)	(0.138)	(0.126)	(0.149)
Ted1m	−0.00963	−0.0104	−0.00947	−0.0299	−0.0330	−0.0326
	(0.0115)	(0.0184)	(0.0124)	(0.0246)	(0.0269)	(0.0290)

续表

VARIABLES（变量）	(1)	(2)	(3)	(4)	(5)	(6)
	sys_NSFR_L	sys_NSFR_M	sys_NSFR_H	sys_NSFR_L_t	sys_NSFR_M_t	sys_NSFR_H_t
	GL2TA	GL2TA	GL2TA	GL2TA	GL2TA	GL2TA
Size	0.00506	0.00215	0.00438	0.00520	0.00287	0.00400
	(0.00349)	(0.00340)	(0.00271)	(0.00339)	(0.00326)	(0.00277)
IL2GL	0.00121	0.000709	0.00363	0.000403	-5.07×10^{-5}	0.00180
	(0.0124)	(0.0180)	(0.0120)	(0.0113)	(0.0181)	(0.0113)
LLR2GL	-0.00686	-0.00526	-0.00861	-0.00651	-0.00389	-0.00584
	(0.00797)	(0.00913)	(0.00823)	(0.00881)	(0.0103)	(0.00814)
NIM	0.00349	-0.000894	0.00302	0.00476	0.000215	0.00239
	(0.0102)	(0.00934)	(0.00822)	(0.00962)	(0.0102)	(0.00842)
Tier1	0.00145	0.000595	0.00119	0.00203	0.00182	0.00212
	(0.00185)	(0.00210)	(0.00191)	(0.00208)	(0.00217)	(0.00201)
GDP	0.000527	0.000919	0.000203	-0.000141	-0.000419	-0.000260
	(0.00512)	(0.00727)	(0.00520)	(0.00477)	(0.00750)	(0.00521)
M2	0.389***	0.402***	0.396***	0.377***	0.362***	0.369***
	(0.0843)	(0.0868)	(0.0850)	(0.0886)	(0.0962)	(0.0962)
CrisisCri	-0.0175	-0.0159	-0.0173	-0.0167	-0.0185	-0.0151
	(0.0234)	(0.0237)	(0.0210)	(0.0214)	(0.0246)	(0.0211)
CrisisAft	0.00171	0.00797	0.000142	-0.00274	-0.00256	0.000804
	(0.0318)	(0.0358)	(0.0301)	(0.0333)	(0.0390)	(0.0272)
NSFR_L	0.0714*					
	(0.0434)					
NSFR_M		0.0934*				
		(0.0520)				
NSFR_H			0.0803*			
			(0.0422)			
NSFR_L_ted1m				0.0296		
				(0.0248)		

续表

VARIABLES（变量）	(1)	(2)	(3)	(4)	(5)	(6)
	sys_NSFR_L	sys_NSFR_M	sys_NSFR_H	sys_NSFR_L_t	sys_NSFR_M_t	sys_NSFR_H_t
	GL2TA	GL2TA	GL2TA	GL2TA	GL2TA	GL2TA
NSFR_M_ted1m					0.0333	
					(0.0214)	
NSFR_H_ted1m						0.0287
						(0.0254)
Constant	−0.107	−0.0625	−0.0991	−0.0808	−0.0352	−0.0722
	(0.0796)	(0.107)	(0.0783)	(0.0874)	(0.117)	(0.0877)
Observations	208	208	208	208	208	208
Number of id	44	44	44	44	44	44
AR（1）	0.023	0.016	0.016	0.023	0.018	0.020
AR（2）	0.180	0.156	0.129	0.197	0.228	0.190

注：①***，**，*分别表示在1%、5%和10%水平上显著；②括号中为标准误差；③Arellano-Bond自相关检验显示P值。

结果显示：

（1）大规模银行的贷款资产占比持续性更强，贷款占比滞后一期对当期的配置比例影响达到了0.7以上，而小规模银行的持续性仅在0.6左右。

（2）流动性冲击对小规模银行的贷款占比冲击更大，更显著，面临同样的市场流动性冲击，小规模银行资产配置的稳定性更差。

（3）净稳定资金比率与流动性冲击的交叉项（NSFR_L_ted1m）在小规模银行中显著，由于小规模银行的融资成本高，在发生流动性冲击时，由于信息不对称，其面临的赎回风险更为严峻，其将出售更多的资产以换取足够的流动性，因此净稳定资金比率对贷款配置的稳定作用在小规模银行中更显著。

表4-8和表4-9针对银行类型进行了估计，考察银行类型是否在流动性冲击和净稳定资金比率对贷款资产占比的影响机制中发挥作用，其中表4-8的（1）~（5）列分别依次加入了国有大型银行（LSCB）、股份制银行（JSCB）、城市商业

银行（CCB）、外国银行（FOR）、村镇银行（RCB）与净稳定资金比率的交叉项，表4-9进一步依次加入与系统流动性冲击的交叉项。在估计方法上，依然采用两阶段—纠偏—稳健性系统GMM估计，表中AR（1）和AR（2）显示了Arellano-Bond高阶自相关检验，残差检验的P值显示，该模型估计的残差不存在高阶自相关，满足GMM估计的假设，模型设定合理。

表4-8　信贷资产持有量变化回归模型（按类型）

VARIABLES（变量）	(1)	(2)	(3)	(4)	(5)
	sys_LSCB	sys_JSCB	sys_CCB	sys_FOR	sys_RCB
	GL2TA	GL2TA	GL2TA	GL2TA	GL2TA
L.GL2TA	0.609***	0.634***	0.557***	0.573***	0.634***
	(0.0440)	(0.0418)	(0.0502)	(0.0408)	(0.0578)
Ted1m	−0.0304***	−0.0293***	−0.0334***	−0.0322***	−0.0291***
	(0.00849)	(0.00833)	(0.00833)	(0.0108)	(0.00999)
Size	−0.0101	0.00109	−0.00336	0.00799**	0.000423
	(0.00666)	(0.00316)	(0.00315)	(0.00346)	(0.00918)
IL2GL	0.00112	0.000938	0.00121	0.00120	0.00106
	(0.00168)	(0.00173)	(0.00207)	(0.00207)	(0.00290)
LLR2GL	−0.00777***	−0.00626**	−0.00763***	−0.00398	−0.00714**
	(0.00283)	(0.00274)	(0.00286)	(0.00316)	(0.00343)
NIM	0.0135***	0.0149***	0.0216***	0.0249***	0.0145***
	(0.00290)	(0.00244)	(0.00305)	(0.00431)	(0.00463)
Tier1	−0.000795***	−0.000477***	−0.000873***	−0.000756***	−0.000484
	(0.000143)	(0.000143)	(0.000171)	(9.47×10^{-5})	(0.000362)
GDP	0.00424	0.00527*	0.00624*	0.00705*	0.00517
	(0.00286)	(0.00300)	(0.00342)	(0.00396)	(0.00332)
M2	0.120	0.130*	0.139*	0.169**	0.134
	(0.0760)	(0.0774)	(0.0749)	(0.0747)	(0.113)
CrisisCri	−0.0248**	−0.0304***	−0.0275***	−0.0310***	−0.0304***
	(0.0106)	(0.0101)	(0.0102)	(0.0112)	(0.0105)

续表

VARIABLES（变量）	(1)	(2)	(3)	(4)	(5)
	sys_LSCB	sys_JSCB	sys_CCB	sys_FOR	sys_RCB
	GL2TA	GL2TA	GL2TA	GL2TA	GL2TA
CrisisAft	-0.00659	-0.0182	-0.0139	-0.0234	-0.0181
	(0.0234)	(0.0211)	(0.0178)	(0.0229)	(0.0274)
NSFR_L	0.0736***	0.0834***	0.108***	0.0668**	0.0799***
	(0.0278)	(0.0276)	(0.0296)	(0.0314)	(0.0250)
NSFR_L_LSCB	0.0882**				
	(0.0385)				
NSFR_L_JSCB		0.00286			
		(0.0151)			
NSFR_L_CCB			-0.0471***		
			(0.0103)		
NSFR_L_FOR				0.0640***	
				(0.0178)	
NSFR_L_RCB					0.0135
					(0.0255)
Constant	0.291**	0.0521	0.151*	-0.0930	0.0695
	(0.140)	(0.0823)	(0.0830)	(0.106)	(0.205)
Observations	663	663	663	663	663
Number of id	137	137	137	137	137
AR（1）	0.001	0.001	0.001	0.001	0.001
AR（2）	0.165	0.178	0.178	0.184	0.178

注：①***、**、*分别表示在1%、5%和10%水平上显著；②括号中为标准误差；③Arellano-Bond自相关检验显示P值。

表4-9 信贷资产持有量变化回归模型（交叉项按类型）

VARIABLES（变量）	(1)	(2)	(3)	(4)	(5)
	sys_LSCB	sys_JSCB	sys_CCB	sys_FOR	sys_RCB
	GL2TA	GL2TA	GL2TA	GL2TA	GL2TA
L.GL2TA	0.618***	0.647***	0.604***	0.621***	0.647***
	(0.0455)	(0.0422)	(0.0417)	(0.0692)	(0.0417)

续表

VARIABLES（变量）	(1)	(2)	(3)	(4)	(5)
	sys_LSCB	sys_JSCB	sys_CCB	sys_FOR	sys_RCB
	GL2TA	GL2TA	GL2TA	GL2TA	GL2TA
Ted1m	−0.0596***	−0.0581***	−0.0611***	−0.0582***	−0.0583***
	(0.0179)	(0.0174)	(0.0162)	(0.0212)	(0.0174)
Size	−0.00679	0.000593	−0.00188	0.000144	0.000373
	(0.00459)	(0.00302)	(0.00347)	(0.00375)	(0.00314)
IL2GL	0.00106	0.00125	0.00114	-2.17×10^{-5}	0.00128
	(0.00175)	(0.00187)	(0.00189)	(0.00192)	(0.00185)
LLR2GL	−0.00746***	−0.00639**	−0.00668*	−0.00594	−0.00737**
	(0.00283)	(0.00286)	(0.00362)	(0.00413)	(0.00315)
NIM	0.0151***	0.0154***	0.0192***	0.0175**	0.0149***
	(0.00260)	(0.00258)	(0.00321)	(0.00698)	(0.00257)
Tier1	−0.000676***	−0.000472***	−0.000720***	−0.000523	−0.000451***
	(0.000129)	(0.000153)	(0.000171)	(0.000331)	(0.000160)
GDP	0.00399	0.00463	0.00537*	0.00548	0.00474
	(0.00280)	(0.00294)	(0.00301)	(0.00827)	(0.00295)
M2	0.115	0.115	0.124*	0.143*	0.118
	(0.0847)	(0.0788)	(0.0754)	(0.0816)	(0.0782)
CrisisCri	−0.0248***	−0.0261**	−0.0246**	−0.0298**	−0.0260**
	(0.00937)	(0.0103)	(0.00980)	(0.0149)	(0.0103)
CrisisAft	−0.0117	−0.0163	−0.0134	−0.0186	−0.0153
	(0.0198)	(0.0211)	(0.0207)	(0.0494)	(0.0211)
NSFR_L_ted1m	0.0385**	0.0412**	0.0516***	0.0401*	0.0404**
	(0.0176)	(0.0167)	(0.0152)	(0.0234)	(0.0162)
NSFR_L_ted1m_LSCB	0.0511**				
	(0.0200)				
NSFR_L_ted1m_JSCB		0.000721			
		(0.00908)			
NSFR_L_ted1m_CCB			−0.0211***		
			(0.00771)		

续表

VARIABLES（变量）	(1)	(2)	(3)	(4)	(5)
	sys_LSCB	sys_JSCB	sys_CCB	sys_FOR	sys_RCB
	GL2TA	GL2TA	GL2TA	GL2TA	GL2TA
NSFR_L_ted1m_FOR				0.00373	
				(0.0108)	
NSFR_L_ted1m_RCB					0.0130*
					(0.00679)
Constant	0.281***	0.117	0.170**	0.125	0.123
	(0.0997)	(0.0761)	(0.0833)	(0.0770)	(0.0797)
Observations	663	663	663	663	663
Number of id	137	137	137	137	137
AR（1）	0.001	0.001	0.001	0.001	0.001
AR（2）	0.251	0.175	0.212	0.182	0.177

注：①***、**、*分别表示在1%、5%和10%水平上显著；②括号中为标准误差；③Arellano-Bond自相关检验显示P值。

结果显示，在其他变量依旧显著的前提下：

（1）大型国有银行与净稳定资金比率的交叉项（NSFR_L_LSCB）系数显著为正，与系统流动性冲击的交叉项（NSFR_L_ted1m_LSCB）系数显著为正，说明对大型国有银行来说，净稳定资金比率的稳定作用显著更强。

（2）城市商业银行与净稳定资金比率的交叉项（NSFR_L_CCB）系数显著为正，与系统流动性冲击的交叉项（NSFR_L_ted1m_CCB）系数显著为正，说明对城市商业银行来说，净稳定资金比率的稳定作用显著更弱。

（3）村镇商业银行的交叉项NSFR_L_ted1m_RCB系数显著为正，说明对村镇商业银行来说，净稳定资金比率对流动性冲击的调节作用要更好。

4.4.2　流动资产配置变化

表4-10报告了流动资产配置变化模型的估计结果，考察流动性冲击和净稳定资金比率如何对流动资产配置产生变化。其中，第一列是变量名，自变量中包

含了流动资产占比的滞后一期（L.LA2TA），（1）列结果采用基本的NSFR_L作为净稳定资金比率，（2）列采用NSFR_M作为净稳定资金比率，（3）列结果采用NSFR_H作为净稳定资金比率。（4）列和（5）列也是采用NSFR_L作为净稳定资金比率，但估计方法有所不同。

在估计方法上，由于自变量中存在因变量的滞后一期，以及自变量可能存在内生性，因此（1）至（3）列结果均使用两阶段—纠偏—稳健性系统GMM估计，表中AR（1）和AR（2）显示了Arellano-Bond高阶自相关检验，残差检验的P值显示，该模型估计的残差不存在高阶自相关，满足GMM估计的假设，模型设定合理。（4）列采用混合OLS估计，（5）列是固定效应估计，滞后期（L.LA2TA）的系数是流动资产占比的调整系数，虽然混合OLS估计和固定效应估计会产生偏差，但是其估计结果代表了调整系数的上限和下限。可以用来确定系统GMM估计的合理性。

表4-10　流动资产占比变化模型估计

VARIABLES（变量）	（1）	（2）	（3）	（4）	（5）
	sys_end1	sys_end2	sys_end3	ols	fe
	LA2TA	LA2TA	LA2TA	LA2TA	LA2TA
L.LA2TA	0.524***	0.495***	0.512***	0.690***	0.406***
	（0.0479）	（0.0461）	（0.0527）	（0.0352）	（0.0397）
Ted1m	0.0449***	0.0505***	0.0495***	0.0286**	0.0403***
	（0.0112）	（0.0113）	（0.0124）	（0.0111）	（0.0136）
Size	−0.0118***	−0.0123***	−0.0127***	−0.00595***	−0.0455**
	（0.00324）	（0.00302）	（0.00308）	（0.00152）	（0.0219）
IL2GL	−0.00265***	−0.00254***	−0.00264***	−0.00186*	−0.00170*
	（0.000937）	（0.000944）	（0.000993）	（0.00107）	（0.00102）
LLR2GL	0.00703	0.00681	0.00703	0.00462	0.00434
	（0.00441）	（0.00453）	（0.00435）	（0.00286）	（0.00814）
NIM	−0.0148***	−0.00878**	−0.0140***	−0.00895***	−0.0165**
	（0.00385）	（0.00437）	（0.00373）	（0.00289）	（0.00724）

续表

VARIABLES（变量）	(1)	(2)	(3)	(4)	(5)
	sys_end1	sys_end2	sys_end3	ols	fe
	LA2TA	LA2TA	LA2TA	LA2TA	LA2TA
Tier1	0.000926***	0.00102***	0.000967***	0.000919***	0.000937***
	(0.000182)	(0.000224)	(0.000212)	(0.000182)	(0.000181)
GDP	-0.00154	-0.00325	-0.00264	0.00234	-0.00464
	(0.00374)	(0.00376)	(0.00410)	(0.00383)	(0.00423)
M2	0.0562	0.0781	0.0616	0.0743	0.0586
	(0.0913)	(0.0923)	(0.0876)	(0.0970)	(0.0893)
CrisisCri	0.00563	0.00659	0.00466	0.00234	0.0231*
	(0.0117)	(0.0118)	(0.0120)	(0.0117)	(0.0140)
CrisisAft	-0.0394	-0.0464*	-0.0459*	-0.0252	0.00265
	(0.0258)	(0.0262)	(0.0268)	(0.0259)	(0.0367)
NSFR_L	0.0132			0.0264	0.00217
	(0.0338)			(0.0263)	(0.0349)
NSFR_M		-0.0803**			
		(0.0323)			
NSFR_H			-0.0185		
			(0.0326)		
Constant	0.313***	0.392***	0.362***	0.114*	0.994**
	(0.100)	(0.0914)	(0.102)	(0.0605)	(0.421)
Observations	635	636	636	635	635
R-squared				0.677	0.380
Number of id	137	137	137		137
AR（1）	0.000	0.000	0.000		
AR（2）	0.875	0.768	0.837		

注：①***、**、*分别表示在1%、5%和10%水平上显著；②括号中为标准误差；③Arellano-Bond自相关检验显示P值。

结果显示：

（1）流动资产占比滞后一期（L.LA2TA）系数显著为正，流动资产占比的调整速度适中，比贷款占比的调整速度加快，在0.5左右。

（2）流动性冲击（Ted1m）系数显著为正，在流动性风险加剧时，银行为了应对突然增加的流动性需求，会将其他资产转换为流动性更好的资产，于是流动资产占比增加。

（3）银行规模（Size）的系数显著为负。银行规模越大，流动资产占比越小。

（4）不良贷款率（IL2GL）的系数显著为负。不良贷款率提高，影响商业银行信贷回收，降低了应收账款的回收。不良贷款率的提高加剧了银行流动性状况。

（5）净息差（NIM）的系数显著为负。净息差代表来了信贷资产的收益率，净息差越高，鼓励银行持有长期信贷资产，减持流动资产。

（6）资本充足率（Tie1）系数显著为正。基于风险的资本充足率与风险资产呈反比，与流动资产呈正比。

（7）净稳定资金比率（NSFR_M）系数显著为负。净稳定资金比率越大，说明银行的期限错配风险越小，激励银行持有更多风险资产，流动资产占比越小。

表4-11考察了净稳定资金比率是否能够降低流动性冲击对银行流动资产配置的影响，在自变量中加入了净稳定资金比率与流动性冲击的交叉项。在估计方法上，均使用两阶段—纠偏—稳健性系统GMM估计，表中AR（1）和AR（2）显示了Arellano-Bond高阶自相关检验，残差检验的P值显示，该模型估计的残差不存在高阶自相关，满足GMM估计的假设，模型设定合理。

表4-11　流动资产占比变化模型估计（交叉项）

VARIABLES（变量）	（1）	（2）	（3）
	sys_NSFR_L	sys_NSFR_M	sys_NSFR_H
	LA2TA	LA2TA	LA2TA
L.LA2TA	0.523***	0.481***	0.505***
	（0.0485）	（0.0455）	（0.0499）

续表

VARIABLES（变量）	(1)	(2)	(3)
	sys_NSFR_L	sys_NSFR_M	sys_NSFR_H
	LA2TA	LA2TA	LA2TA
Ted1m	0.0480**	0.101***	0.0737***
	(0.0204)	(0.0207)	(0.0241)
Size	−0.0126***	−0.0130***	−0.0129***
	(0.00295)	(0.00301)	(0.00314)
IL2GL	−0.00257***	−0.00253***	−0.00260***
	(0.000947)	(0.000944)	(0.000972)
LLR2GL	0.00656	0.00778*	0.00716
	(0.00422)	(0.00449)	(0.00446)
NIM	−0.0142***	−0.00991**	−0.0137***
	(0.00371)	(0.00398)	(0.00383)
Tier1	0.000937***	0.000991***	0.000995***
	(0.000171)	(0.000198)	(0.000201)
GDP	−0.00194	−0.00340	−0.00305
	(0.00375)	(0.00366)	(0.00350)
M2	0.0543	0.0800	0.0722
	(0.0907)	(0.0884)	(0.0943)
CrisisCri	0.00751	0.00759	0.00517
	(0.0119)	(0.0117)	(0.0116)
CrisisAft	−0.0395	−0.0464*	−0.0470**
	(0.0253)	(0.0262)	(0.0231)
NSFR_L_ted1m	−0.00228		
	(0.0208)		
NSFR_M_ted1m		−0.0613***	
		(0.0201)	
NSFR_H_ted1m			−0.0258
			(0.0203)

续表

VARIABLES（变量）	(1)	(2)	(3)
	sys_NSFR_L	sys_NSFR_M	sys_NSFR_H
	LA2TA	LA2TA	LA2TA
Constant	0.338***	0.343***	0.350***
	(0.0895)	(0.0831)	(0.0884)
Observations	635	636	636
Number of id	137	137	137
AR（1）	0.000	0.000	0.000
AR（2）	0.862	0.857	0.831

注：①***、**、*分别表示在1%\5%和10%水平上显著；②括号中为标准误差；③Arellano-Bond自相关检验显示P值。

结果显示，其他变量依然显著，流动性冲击依然显著为正，而流动性冲击与净稳定资金比率的交叉项（NSFR_M_ted1m）系数显著为负，说明净稳定资金比率能够降低流动性冲击对银行流动资产配置的刺激作用，对冲流动性冲击对流动资产占比的作用。从这个角度上看，净稳定资金比率有助于稳定银行的流动资产配置。

表4-12考察了用金融危机期间虚拟变量替代流动性冲击时，净稳定资金比率的作用，在自变量中加入了金融危机期间虚拟变量与净稳定资金比率的交叉项。均使用两阶段—纠偏—稳健性系统GMM估计，表中AR（1）和AR（2）显示了Arellano-Bond高阶自相关检验，残差检验的P值显示，该模型估计的残差不存在高阶自相关，满足GMM估计的假设，模型设定合理。

表4-12　流动资产占比变化模型估计（金融危机交叉项）

VARIABLES（变量）	(1)	(2)	(3)
	sys_NSFR_L	sys_NSFR_M	sys_NSFR_H
	LA2TA	LA2TA	LA2TA
L.LA2TA	0.521***	0.511***	0.518***
	(0.0477)	(0.0497)	(0.0492)
Ted1m	0.0476***	0.0476***	0.0465***
	(0.0119)	(0.0120)	(0.0113)

续表

VARIABLES（变量）	(1)	(2)	(3)
	sys_NSFR_L	sys_NSFR_M	sys_NSFR_H
	LA2TA	LA2TA	LA2TA
Size	−0.0127***	−0.0130***	−0.0126***
	(0.00282)	(0.00282)	(0.00298)
IL2GL	−0.00271***	−0.00277***	−0.00258***
	(0.000933)	(0.000906)	(0.000959)
LLR2GL	0.00685	0.00740*	0.00721*
	(0.00439)	(0.00431)	(0.00424)
NIM	−0.0141***	−0.0136***	−0.0144***
	(0.00358)	(0.00362)	(0.00374)
Tier1	0.000927***	0.000913***	0.000922***
	(0.000158)	(0.000178)	(0.000164)
GDP	−0.00253	−0.00245	−0.00198
	(0.00390)	(0.00391)	(0.00365)
M2	0.0568	0.0739	0.0623
	(0.0945)	(0.0891)	(0.0932)
CrisisCri	0.0644	0.0947**	0.0185
	(0.0423)	(0.0395)	(0.0447)
CrisisAft	−0.0442	−0.0411	−0.0391
	(0.0275)	(0.0275)	(0.0263)
NSFR_L_CrisisCri	−0.0768		
	(0.0536)		
NSFR_M_CrisisCri		−0.109**	
		(0.0467)	
NSFR_H_CrisisCri			−0.0135
			(0.0504)
Constant	0.347***	0.347***	0.338***
	(0.0850)	(0.0880)	(0.0831)
Observations	635	636	636

续表

VARIABLES（变量）	(1)	(2)	(3)
	sys_NSFR_L	sys_NSFR_M	sys_NSFR_H
	LA2TA	LA2TA	LA2TA
Number of id	137	137	137
AR（1）	0.000	0.000	0.000
AR（2）	0.827	0.787	0.867

注：①***、**、*分别表示在1%、5%和10%水平上显著；②括号中为标准误差；③Arellano-Bond自相关检验显示P值。

结果显示，在其他变量依然显著的情况下，（2）列结果显示，金融危机期间虚拟变量（CrisisCri）显著为正，在金融危机期间，商业银行的流动资产占比更高，与观察到的现实和已有结论一致。金融危机期间虚拟变量与净稳定资金比率的交叉项（NSFR_M_CrisisCri）显著为正，在金融危机期间，净稳定资金比率较大的银行，期限错配风险较小，其流动资产占比上升的幅度更小。进一步验证了净稳定资金比率能够对冲流动性冲击的作用。

表4-13和表4-14进一步将样本按照规模大小分为大规模银行样本（资产规模大于2000亿元人民币）和小规模银行样本（资产规模小于2000亿元人民币），对流动资产占比变化模型进行估计。表4-13和4-14分别报告了小规模样本和大规模样本的估计结果。在估计方法上，依然采用两阶段—纠偏—稳健性系统GMM估计，表中AR（1）和AR（2）显示了Arellano-Bond高阶自相关检验，残差检验的P值显示，该模型估计的残差不存在高阶自相关，满足GMM估计的假设，模型设定合理。

表4-13　流动资产占比变化模型估计（小规模样本）

VARIABLES（变量）	(1)	(2)	(3)	(4)	(5)	(6)
	sys_NSFR_L	sys_NSFR_M	sys_NSFR_H	sys_NSFR_L_t	sys_NSFR_M_t	sys_NSFR_H_t
	LA2TA	LA2TA	LA2TA	LA2TA	LA2TA	LA2TA
L.LA2TA	0.545***	0.520***	0.541***	0.547***	0.511***	0.542***
	(0.0630)	(0.0550)	(0.0627)	(0.0617)	(0.0591)	(0.0659)

续表

VARIABLES（变量）	(1)	(2)	(3)	(4)	(5)	(6)
	sys_NSFR_L	sys_NSFR_M	sys_NSFR_H	sys_NSFR_L_t	sys_NSFR_M_t	sys_NSFR_H_t
	LA2TA	LA2TA	LA2TA	LA2TA	LA2TA	LA2TA
Ted1m	0.0388**	0.0440***	0.0420***	0.0340	0.0855***	0.0599*
	(0.0155)	(0.0150)	(0.0160)	(0.0219)	(0.0251)	(0.0318)
Size	-0.00509	-0.00940	-0.00684	-0.00549	-0.00978	-0.00784
	(0.0111)	(0.0107)	(0.0114)	(0.0111)	(0.00966)	(0.0106)
IL2GL	-0.00234*	-0.00218*	-0.00225*	-0.00237*	-0.00222*	-0.00235*
	(0.00122)	(0.00118)	(0.00122)	(0.00126)	(0.00123)	(0.00136)
LLR2GL	0.00645	0.00595	0.00622	0.00609	0.00652	0.00653
	(0.00479)	(0.00478)	(0.00485)	(0.00464)	(0.00480)	(0.00467)
NIM	-0.0127***	-0.00884**	-0.0115***	-0.0122***	-0.00857**	-0.0106***
	(0.00431)	(0.00388)	(0.00376)	(0.00393)	(0.00387)	(0.00355)
Tier1	0.00115***	0.00114***	0.00114***	0.00114***	0.00111***	0.00109***
	(0.000343)	(0.000315)	(0.000279)	(0.000284)	(0.000267)	(0.000268)
GDP	0.000518	-0.00135	-0.000321	0.000135	-0.00177	-0.000632
	(0.00520)	(0.00473)	(0.00514)	(0.00472)	(0.00442)	(0.00547)
M2	0.0763	0.0939	0.0813	0.0659	0.0884	0.0824
	(0.120)	(0.122)	(0.117)	(0.124)	(0.109)	(0.110)
CrisisCri	0.00787	0.0160	0.0121	0.0119	0.0149	0.0119
	(0.0221)	(0.0184)	(0.0219)	(0.0210)	(0.0173)	(0.0218)
CrisisAft	-0.0295	-0.0265	-0.0286	-0.0288	-0.0296	-0.0305
	(0.0380)	(0.0354)	(0.0375)	(0.0339)	(0.0338)	(0.0388)
NSFR_L	0.0333					
	(0.0340)					
NSFR_M		-0.0552*				
		(0.0305)				
NSFR_H			-0.00433			
			(0.0376)			

续表

VARIABLES（变量）	(1)	(2)	(3)	(4)	(5)	(6)
	sys_NSFR_L	sys_NSFR_M	sys_NSFR_H	sys_NSFR_L_t	sys_NSFR_M_t	sys_NSFR_H_t
	LA2TA	LA2TA	LA2TA	LA2TA	LA2TA	LA2TA
NSFR_L_ted1m				0.00808		
				(0.0214)		
NSFR_M_ted1m					-0.0480**	
					(0.0225)	
NSFR_H_ted1m						-0.0186
						(0.0249)
Constant	0.139	0.282	0.197	0.171	0.249	0.209
	(0.230)	(0.206)	(0.243)	(0.230)	(0.193)	(0.215)
Observations	415	416	416	415	416	416
Number of id	104	104	104	104	104	104
AR（1）	0.000	0.000	0.000	0.000	0.000	0.000
AR（2）	0.532	0.412	0.488	0.499	0.446	0.454

注：①***、**、*分别表示在1%、5%和10%水平上显著；②括号中为标准误差；③Arellano-Bond自相关检验显示P值。

表4-14　流动资产占比变化模型估计（大规模样本）

VARIABLES（变量）	(1)	(2)	(3)	(4)	(5)	(6)
	sys_NSFR_L	sys_NSFR_M	sys_NSFR_H	sys_NSFR_L_t	sys_NSFR_M_t	sys_NSFR_H_t
	LA2TA	LA2TA	LA2TA	LA2TA	LA2TA	LA2TA
L.LA2TA	0.462***	0.347***	0.495***	0.445***	0.300***	0.434***
	(0.0969)	(0.113)	(0.114)	(0.0857)	(0.115)	(0.116)
Ted1m	0.0493***	0.0542***	0.0448***	0.118***	0.204***	0.116***
	(0.0185)	(0.0159)	(0.0173)	(0.0412)	(0.0385)	(0.0425)
Size	-0.0106***	-0.00741*	-0.0114**	-0.0100**	-0.00665	-0.0101**
	(0.00397)	(0.00427)	(0.00496)	(0.00426)	(0.00426)	(0.00441)
IL2GL	0.00336	-0.000656	0.00565	0.00292	-0.000376	0.00201
	(0.0143)	(0.0140)	(0.0148)	(0.0106)	(0.0111)	(0.0143)

续表

VARIABLES（变量）	(1)	(2)	(3)	(4)	(5)	(6)
	sys_NSFR_L	sys_NSFR_M	sys_NSFR_H	sys_NSFR_L_t	sys_NSFR_M_t	sys_NSFR_H_t
	LA2TA	LA2TA	LA2TA	LA2TA	LA2TA	LA2TA
LLR2GL	0.0113	0.00917	0.0100	0.0100	0.0107	0.0133
	(0.0160)	(0.0198)	(0.0183)	(0.0136)	(0.0150)	(0.0161)
NIM	−0.00124	0.0148	0.000822	0.00240	0.0193	0.000945
	(0.0220)	(0.0194)	(0.0219)	(0.0171)	(0.0216)	(0.0227)
Tier1	0.00270	0.00430	0.00256	0.00295	0.00357	0.00293
	(0.00285)	(0.00317)	(0.00326)	(0.00260)	(0.00301)	(0.00316)
GDP	−0.00374	−0.00608	−0.00193	−0.00238	−0.00715	−0.00501
	(0.00589)	(0.00606)	(0.00744)	(0.00674)	(0.00598)	(0.00692)
M2	0.199	0.225	0.258	0.294	0.303*	0.212
	(0.207)	(0.167)	(0.186)	(0.235)	(0.169)	(0.201)
CrisisCri	0.00194	0.00110	0.00621	0.000716	−0.01000	0.00316
	(0.0260)	(0.0237)	(0.0271)	(0.0246)	(0.0229)	(0.0258)
CrisisAft	−0.0489	−0.0620	−0.0273	−0.0401	−0.0706	−0.0520
	(0.0543)	(0.0461)	(0.0502)	(0.0566)	(0.0491)	(0.0534)
NSFR_L	−0.0830					
	(0.0657)					
NSFR_M		−0.226***				
		(0.0541)				
NSFR_H			−0.0574			
			(0.0592)			
NSFR_L_ted1m				−0.0991*		
				(0.0583)		
NSFR_M_ted1m					−0.192***	
					(0.0462)	
NSFR_H_ted1m						−0.0755*
						(0.0452)

续表

VARIABLES（变量）	（1）	（2）	（3）	（4）	（5）	（6）
	sys_NSFR_L	sys_NSFR_M	sys_NSFR_H	sys_NSFR_L_t	sys_NSFR_M_t	sys_NSFR_H_t
	LA2TA	LA2TA	LA2TA	LA2TA	LA2TA	LA2TA
Constant	0.298**	0.337**	0.258	0.192	0.154	0.227
	（0.121）	（0.140）	（0.172）	（0.153）	（0.126）	（0.167）
Observations	200	200	200	200	200	200
Number of id	44	44	44	44	44	44
AR（1）	0.018	0.042	0.023	0.018	0.020	0.020
AR（2）	0.563	0.439	0.535	0.594	0.410	0.547

注：①***、**、*分别表示在1%、5%和10%水平上显著；②括号中为标准误差；③Arellano-Bond自相关检验显示P值。

结果显示：

（1）无论是小规模样本还是大规模样本，流动性冲击（Ted1m）和净稳定资金比例（NSFR_M），以及二者的交叉项的系数均显著。

（2）横向对比来看，流动性冲击（Ted1m）在两组样本之间的系数差距不大。而净稳定资金比率（NSFR_M）的系数在大规模样本中要显著人于小规模样本，可见对大规模样本来说，净稳定资金比率的作用要更强烈。

（3）横向比较来看，净稳定资金比率与流动性冲击的交叉项（NSFR_M_ted1m）在大规模样本中要显著大于小规模样本，可见对大规模样本来说，净稳定资金比率对冲流动性冲击的效应也更强烈。

表4-15和表4-16针对银行类型进行了估计，考察银行类型是否在流动性冲击和净稳定资金比率对流动资产占比的影响机制中发挥作用，其中表4-15的（1）~（5）列分别依次加入了国有大型银行（LSCB）、股份制银行（JSCB）、城市商业银行（CCB）、外国银行（FOR）、村镇银行（RCB）与净稳定资金比率的交叉项，表4-16进一步依次加入与系统流动性冲击的交叉项。在估计方法上，依然采用两阶段—纠偏—稳健性系统GMM估计，表中AR（1）和AR（2）显示了Arellano-Bond高阶自相关检验，残差检验的P值显示，该模型估计的残差不存

在高阶自相关，满足GMM估计的假设，模型设定合理。

表4-15　流动资产占比变化模型估计（分类型）

VARIABLES（变量）	(1)	(2)	(3)	(4)	(5)
	sys_LSCB	sys_JSCB	sys_CCB	sys_FOR	sys_RCB
	LA2TA	LA2TA	LA2TA	LA2TA	LA2TA
L.LA2TA	0.503***	0.494***	0.497***	0.485***	0.489***
	(0.0601)	(0.0497)	(0.0464)	(0.0471)	(0.0457)
Ted1m	0.0487**	0.0490**	0.0484***	0.0507***	0.0508***
	(0.0201)	(0.0198)	(0.0111)	(0.0116)	(0.0112)
Size	-0.00949	-0.0153	-0.0117***	-0.0124***	-0.0135***
	(0.0147)	(0.00993)	(0.00306)	(0.00391)	(0.00291)
IL2GL	-0.00260**	-0.00251	-0.00255***	-0.00282***	-0.00278***
	(0.00112)	(0.00168)	(0.000964)	(0.00107)	(0.000994)
LLR2GL	0.00719	0.00737	0.00696	0.00894*	0.00888*
	(0.00571)	(0.00967)	(0.00441)	(0.00462)	(0.00461)
NIM	-0.00836	-0.00941	-0.00654	-0.00806*	-0.00960**
	(0.00802)	(0.00639)	(0.00414)	(0.00480)	(0.00441)
Tier1	0.00106	0.000958	0.000965***	0.000880***	0.000961***
	(0.000731)	(0.000593)	(0.000188)	(0.000160)	(0.000180)
GDP	-0.00243	-0.00314	-0.00260	-0.00272	-0.00328
	(0.00388)	(0.00583)	(0.00359)	(0.00382)	(0.00360)
M2	0.0788	0.0584	0.0814	0.0787	0.0679
	(0.1000)	(0.106)	(0.0868)	(0.0901)	(0.0921)
CrisisCri	0.00747	0.00880	0.00946	0.00620	0.00776
	(0.0196)	(0.0165)	(0.0114)	(0.0126)	(0.0117)
CrisisAft	-0.0452	-0.0422	-0.0413	-0.0474*	-0.0456*
	(0.0473)	(0.0401)	(0.0257)	(0.0269)	(0.0260)
NSFR_M	-0.0728**	-0.0762	-0.0774**	-0.0862***	-0.0700**
	(0.0294)	(0.0558)	(0.0335)	(0.0280)	(0.0330)
NSFR_M_LSCB	-0.00610				

续表

VARIABLES（变量）	(1)	(2)	(3)	(4)	(5)
	sys_LSCB	sys_JSCB	sys_CCB	sys_FOR	sys_RCB
	LA2TA	LA2TA	LA2TA	LA2TA	LA2TA
	(0.112)				
NSFR_M_JSCB		0.0400			
		(0.0390)			
NSFR_M_CCB			-0.0168*		
			(0.00997)		
NSFR_M_FOR				0.0262	
				(0.0230)	
NSFR_M_RCB					-0.0267*
					(0.0137)
Constant	0.322	0.443*	0.369***	0.388***	0.409***
	(0.260)	(0.257)	(0.0889)	(0.120)	(0.0866)
Observations	636	636	636	636	636
Number of id	137	137	137	137	137
AR（1）	0.000	0.000	0.000	0.000	0.000
AR（2）	0.779	0.770	0.765	0.766	0.777

注：①***、**、*分别表示在1%、5%和10%水平上显著；②括号中为标准误差；③Arellano-Bond自相关检验显示P值。

表4-16　流动资产占比变化模型估计（交叉项分类型）

VARIABLES（变量）	(1)	(2)	(3)	(4)	(5)
	sys_LSCB	sys_JSCB	sys_CCB	sys_FOR	sys_RCB
	LA2TA	LA2TA	LA2TA	LA2TA	LA2TA
L.LA2TA	0.486***	0.481***	0.484***	0.479***	0.474***
	(0.0478)	(0.125)	(0.0490)	(0.0438)	(0.0450)
Ted1m	0.101***	0.0964	0.102***	0.104***	0.0997***
	(0.0211)	(0.0951)	(0.0218)	(0.0188)	(0.0213)
Size	-0.00884***	-0.0143	-0.0123***	-0.0122***	-0.0133***
	(0.00287)	(0.0159)	(0.00285)	(0.00332)	(0.00302)

续表

VARIABLES（变量）	(1)	(2)	(3)	(4)	(5)
	sys_LSCB	sys_JSCB	sys_CCB	sys_FOR	sys_RCB
	LA2TA	LA2TA	LA2TA	LA2TA	LA2TA
IL2GL	−0.00254***	−0.00251	−0.00253***	−0.00266**	−0.00280**
	(0.000907)	(0.00279)	(0.000960)	(0.00106)	(0.00112)
LLR2GL	0.00756*	0.00794	0.00784*	0.00999**	0.00995**
	(0.00445)	(0.00594)	(0.00441)	(0.00464)	(0.00447)
NIM	−0.00872**	−0.00940	−0.00761*	−0.00606	−0.00920**
	(0.00390)	(0.00988)	(0.00410)	(0.00393)	(0.00401)
Tier1	0.00109***	0.00100	0.000958***	0.000818***	0.000991***
	(0.000228)	(0.00121)	(0.000201)	(0.000178)	(0.000204)
GDP	−0.00297	−0.00339	−0.00304	−0.00264	−0.00411
	(0.00352)	(0.0112)	(0.00379)	(0.00373)	(0.00368)
M2	0.0858	0.0688	0.0820	0.0949	0.0754
	(0.0833)	(0.258)	(0.0877)	(0.0877)	(0.0918)
CrisisCri	0.00655	0.00799	0.00911	0.00819	0.00686
	(0.0111)	(0.0334)	(0.0112)	(0.0111)	(0.0113)
CrisisAft	−0.0484*	−0.0445	−0.0432	−0.0445	−0.0492*
	(0.0253)	(0.0621)	(0.0266)	(0.0273)	(0.0258)
NSFR_M_ted1m	−0.0603***	−0.0603	−0.0598***	−0.0716***	−0.0554***
	(0.0208)	(0.0676)	(0.0206)	(0.0180)	(0.0195)
NSFR_M_ted1m_LSCB	−0.00878				
	(0.0103)				
NSFR_M_ted1m_JSCB		0.0242			
		(0.0296)			
NSFR_M_ted1m_CCB			−0.0102		
			(0.00658)		
NSFR_M_ted1m_FOR				0.0235**	
				(0.0114)	

续表

VARIABLES（变量）	(1)	(2)	(3)	(4)	(5)
	sys_LSCB	sys_JSCB	sys_CCB	sys_FOR	sys_RCB
	LA2TA	LA2TA	LA2TA	LA2TA	LA2TA
NSFR_M_ted1m_RCB					-0.0266***
					(0.00919)
Constant	0.258***	0.368	0.319***	0.306***	0.353***
	(0.0757)	(0.352)	(0.0834)	(0.0857)	(0.0850)
Observations	636	636	636	636	636
Number of id	137	137	137	137	137
AR（1）	0.000	0.001	0.000	0.000	0.000
AR（2）	0.864	0.948	0.912	0.934	0.912

注：①***、**、*分别表示在1%、5%和10%水平上显著；②括号中为标准误差；③Arellano-Bond自相关检验显示P值。

结果显示，在其他变量依旧显著的前提下，村镇商业银行（RCB）的交叉项结果最稳定，村镇商业银行与净稳定资金比率的交叉项（NSFR_M_RCB）系数显著为负，说明对村镇商业银行来说，净稳定资金比率对流动资产的作用更强烈；交叉项NSFR_M_ted1m_RCB的系数显著为正，说明对村镇商业银行来说，净稳定资金比率对冲流动性冲击的作用更强烈。

4.4.3 非盈利性资产配置变化

在商业银行扩张和追求利润最大化的阶段，商业银行都在追求减少非盈利资产占用，试图减少非盈利资产的配置。商业银行的非盈利性资产包括库存现金、固定资产、应收利息、其他应收款、拨付备付金、无形资产等不产生收益的资产。其中，固定资产和无形资产都是比较稳定的，不会在短期内发生大幅度变化，银行能够主动调节的主要是现金和拨付备付金。因此，在追求盈利的银行中，减少非盈利资产的占用是其目的之一。这两种资产在银行受到流动性时，都是能起到缓和和吸收流动性风险的资产。因此，非盈利资产占比的变化可以看作是银行受到流动性冲击时的一种反应。

表4-17报告了对非盈利资产占比的基本模型估计，考察流动性冲击和净稳定资金比率如何影响非盈利资产占比的变化。其中，第一列是变量名，自变量中包含了非盈利资产占比的滞后一期（L.NEA2TA），（1）列结果采用基本的NSFR_L作为净稳定资金比率，（2）列采用NSFR_M作为净稳定资金比率，（3）列结果采用NSFR_H作为净稳定资金比率。（4）列~（5）列也是采用NSFR_L作为净稳定资金比率，但估计方法有所不同。

在估计方法上，由于自变量中存在因变量的滞后一期，以及自变量可能存在内生性，因此（1）~（3）列结果均使用两阶段—纠偏—稳健性系统GMM估计，表中AR（1）和AR（2）显示了Arellano-Bond高阶自相关检验，残差检验的P值显示，该模型估计的残差不存在高阶自相关，满足GMM估计的假设，模型设定合理。第（4）列采用混合OLS估计，第（5）列是固定效应估计，滞后期（L.NEA2TA）的系数是非盈利资产占比的调整系数，虽然混合OLS估计和固定效应估计会产生偏差，但是其估计结果代表了调整系数的上限和下限。可以用来确定系统GMM估计的合理性。

表4-17　非盈利资产占比变化模型估计

VARIABLES（变量）	（1）	（2）	（3）	（4）	（5）
	sys_end1	sys_end2	sys_end3	ols	fe
	NEA2TA	NEA2TA	NEA2TA	NEA2TA	NEA2TA
L.NEA2TA	0.368***	0.335***	0.387***	0.439***	0.277***
	（0.0452）	（0.0420）	（0.114）	（0.0457）	（0.0461）
Ted1m	0.0388***	0.0437***	0.0366***	0.0427***	0.0428***
	（0.00667）	（0.00614）	（0.00696）	（0.00782）	（0.00805）
Size	0.00324*	0.00182	0.00250	0.000195	0.0362***
	（0.00195）	（0.00216）	（0.00631）	（0.000947）	（0.0103）
IL2GL	−0.000100	−0.000131	-7.21×10^{-5}	−0.000535	−0.000871
	（0.000568）	（0.000662）	（0.00342）	（0.000689）	（0.000948）

续表

VARIABLES（变量）	(1)	(2)	(3)	(4)	(5)
	sys_end1	sys_end2	sys_end3	ols	fe
	NEA2TA	NEA2TA	NEA2TA	NEA2TA	NEA2TA
LLR2GL	−0.00119	−0.000804	−0.000985	−0.000222	0.00236
	(0.00169)	(0.00146)	(0.00172)	(0.00149)	(0.00367)
NIM	0.00453*	−0.000222	0.00609*	0.00242	0.00457
	(0.00238)	(0.00220)	(0.00326)	(0.00179)	(0.00341)
Tier1	−0.000271***	−0.000135	−0.000217**	−0.000410***	−0.000124
	(0.000103)	(9.58×10^{-5})	(9.81e$\times10^{-5}$)	(0.000116)	(8.04×10^{-5})
GDP	−0.0122***	−0.0125***	−0.0115***	−0.0127***	−0.0107***
	(0.00261)	(0.00219)	(0.00238)	(0.00287)	(0.00260)
M2	−0.146*	−0.145*	−0.158*	−0.162*	−0.110
	(0.0810)	(0.0753)	(0.0841)	(0.0849)	(0.0776)
CrisisCri	0.0175*	0.0208**	0.0187	0.0155	0.00441
	(0.0100)	(0.00886)	(0.0150)	(0.00980)	(0.0128)
CrisisAft	−0.0176	−0.0143	−0.0173	−0.0307	−0.0509**
	(0.0191)	(0.0174)	(0.0374)	(0.0207)	(0.0256)
NSFR_L	0.145***			0.130***	0.225***
	(0.0188)			(0.0166)	(0.0322)
NSFR_M		0.162***			
		(0.0172)			
NSFR_H			0.133***		
			(0.0219)		
Constant	−0.00233	0.0135	−0.000891	0.0746*	−0.678***
	(0.0537)	(0.0535)	(0.157)	(0.0442)	(0.208)
Observations	631	631	631	631	631
R-squared				0.645	0.621
Number of id	137	137	137		137
AR（1）	0.000	0.000	0.001		
AR（2）	0.411	0.287	0.253		

注：①***、**、*分别表示在1%、5%和10%水平上显著；②括号中为标准误差；③Arellano-Bond自相关检验显示P值。

结果显示：

（1）非盈利资产占比滞后一期（L.NEA2TA）系数显著为正，非盈利资产占比的调整速度较快，高于0.6。在本书的样本期间内，非盈利资产占比的调整速度最宽，持续性最差。说明非盈利资产配置比例的变化极不稳定。

（2）流动性冲击（Ted1m）系数显著为正，说明流动性冲击造成商业银行可盈利的风险资产的大量缩水，而非盈利资产增加，主要原因是出于应对流动性冲击的目的，准备更多流动性强的非盈利资产。

（3）经济增长率（GDP）系数显著为负，在经济繁荣期，不仅是信贷扩张，商业银行所有盈利资产都在扩张规模，社会投资加剧，商业银行在盈利的驱动下减少非盈利资产配置比例。

（4）货币供给量（M2）系数显著为负，说明在货币供给量增加的宏观经济下，刺激商业银行持有更多风险资产，非盈利资产占比下降。

（5）金融危机中（CrisisCri）的系数显著为正。说明在金融危机期间，商业银行减少盈利性风险资产配置比例，转而不得不持有更多非盈利资产，其结果是导致了银行盈利能力的下降。

（6）净稳定资金比率（NSFR_L，NSFR_M和NSFR_H）系数显著为正。净稳定资金比率的提高，意味着期限错配风险的下降，要求持有较少长期风险资产，导致非盈利资产上升。

由于非盈利资产占比的提高严重削弱银行的盈利能力，因此，本书的结果表明，市场流动性风险、金融危机和较高的净稳定资金比率都会降低银行的盈利能力。

表4-18在基本模型的基础上加入了净稳定资金比率与流动性冲击的交叉项。其中，（1）列针对NSFR_L加入了NSFR_L与流动性冲击的交叉项，（2）列~（3）列分别针对不同的净稳定资金比率加入了不同的交叉项。在估计方法上，均使用两阶段—纠偏—稳健性系统GMM估计，表中AR（1）和AR（2）显示了Arellano-Bond高阶自相关检验，残差检验的P值显示，该模型估计的残差不存在高阶

自相关，满足GMM估计的假设，模型设定合理。

表4-18 非盈利资产占比变化模型估计（加入交叉项）

VARIABLES（变量）	(1)	(2)	(3)
	sys_NSFR_L	sys_NSFR_M	sys_NSFR_H
	NEA2TA	NEA2TA	NEA2TA
L.NEA2TA	0.353***	0.318***	0.374***
	(0.0472)	(0.0434)	(0.0562)
Ted1m	0.0885***	0.100***	0.0973***
	(0.0243)	(0.0195)	(0.0243)
Size	0.00346*	0.00186	0.00255
	(0.00198)	(0.00210)	(0.00246)
IL2GL	2.84×10^{-5}	-3.76×10^{-5}	-6.38×10^{-5}
	(0.000555)	(0.000774)	(0.000619)
LLR2GL	−0.000857	−0.000184	−0.000486
	(0.00168)	(0.00161)	(0.00172)
NIM	0.00501**	-2.55×10^{-5}	0.00635***
	(0.00203)	(0.00223)	(0.00237)
Tier1	−0.000241**	−0.000157*	−0.000207**
	(9.98×10^{-5})	(8.93×10^{-5})	(9.76×10^{-5})
GDP	−0.0123***	−0.0128***	−0.0117***
	(0.00240)	(0.00212)	(0.00221)
M2	−0.133	−0.135*	−0.137*
	(0.0814)	(0.0730)	(0.0794)
CrisisCri	0.0159	0.0198**	0.0167*
	(0.0102)	(0.00901)	(0.00966)
CrisisAft	−0.0162	−0.0138	−0.0173
	(0.0188)	(0.0171)	(0.0196)
NSFR_L	0.231***		
	(0.0508)		
NSFR_L_ted1m	−0.0640**		
	(0.0295)		

续表

VARIABLES（变量）	(1)	(2)	(3)
	sys_NSFR_L	sys_NSFR_M	sys_NSFR_H
	NEA2TA	NEA2TA	NEA2TA
NSFR_M		0.257***	
		(0.0425)	
NSFR_M_ted1m		-0.0689***	
		(0.0224)	
NSFR_H			0.227***
			(0.0487)
NSFR_H_ted1m			-0.0692**
			(0.0275)
Constant	-0.0748	-0.0633	-0.0846
	(0.0638)	(0.0612)	(0.0659)
Observations	631	631	631
Number of id	137	137	137
AR（1）	0.000	0.000	0.000
AR（2）	0.442	0.313	0.211

注：①***、**、*分别表示在1%、5%和10%水平上显著；②括号中为标准误差；③Arellano-Bond自相关检验显示P值。

结果显示：

在其他变量依然显著，流动性冲击（ted1m）的系数为正的情况下，净稳定资金比率的系数显著为正，净稳定资金比率与流动性冲击的交叉项系数显著为负。净稳定资金比率与流动性冲击都能促使银行非盈利资产占比上升，但是存在替代效应，净稳定资金比率能够减弱流动性冲击对银行非盈利资产的影响。流动性冲击迫使商业银行减持风险资产，而不得不增加非盈利资产的配置比例，而随着净稳定资金比率的提高，期限错配风险的减弱，风险暴露的降低，净稳定资金比率能够缓解流动性冲击对非盈利资产配置的提升。净稳定资金比率，作为一种结构流动性，能够帮助银行稳定非盈利资产的配置比例。

表4-19和4-20针对银行类型进行了估计，考察银行类型是否在流动性冲击

和净稳定资金比率对非盈利资产占比的影响机制中发挥作用，其中表4-19的(1)～(5)列分别依次加入了国有大型银行(LSCB)、股份制银行(JSCB)、城市商业银行(CCB)、外国银行(FOR)、村镇银行(RCB)与净稳定资金比率的交叉项，表4-20进一步依次加入与系统流动性冲击的交叉项。在估计方法上，依然采用两阶段—纠偏—稳健性系统GMM估计，表中AR(1)和AR(2)显示了Arellano-Bond高阶自相关检验，残差检验的P值显示，该模型估计的残差不存在高阶自相关，满足GMM估计的假设，模型设定合理。

表4-19 非盈利资产占比变化模型估计（分类型）

VARIABLES（变量）	(1)	(2)	(3)	(4)	(5)
	sys_LSCB	sys_JSCB	sys_CCB	sys_FOR	sys_RCB
	NEA2TA	NEA2TA	NEA2TA	NEA2TA	NEA2TA
L.NEA2TA	0.371***	0.372***	0.341***	0.343***	0.367***
	(0.0387)	(0.0433)	(0.0444)	(0.0458)	(0.0454)
Ted1m	0.0388***	0.0396***	0.0403***	0.0390***	0.0389***
	(0.00908)	(0.00678)	(0.00697)	(0.00679)	(0.00674)
Size	0.00312*	0.00421**	0.00421**	0.00124	0.00329
	(0.00182)	(0.00199)	(0.00198)	(0.00222)	(0.00200)
IL2GL	−0.000118	−0.000150	−0.000277	−0.000129	−0.000116
	(0.00121)	(0.000521)	(0.000563)	(0.000566)	(0.000555)
LLR2GL	−0.00122	−0.00126	−0.00103	−0.00195	−0.000626
	(0.00318)	(0.00157)	(0.00167)	(0.00172)	(0.00169)
NIM	0.00487	0.00439**	0.00191	0.00223	0.00473**
	(0.00452)	(0.00192)	(0.00214)	(0.00249)	(0.00203)
Tier1	−0.000258*	−0.000262***	−0.000161*	−0.000233***	−0.000276***
	(0.000148)	(9.14×10^{-5})	(8.59×10^{-5})	(7.58×10^{-5})	(9.99×10^{-5})
GDP	−0.0122***	−0.0122***	−0.0126***	−0.0126***	−0.0123***
	(0.00238)	(0.00242)	(0.00255)	(0.00248)	(0.00245)
M2	−0.138	−0.138*	−0.145*	−0.151*	−0.147*
	(0.137)	(0.0833)	(0.0819)	(0.0818)	(0.0823)

续表

VARIABLES（变量）	(1)	(2)	(3)	(4)	(5)
	sys_LSCB	sys_JSCB	sys_CCB	sys_FOR	sys_RCB
	NEA2TA	NEA2TA	NEA2TA	NEA2TA	NEA2TA
CrisisCri	0.0154	0.0166	0.0156	0.0171	0.0177*
	(0.0138)	(0.0101)	(0.0105)	(0.0105)	(0.0100)
CrisisAft	−0.0211	−0.0196	−0.0193	−0.0145	−0.0179
	(0.0197)	(0.0189)	(0.0191)	(0.0192)	(0.0188)
NSFR_L	0.145***	0.144***	0.146***	0.158***	0.147***
	(0.0261)	(0.0186)	(0.0186)	(0.0213)	(0.0190)
NSFR_L_LSCB	−0.000346				
	(0.0634)				
NSFR_L_JSCB		−0.0176*			
		(0.0100)			
NSFR_L_CCB			0.0244***		
			(0.00612)		
NSFR_L_FOR				−0.0175*	
				(0.0103)	
NSFR_L_RCB					−0.0107*
					(0.00638)
Constant	0	−0.0190	−0.0166	0.0422	−0.00407
	(0)	(0.0555)	(0.0544)	(0.0601)	(0.0548)
Observations	631	631	631	631	631
Number of id	137	137	137	137	137
AR（1）	0.000	0.000	0.000	0.000	0.000
AR（2）	0.441	0.421	0.351	0.343	0.388

注：①***、**、*分别表示在1%、5%和10%水平上显著；②括号中为标准误差；③Arellano-Bond自相关检验显示P值。

表4-20 非盈利资产占比变化模型估计（交叉项分类型）

VARIABLES（变量）	(1)	(2)	(3)	(4)	(5)
	sys_LSCB	sys_JSCB	sys_CCB	sys_FOR	sys_RCB
	NEA2TA	NEA2TA	NEA2TA	NEA2TA	NEA2TA
L.NEA2TA	0.352***	0.355***	0.341***	0.337***	0.353***
	(0.0491)	(0.0465)	(0.0456)	(0.0473)	(0.0468)
Ted1m	0.0889***	0.0950***	0.0875***	0.0769***	0.0881***
	(0.0246)	(0.0247)	(0.0254)	(0.0236)	(0.0243)
Size	0.00384*	0.00458**	0.00449**	0.000103	0.00364*
	(0.00219)	(0.00192)	(0.00185)	(0.000967)	(0.00197)
IL2GL	3.54×10^{-5}	8.27×10^{-6}	-5.64×10^{-5}	-0.000103	-4.93×10^{-5}
	(0.000553)	(0.000570)	(0.000586)	(0.000656)	(0.000622)
LLR2GL	-0.000601	-0.000996	-0.000968	-0.00129	-0.000394
	(0.00174)	(0.00169)	(0.00161)	(0.00178)	(0.00181)
NIM	0.00488**	0.00492**	0.00286	0.00255	0.00520***
	(0.00197)	(0.00192)	(0.00214)	(0.00216)	(0.00198)
Tier1	-0.000244**	-0.000221**	-0.000141	-0.000245**	-0.000242**
	(9.72×10^{-5})	(9.00×10^{-5})	(8.79×10^{-5})	(9.81×10^{-5})	(0.000101)
GDP	-0.0122***	-0.0122***	-0.0125***	-0.0129***	-0.0123***
	(0.00238)	(0.00239)	(0.00243)	(0.00259)	(0.00238)
M2	-0.132	-0.125	-0.138*	-0.162**	-0.132
	(0.0814)	(0.0819)	(0.0811)	(0.0823)	(0.0813)
CrisisCri	0.0153	0.0152	0.0142	0.0155	0.0157
	(0.0103)	(0.0104)	(0.0103)	(0.0101)	(0.0101)
CrisisAft	-0.0175	-0.0179	-0.0187	-0.0177	-0.0168
	(0.0192)	(0.0190)	(0.0190)	(0.0196)	(0.0189)
NSFR_L	0.231***	0.238***	0.240***	0.224***	0.231***
	(0.0518)	(0.0517)	(0.0540)	(0.0508)	(0.0506)
NSFR_L_ted1m	-0.0634**	-0.0697**	-0.0674**	-0.0496*	-0.0629**
	(0.0300)	(0.0300)	(0.0316)	(0.0285)	(0.0295)

续表

VARIABLES（变量）	(1)	(2)	(3)	(4)	(5)
	sys_LSCB	sys_JSCB	sys_CCB	sys_FOR	sys_RCB
	NEA2TA	NEA2TA	NEA2TA	NEA2TA	NEA2TA
NSFR_L_ted1m_LSCB	-0.00840				
	(0.00748)				
NSFR_L_ted1m_JSCB		-0.0124**			
		(0.00559)			
NSFR_L_ted1m_CCB			0.0132***		
			(0.00345)		
NSFR_L_ted1m_FOR				-0.00721	
				(0.00466)	
NSFR_L_ted1m_RCB					-0.00672*
					(0.00352)
Constant	-0.0825	-0.103	-0.0908	0.0176	-0.0797
	(0.0653)	(0.0658)	(0.0657)	(0.0578)	(0.0644)
Observations	631	631	631	631	631
Number of id	137	137	137	137	137
AR（1）	0.000	0.000	0.000	0.000	0.000
AR（2）	0.436	0.439	0.411	0.462	0.430

注：①***、**、*分别表示在1%、5%和10%水平上显著；②括号中为标准误差；③Arellano-Bond自相关检验显示P值。

结果显示，在其他变量依旧显著的前提下：

（1）股份银行的交叉项NSFR_L_JSCB系数显著为负，交叉项NSFR_L_ted1m_JSCB系数显著为负，说明针对非盈利资产占比配置，对股份制银行来说，净稳定资金比率对冲流动性冲击的作用更强烈。

（2）城市商业银行银行的交叉项NSFR_L_CCB系数显著为正，交叉项NSFR_L_ted1m_CCB系数显著为正，说明针对非盈利资产占比配置，对城市商业银行来说，净稳定资金比率对冲流动性冲击的作用较弱。

（3）村镇商业银行银行的交叉项NSFR_L_RCB系数显著为负，交叉项NSFR_L_ted1m_RCB系数显著为负，说明针对非盈利资产占比配置，对城市商业银行来说，净稳定资金比率对冲流动性冲击的作用较强。

4.5 稳健性检验

为了得出稳健的结果，本书还同时考察了使用NSFR_M和NSFR_H替代NSFR_L作为净稳定资金比率的指标的估计结果，使用金融危机期间作为流动性冲击的替代变量。结果说明，净稳定资金比率对贷款资产、流动资产和非盈利资产等资产的配置比例具有稳定作用，能够缓释和吸收流动性风险对商业银行资产组合配置的冲击，而且这资产配置稳定作用是稳健的。

4.6 小结

净稳定资金比率代表了银行的长期结构流动性，该比率越高表明银行的融资结构越稳定、越健康，从结构流动性的角度来提高商业银行抵御流动性风险的能力，降低资产错配风险。流动性冲击主要从资产负债表渠道和资产价格渠道来影响金融市场，本书通过研究净稳定资金比率、流动性冲击对商业银行资产配置行为的影响，考察净稳定资金比率监管指标抵御流动性风险的作用。

结果表明，首先对贷款资产配置而言，流动性冲击下，银行收缩风险资产，减少信贷配置，贷款资产占比下降。具有较高稳定融资来源比例的银行，期限错配还不严重的银行，具有空间吸收和缓解流动性冲击对商业银行信贷资产占比的负向作用，净稳定资金比率的提高有助于缓解流动性冲击对银行信贷资产调整的压力。在巴塞尔协议Ⅲ框架下，银行为满足巴塞尔协议Ⅲ流动性新规，将增加稳定融资来源。在面对流动性冲击时，其融资来源较稳定，银行出售金融资产和实物抵押品的压力减少，也可以支持其继续持有风险资产，因此流动性冲击对信贷供给的负向作用被削弱。净稳定资金比率能够起到稳定商业银行贷款资产占比的作用。同时在金融危机期间，净稳定资金比率越高的银行，信贷资产占比降低的幅度越小。从规模上来看，流动性冲击对小规模银行的贷款占比冲击更大，更显著，面临同样的市场流动性冲击，小规模银行资产配置的稳定性更差。同时由于小规模银行的融资成本高，在发生流动性冲击时，由于信息不对称，其面临的赎回风险更为严峻，其将出售更多的资产以换取足够的流动性，因此净稳定资金比率对贷款配置的稳定作用在小规模银行中更显著。从银行类型来看，对大型国有银行来说，净稳定资金比率的稳定作用显著更强，对城市商业银行来说，净稳定资金比率的稳定作用显著更弱，对村镇商业银行来说，净稳定资金比率对流动性冲击的调节作用要更好。

针对流动资产占比，在流动性冲击下，银行为了应对突然增加的流动性需求，会将其他资产转换为流动性更好的资产。而净稳定资金比率能够降低流动性冲击对银行流动资产配置的刺激作用，在金融危机期间，净稳定资金比率较大的银行，期限错配风险较小，其流动资产占比上升的幅度更小，净稳定资金比率有助于稳定银行的流动资产配置。从规模上来看，对大规模银行来说，净稳定资金比率的作用更强烈。从类型来看，村镇商业银行的净稳定资金比率作用更强烈。

针对无收益的非盈利资产占比，流动性冲击造成商业银行可盈利的风险资产的大量缩水，而非盈利资产增加，主要原因是出于应对流动性冲击的目的，准备更多流动性强的非盈利资产。净稳定资金比率的提高，意味着期限错配风险的下降，要求持有较少长期风险资产，导致非盈利资产上升。同时由于非盈利资产占比的提高严重削弱银行的盈利能力，因此，市场流动性风险、金融危机和较高的净稳定资金比率都会降低银行的盈利能力。净稳定资金比率与流动性冲击都能促使银行非盈利资产占比上升，但是存在替代效应，净稳定资金比率能够减弱流动性冲击对银行非盈利资产的影响。流动性冲击迫使商业银行减持风险资产，而不得不增加非盈利资产的配置比例，而随着净稳定资金比率的提高，期限错配风险的减弱，风险暴露的降低，净稳定资金比率能够缓解流动性冲击对非盈利资产配置的提升。净稳定资金比率，作为一种结构流动性，能够帮助银行稳定非盈利资产的配置比例。从类型来看，对股份制银行来说，净稳定资金比率对冲流动性冲击的作用更强烈。对城市商业银行来说，净稳定资金比率对冲流动性冲击的作用较弱。对城市商业银行来说，净稳定资金比率对冲流动性冲击的作用较强。

总之，在流动性冲击下，巴塞尔协议Ⅲ流动性监管新规制定的净稳定资金比率可以减弱商业银行减少或出售信贷资产的压力，弱化风险资产缩水的效应，减缓流动资产和非盈利资产提升的效应，即能够稳定流动性冲击下银行的资产配置，降低波动，减弱风险在金融市场上的传导，防止资产价格的剧烈波动，稳定金融体系，从而减弱风险在金融市场上的传导，进一步稳定实体经济。从吸收和缓释流动性冲击对银行资产配置影响的角度上来讲，净稳定资金比率的监管是有效的，净稳定资金比率的提高，能够提高银行资产配置面对流动性冲击的弹性。

第5章 净稳定资金比率与商业银行破产风险

从银行的层面看，巴塞尔协议Ⅲ净稳定资金比率是长期流动性风险的度量，是期限错配风险的度量。对净稳定资金比率的监管是通过降低期限错配的长期流动性风险暴露，提高商业银行抵御流动性冲击的能力，降低银行破产的风险。上文验证了净稳定资金比率可以帮助银行提高流动性冲击下资产配置的稳健性，防止资产配置出现大的波动。

本章将市场流动性水平的度量视为系统性流动性风险，将净稳定资金比率视为银行个体的流动性风险，即非系统性流动性风险，探讨净稳定资金比率是否能够降低银行破产的风险，更直接地验证这一监管要求是否存在有效性。

5.1 理论分析

商业银行天然地具有内部脆弱性，其破产又具有巨大的负外部性。一方面，商业银行经营的基础是吸收存款，即负债，导致其天然具有高负债高杠杆的特性，本身具有容易产生财务危机和破产的倾向。另一方面，商业银行位于金融体系的核心地位，发挥着金融中介作用，一旦破产，会严重冲击到实际经济的稳定运行。也因为此，监管当局对商业银行的监管尤其严格，政府对银行经营困难乃至破产的救助力度也大，轻易不会放纵一家银行像一家普通企业那样破产清算。在这种“大而不倒”的隐性保障下，商业银行经营者反而容易出现道德风险。为了保证银行的安全经营，监管当局会密切关注其经营的稳健性和破产风险的大小，从而决定采用何种手段来保证存款人的安全和实体经济的稳健。

而银行的破产风险可能是多种风险导致的，比如信用风险、流动性风险等。作为商业银行最核心的风险之一，本书主要基于流动性风险的角度，考察巴塞尔协议三流动性监管框架是否能够降低银行的破产风险。

新监管框架的提出就是提高商业银行抵御流动性风险的作用。但是关于如何度量银行层面的融资流动性风险和系统流动性风险，已有理论很少得出一致的结论。很多对银行层面的非系统流动性风险的间接度量方法都是侧重于银行的某个融资流动性风险的不同角度，导致了各种策略误差。这些度量方法可以分为两类：资产流动性和融资稳定性。资产流动性度量包括净流动资产比率、流动比率以及政府债券比率；融资稳定性包括经纪人存款比率、核心存款比率和非核心融资比率。根据该分类，LCR是资产流动性指标，NSFR是融资稳定性指标。

艾伦、卡莱蒂和盖尔（Allen，Carletti，& Gale，2009）将流动性风险分为非系统性风险和系统性风险。戴蒙德和迪布维格（Diamond & Dybvig，1983）的开创性工作引领着后来者产生了一系列理论研究，强调了流动性风险天然是系统性的，以及风险传染在金融危机期间的重要作用（Diamond & Rajan，2005）。因此，国际货币基金组织认为新流动性监管标准在管理系统性流动性风险的作用仅仅是有限的。

另外，多种经济变量都会影响个体银行的流动性风险与银行破产之间的关系。首先，在经济下行期，很多银行会提高流动性缓冲，即“流动性囤积”（Liquidity hoarding），加利亚努和佩德森（Gârleanu & Pedersen，2007）指出，个体银行的流动性囤积具有负外部性，会导致整个市场的总体流动性下降，因为银行都不向外提供流动性了，如果负外部性超过了流动性缓冲的收益，就能发现流动性缓冲与银行破产之间正向的关联。其次，如果银行预见未来会出现财务风险，也会提高其流动性缓冲，那么流动性缓冲就和银行破产具有负相关。另外，如果银行的偿付能力出现问题，具有很高破产风险，也会选择增加其流动性缓冲。

新的监管标准旨在强化个体银行的流动性缓冲和降低期限错配，在金融危机期间，非系统流动性风险是否导致了银行破产，是一些研究者的研究重点。洪、黄和吴（Hong，Huang，& Wu，2014）通过研究巴塞尔协议Ⅲ流动性监管指标与非系统性流动性风险、系统性流动性风险的关系，发现无论是NSFR还是LCR对银行破产都仅仅具有有限的影响，2009年和2010年的银行危机主要是由于系统性的流动性风险。

银行破产是一个复杂的程序，在这个过程中，监管当局的容忍、政府介入和其他政治经济因素都会发挥重要作用。同时银行破产风险可能是众多风险导致的。本书主要研究流动性风险与银行破产之间的关系，以及新的监管指标净稳定资金比率如何在其中发挥作用，比如新监管能否起到防范流动性风险还需要检验，本书拟对中国商业银行样本进行检验。

5.2 理论框架与模型设定

5.2.1 破产风险

在研究银行的风险时，普遍使用Z值来衡量银行的破产概率。博伊德和格雷厄姆（Boyd & Graham）、汉纳和汉威克（Hannan & Hanweck）及博伊德（Boyd）等研究最早对Z值进行了研究，Z值在衡量银行个体风险和总体金融稳定方面均具有重要意义。逻辑是当银行的损失超过其所有者权益时就认为其破产，即已经资不抵债，具体推导过程不再赘述。Z值的优点是计算简单，且相较于基于市场的方法，计算Z值仅需要会计数据，因此也能够计算非上市公司的风险大小。Z值最早应用于横截面数据中，自博伊德（Boyd）等人、海塞和西哈克（Hesse & Cihák）及叶亚提和米科（Yeyati & Micco）的首创工作，Z值越来越多地被应用于面板数据的时变风险度量中。尽管在实际经济运行中，因为政府的救助等措施，银行实际破产的可能性并不等于理论上的银行破产概率，但是Z值仍能较好地衡量银行的风险和经营情况的变化，能够反映出银行的偿付能力和破产风险。

Z值的基本计算公式是

$$Z = \frac{\mathrm{ROA} + \mathrm{CAR}}{\mathrm{sdROA}} \tag{5-1}$$

其中，ROA表示银行的平均资产回报率，CAR表示银行的总资本率，sdROA是ROA的标准差。可见Z值越大，银行的回报率稳定性和负债率越小，破产可能性越小，即破产风险越小。

学者在度量银行资本率时，有的学者（黄隽，章艳红，2010；Lepetit & Strobel，2013，2015；李明辉，刘莉亚，孙莎，2014）采用所有者权益与总资产的比值，还有学者（张健华，王鹏，2012；邓雄，2014；彭星，李斌，黄治国，2014）采用资本充足率来度量。本书从Z值的定义和原理出发，采用所有者权益与总资产的比值度量银行的资本率。

在计算ROA的标准差时，有的学者采用移动平均法计算标准差，比如，张健华和王鹏（2012），博伊德等人使用三年移动平均的方法计算标准差，即该银行计算Z跨度为初始年之后的三个年份，并以此类推。黄隽和章艳红（2010）采用标准差的算术平均法和4年移动平均来定义资产收益率的波动。叶亚提和米科也采用移动平均计算标准差。有的学者采用全样本计算标准差，比如博伊德等人，海塞和西哈克、勒珀蒂和斯特罗贝尔（Lepetit & Strobel，2013）采用全样本来计算ROA的标准差。由于本书数据有限，且是非平衡面板，为了尽可能多的保留样本，本书参考博伊德等人的方法，用全样本构建ROA的瞬时标准差（Instant Aneous Standard Deviation）：

$$sdROAins\tan\tan eous_t = \left|ROA_t - E(ROA)\right| \tag{5-2}$$

其中，ROA_t是单个银行当期的平均资产回报率，$E(ROA)$是单个银行全样本的ROA均值。并构建ROA的3年移动平均标准差作为稳健性检验进行对比。

参考现有文献的方法，勒珀蒂和斯特罗贝尔（Lepetit & Strobel，2015）及其他学者指出Z值的自然对数能够更准确地度量银行的破产风险，本书采用这一观点，使用Z值的自然对数。

基于以上分析，本书构建如下两个Z值指标$ZROA_1$和$ZROA_2$，度量银行的破产风险，如下式所示：

$$ZROA1 = \frac{ROA + E3A}{sdROAins\tan\tan eous} \tag{5-3}$$

$$ZROA1 = \frac{ROA + E2A}{sdROA3n} \tag{5-4}$$

其中，ROA 是银行平均资产回报率，E2A 是银行的资本率，采用所有者权益与总资产的比值。第一个 Z 值指标（$ZROA_1$）采用 ROA 的全样本瞬时标准差（*sdROAinstantaneous），第二个 Z 值指标（$ZROA_2$）采用 ROA 的 3 年移动标准差（sdROA3n）。在模型实证检验中分别对两个 Z 值取自然对数。

5.2.2　系统流动性风险和非系统流动性风险

银行间市场是金融体系里面最重要的市场，在这个市场里，流动性从流动性过剩的银行平稳转移到流动性缺乏的银行。也是中央银行实施货币政策和影响实体经济的主要途径。在正常情况下，银行间市场运行良好，而在 2007 年金融危机期间，银行间市场不能正常运行，商业银行都在囤积流动性。艾伦、卡莱蒂和盖尔（Allen，Carletti，& Gale，2009）将商业银行的融资流动性分为两类：一是非系统性流动性风险，此时银行间市场能够通过流动性分配，化解一部分存在流动性缺口银行的流动性风险；二是系统性流动性风险，此时所有银行面临的流动性都是紧缺的，银行间市场无法通过流动性分配化解风险。

因此可以基于银行间市场的利率水平来衡量银行体系的系统流动性风险水平。关于系统流动性风险，当前还没有统一的定义。国际货币基金组织将其定义为：多数金融机构都同时出现流动性困难的风险，并提出了一个系统流动性风险指标。本书关注的是融资风险，因此可以采用简单的指标来度量系统流动性风险，基于银行市场利率价差的指标，即 TED 价差。

金融危机后，TED 价差开始为众人所知。TED 价差衡量三个月 Libor 利率和三个月美元国债利率的差值。其中，Libor 反映银行间市场的压力和流动性约束，而美元国债利率（Treasury bills rates，T-bill rate）直接反映财政政策变化，以及财政预算和公共债务可持续的影响，被视为无风险利率。Libor 和无风险美元国债利率的关系被视为金融体系健康状况的一个标准。国债利率是短期美国政府负债工具，Libor 是在国际批发货币市场，银行向其他银行发放短期贷款所要求的利率。简单来说，TED 价差是美国政府和借款的银行提供的利率。反映贷款给政府和贷款给银行的风险大小。

一般用基点（Basis points，bps）来表示TED价差的大小。它的波动反映信用风险的大小，从历史上来看TED价差一般在30个基点至50个基点之间。但是2007年的次贷危机以及随后2008年的金融危机，导致TED价差迅速上升，在2008年10月10日达到了历史新高465bps，TED价差的巨幅增加，反映银行间市场的崩溃，削弱了银行业。

TED价差是衡量一个银行信用或者违约风险的基础。TED价差上升反应银行认为银行间贷款的违约风险上升。在这样的环境下，借款人倾向于投资更安全的资产，如美国国债期限短，信用质量更高。当违约概率更高时，银行就要求更高的利率、更高的风险溢价，覆盖其风险。当银行都攥紧现金资产时，市场流动性问题就产生，这些行动对股票市场来说是恶化的先行指标。相应的，TED价差的下降，意味着违约风险下降。在2007年早期，TED价差下降到了空前的低水平，20个基点，当TED价差下降，银行就倾向于以接近国债利率的水平贷款给其他银行。将Libor与国债利率联系起来衡量系统信用风险是有道理的。对很多金融机构来说，Libor利率是其参考利率，是全球最具流动性和获利的利率市场的基础。而国债利率被视为短期利率的基准。因此TED价差是利率市场的信用风险的一个可信的指标。

TED价差对商业银行风险的效应在学术界看法并不一致。尽管在2008年TED迅速上升，但是专家认为TED价差对银行和实体经济的运行影响有限。因为此时，中央银行将释放流动性，需要流动性支持的银行可以以较低利率获得资金，当央行具有足够流动性时，高水平的TED价差不会引起金融系统的崩溃。但是，同时洪、黄和吴（Hong，Huang，& Wu，2014）通过研究巴塞尔协议Ⅲ流动性监管指标与非系统性流动性风险、系统性流动性风险的关系，发现无论是NSFR还是LCR对银行破产都仅仅具有有限的影响，2009年和2010年的银行危机主要是由于系统性的流动性风险。

美联储前主席艾伦·格林斯潘（Alan Greenspan）关注另一种价差指标Libor-OIS价差，Libor与银行风险溢价OIS的价差，即三个月伦敦同业拆放利率

（Libor）与三个月隔夜掉期利率（OIS）的差异。艾伦·格林斯潘认为Libor-OIS价差能提供更有用的政策指引。他强调，Libor-OIS价差是银行破产恐慌的晴雨表。但是研究表明在2007年8月之前，Libor-OIS价差很小，而且几乎是常数，因此该价差指标并不能充分预见次贷危机所蕴含的风险。同时罗德里格兹-莫雷诺和佩纳（Rodríguez-Moreno & Pena）指出在最近的金融危机中，二者价差还是出现了显著的差异，两者都反映了违约风险和流动性风险，而TED价差还包含了"安全投资转移"（Flight to quality）效应。但本书仅关注银行间市场的整体流动性压力，因此并不做具体区分。

因此，本章对系统流动性风险的度量采用TED价差的逻辑，构建适合于我国银行间市场流动性风险的TED价差。我国自2006年推出了自己的银行间市场利率——上海银行间拆放利率Shibor，但还没有开发出类似于OLS的人民币利率衍生产品。因此本书采用类似衡量市场流动性状况的逻辑，使用1个月Shibor利率减去一个月国债到期收益率。如下式所示：

$$TED = Shibor1m - TBond1m \tag{5-5}$$

其中，Shibor1m是1个月Shibor利率代表银行间的短期市场利率，反映银行同业借贷的信用风险，体现了市场的流动性状况。TBond1m是一个月国债到期收益率是无风险收益率。用这两个利率差异度量银行间市场的系统流动性风险。可见TED价差越大，说明银行间系统流动性风险越高。

巴塞尔协议Ⅲ推出的两个监管指标，流动性覆盖率（LCR）要求商业银行持有能够在流动性压力情境下至少满足30日流动性需求的优质流动性资产储备，净稳定资金比率（NSFR）则是银行在一个年度内资产和业务的流动性特征设定可接受的最低稳定资金量，有助于银行通过结构调整减少短期融资的期限错配带来的流动性风险，增加稳定资金来源。可见流动性覆盖率和净稳定资金比率都是商业银行的非系统性流动性风险指标，可以度量其个体流动性风险，而流动性覆盖率是短期流动性风险指标，净稳定资金比率是长期的流动性风险指标。由于流动性覆盖率的计算所需数据难以公开获得，况且，净稳定资金比率指标也有助于抑制银行使用期限刚好大于流行性覆盖率规定的30日时间区间的短期资金建立起流动性储备，因此本书主要研究净稳定资金比率，将其视为银行的非系统流动性风险，度量对净稳定资金比率是否可以改善银行的破产风险。

5.2.3 银行特征变量与破产风险

1. 银行规模

现有文献指出银行规模影响着其破产风险，但影响的方向却没有得到一致的结果。由于大规模银行的破产倒闭，产生的负外部性太严重，会冲击到尽头体系的稳定和实体经济的发展，米什金（Mishkin，2009）认为大规模银行存在“大而不能倒”的政策保护，而小规模银行则享受不到这种政策支持。但同时这种类似于国有银行的国家信用保证，却会促使大规模银行更可能产生得到风险。国际清算银行（2001）和国际货币基金组织（2001）提出银行业的收购和兼并不断产生大规模的银行，这些银行具有巨大的影响力，能够左右监管当局和政策制定者的行为，从而很难被实际约束。

此外，大规模银行更容易涉足高风险业务也提高了其破产风险（黄隽，章艳红，2010）。金融危机的事实和针对美国银行的研究也得出了相似的结论，美国华尔街金融机构的董事会结构和薪酬制度安排，激励经营者的冒险精神和金融创新。当宏观经济流动性过剩时，信贷市场的传统金融资产收益率逐渐降低，相应地，房地产市场和金融市场不断繁荣，商业银行在收益和风险的博弈中，往往容易放松风险管理的标准，银行越大其涉及金融衍生品等高风险业务的广度和深度就越大。无论是2007年金融危机华尔街银行倒闭潮还是百年老店巴林银行破产都与高风险的衍生品业务密切相关。

但同时，在中国的市场制度以及发展阶段下，大规模银行的破产风险反而可能是较小的。①我国金融体系仍是间接金融为核心的体系，而其中大型银行，尤其是国有大型银行，是我国银行体系乃至金融体系的核心。无论是在监管当局，还是在政府意志的作用下，大型银行规模虽大，却受到了最为严格的监督，国有大型银行一向是参与国际监管的先头部队；②国有大型银行董事长或者CEO的

“政绩”和“企业绩效”的双重目标，使得国有大型银行领导人对风险的厌恶程度极高，尤其是在金融市场改革与动荡的环境下；③大型银行的盈利能力更强。在金融资源的获取上，大型银行往往能够获取到最为优质的负债资源和贷款资源；④与欧美国家银行相比，中国的银行也还没有深入而全面的参与到资本市场的高风险业务中，这一点与金融危机期间华尔街银行次贷危机有很大的区别。

因此，基于中国商业银行数据的银行规模与破产风险的相关性还需要进一步考察。

2. 银行类型

银行类型对破产风险的作用机制类似于大规模银行。国有大型银行，比如在银行业占比统治地位的“四大行”，其存款的兑付能力具有政府隐性担保，明显具有“大而不能倒”的政府政策保护。

同时，在中国的市场经济体制中，国有银行还存在着严重的双重代理问题，首先，其名义股东是全体中国公民，实际持股人是国资委（国务院国有资产监督管理委员会）或者其他国有企业，在这两者之间缺乏有效的监督，存在代理问题，其次，其实际持股人和管理层之间也存在代理问题。这样的双重代理问题，导致银行的经营行为难以被监督，容易产生不谨慎的投资行为。现有研究表明（贾春新，2007），由于股份制银行的公司治理更完善，其经营风格比国有银行的经营风格更谨慎。

另外，国有银行的董事长或者CEO，一般都具有行政级别，无论是全国性银行还是地方银行，其董事长或者CEO的行政级别都在一定程度上扩大了银行的影响力，影响着监管当局和政策制定者对其的监管。因此其经营行为很难得到有效约束。因此，本书认为银行类型是影响其破产风险的重要因素。

3. 资本充足

资本作为银行安全的最后一道屏障，资本充足率监管是商业银行监管的核心，巴塞尔协议的监管框架最初建立在资本充足监管的基础上，在巴塞尔协议Ⅲ时加入了对流动性的监管。可以资本充足对银行安全经营的重要性。在银行破产风险模型中必须加入资本充足率指标。

4. 贷款占比

贷款占比，用净贷款与总资产的比值表示。当贷款增长率上升，一方面可以增加贷款利息收入，维持银行收入的可持续来源；另一方面贷款违约的概率也会加大，导致不良贷款资产的积累，银行将承担更高的风险水平。

5. 商业模式

商业模式，以非利息收入占比表示。商业银行目前面临多重竞争，首先居民投资选择更多，收益率较低的储蓄已经缺乏吸引力，银行面临存款降低的风险；其次，随着利率市场化的实施，银行存贷利差缩小；互联网银行、民营银行开始进入银行业加剧竞争；同时，经济下行期的信用风险加剧；等等。在内外部环境的压力下，商业银行越来越重视非传统信贷业务的发展，越来越重视中间业务等非利息收入来源，扩展收入来源多样化。银行业正在如火如荼地开展一场商业模式的变革。传统银行更重视信贷业务，而收入多样化的银行，其资管、投行等非利息占比上升。以非利息收入为核心的商业模式的变革，可以给银行带来丰厚利润，但同时也带来的新的风险。德扬和托尔纳（De Young & Roland）认为非利息业务会从三个途径增加银行的风险：一是非利息收入相对于传统存贷利差收入，波动性更大，因为银行的存贷业务具有更好的客户黏性；二是非利息业务增加了银行的经营杠杆；三是非利息业务面临更多新的市场风险、操作风险和信用风险等。

黄隽和章艳红（2010）也提出长期以来国内银行业一直以来依赖存贷利差收入，与欧美发达国家在商业模式和收入结构方面存在差异，但是过多地依赖非利息收入会给银行带来更大的风险。首先，贷款给实业企业的资产较为稳定，不但对贷款人的信用状况全面评估和调查，非常关注其历史信用记录，证券业务则更多依赖对未来的预测，同时贷款业务一般都要求担保和抵押；其次，资产市场产品信息成本和转换成本较低，业务规模波动性较大，而传统贷款业务波动性较小，因此非利息业务收入的波动性较大。再次，商业银行涉及的资本市场高风险业务面临的市场风险难以控制，比传统的信贷业务风险更高；最后，市场主导型的业务使得商业银行越来越多地被资本市场的波动所控制。

6. 其他

除了以上几个银行特征变量，还尽量控制一些不存在共线性的变量，如银行盈利能力的其他指标：净息差，成本收入比。净息差越高，成本收入比越低，则银行的盈利能力越强，银行风险越小。此外，还要控制银行的不良贷款率，代表银行的信用风险。作为银行的主要风险之一，必然要考虑其对银行破产风险的效应。

5.2.4　宏观指标与破产风险

除了银行的特征变量，还进一步控制宏观经济环境变量，控制GDP增速。商业银行的信贷供给行为存在显著的顺周期特征，在经济增长时期，投资加速，企业的债务偿还能力较强，商业银行信贷规模扩张，使用更多的短期融资，可以容忍更严重的期限错配。此时同时在经济繁荣期，金融创新发达，高风险的业务收益率高，受到银行偏好，银行被激励持有更多高风险的资产。最终会使得银行破产风险积聚。一旦实体经济或者某个行业受到剧烈冲击，商业银行信贷扩张和其他风险业务积聚的风险就容易爆发。

5.2.5　模型设定

本书仅考虑将净稳定资金比率作为银行的非系统流动性风险指标，建立如下基本的面板数据模型，衡量净稳定资金比率对银行破产风险的直接效应：

$$
\begin{aligned}
Z_{it} = \alpha + \beta^1 \mathrm{TED}_{it} + \beta^2 \mathrm{NSFR}_{it} + \beta^3 \mathrm{SIZE}_{it} + \beta^4 \mathrm{BankStyle}_{it} + \beta^5 \mathrm{CAP}_{it} + \\
\beta^6 \mathrm{GL2TA}_{it} + \beta^7 \mathrm{NIM}_{it} + \beta^8 \mathrm{C2I}_{it} + \beta^9 \mathrm{IL2GL}_{it} + \\
\beta^{10} \mathrm{Business}_{it} + \beta^{11} \mathrm{GDP}_{it} + \beta^{12} M2\mathrm{GDP}_{it} + \varepsilon_{it}
\end{aligned}
\tag{5-6}
$$

其中，因变量Z_{it}表示银行破产概率，用Z值的自然对数度量。

自变量TED_{it}代表系统流动性风险，使用1个月Shibor利率减去一个月国债到期收益率，作为银行间系统流动性风险的度量指标；

$NSFR_{it}$表示巴塞尔协议Ⅲ流动性监管指标净稳定资金比率，代表银行的个体非系统流动性风险；

$SIZE_{it}$代表银行规模，是资产的自然对数；

BankStyleit代表银行的类型，同前文分类；

CAP_{it}是资本充足，用总股权与总资产的比例表示；

$GL2TA_{it}$是贷款占比，代表了传统银行主要的风险资产；

NIM_{it}是净息差，代表了银行的盈利能力；

$C2I_{it}$是成本收入比，代表了银行的经营效率和盈利能力；

$IL2GL_{it}$是不良贷款率，代表了银行的信用风险大小；

$Bu\ sin\ ess_{it}$是非盈利收入占比，代表银行的商业模式；

GDP_{it}是国内生产总值增长率；

$M2GDP_{it}$是宏观总流动性，货币供应量M2与GDP的比值；

5.3 样本选取与描述性统计

5.3.1 样本选取

本书银行财务报表数据来自Bankscope全球银行数据库，宏观经济数据和市场利率来自RESET金融数据库。样本期间为2000—2015年。由于个体样本数据并非完全连续的，为了保证个体样本的时间连续性，去掉间断年前后样本较少的年份，留下连续时间样本较多的数据。最终各变量的基本统计量如表5-1所示。

表 5-1　基本统计量

变量名	样本量	均值	标准差	最小值	最大值
Size	1179	18.26	1.907	11.69	23.82
E2A	1179	9.140	7.972	−13.71	91.42
GL2TA	1147	0.475	0.134	0.0164	0.891
NIM	1147	3.022	1.131	0.170	10.05
C2I	1145	43.22	23.42	12.12	354.6
IL2GL	886	2.005	3.551	0.0100	41.86
NL2DSTF	1157	54.07	15.84	7.010	148.5
LA2DSTF	1157	32.50	25.58	2.450	349.2
M2GDP	1179	1.769	0.167	1.299	2.021
GDP	1179	8.934	1.938	6.900	14.20
Business1	1089	0.00474	0.00501	−0.00764	0.0419
NSFR L	1173	0.699	0.226	6.23×10^{-5}	1.281
NSFR M	1179	0.740	0.249	0.0134	1.470
NSFR H	1179	0.783	0.222	0.0157	1.349
ted1m	1075	1.327	0.535	0.440	2.492
sdROAinsta~s	1137	0.288	0.333	0.00111	5.316
sdROAn3	835	0.235	0.267	0.00577	3.363
ROAA	1149	0.925	0.619	−6.530	2.960
lnZROA1	1131	3.944	1.241	0.275	9.045
lnZROA2	834	4.047	0.914	1.540	7.324

其中，系统流动性TED使用1个月Shibor利率减去一个月国债到期收益率作为银行间流动性冲击的强弱，数据分布来自Wind数据库和央行网站。货币供给量M2采用每年年底12月的数据，数据来自中国人民银行。银行规模Size是总资产（元）除以1000的对数，因为总资产数据来自Bankscope数据库，单位是千元。非利息业务占比（Business1）借鉴黄隽和章艳红（2010）的方法，将非利息收入占比设置为非利息收入与总资产的比值。$lnZROA_1$是基于银行ROA瞬时标准差Z值Z_1的自然对数，$lnZROA_1$是银行基于3年移动平均标准差Z值Z2的自然对数。

5.3.2 描述性统计

表5-2报告了按照规模对商业银行特征变量分组对比的结果。(1)列显示了大规模银行变量的样本均值,(2)列显示了小规模银行变量的样本均值,(3)列是二者的差值,(4)列是两组样本均值T检验的P值,(5)列标注出了两组样本均值是否存在显著差异。

结果显示:

(1)在盈利指标方面,小规模银行的净息差(NIM)显著大于大规模银行;但大规模银行的成本收入比(C2I)显著小于小规模银行样本的均值,平均资产回报率(ROAA)和平均资本回报率(ROAE)显著大于小规模银行样本。说明,尽管小规模银行的信贷业务收益能力更强,但是总体盈利能力上,还是大规模银行要好于小规模银行。

(2)在资本充足方面,小规模银行的股权占比(E2A)和资本充足(Tier1)要好于大规模银行,说明小规模银行的长期融资方面,股权占了很大一部分。小规模银行的融资选择还是较少。但是小规模银行的资本也非常充足,其资本充足显著大于大规模银行。

(3)在流动性方面,大规模银行净稳定资金比率(NSFR)小于小规模银行。小规模银行的资产错配风险等流动性风险还是较小。

(4)在收益率波动性方面,大规模银行的收益率标准差(sdROAn3,sdROAinstantaneous)要显著的小于小规模银行。

(5)在破产风险方面,大规模银行的Z值($ZROA_1$、$ZROA_2$、$lnZROA_1$和$lnZROA_2$)显著大于小规模银行,说明大规模银行的破产风险更小,这与大规模银行在回报率和回报率波动方面的特征是一致的。

表5-3报告了按照净稳定资金比率大小分组对比的结果。按照净稳定资金比率NSFR_L将银行样本分为两类:风险小银行(BNSFR),其净稳定资金比率大于NSFR_L的75%分位值;风险大银行(SNSFR),其净稳定资金比率小于NS-

FR_L的25%分位值。通过比较这两组样本银行特征变量的均值以及进行T检验，（1）列显示了风险小银行（BNSFR）变量的样本均值，（2）列显示了风险大银行（SNSFR）变量的样本均值，（3）列是二者的差值，（4）列是两组样本均值T检验的P值，第（5）列标注出了两组样本均值是否存在显著差异。

结果显示：

（1）在盈利能力方面，期限错配风险小的银行（BNSFR），其净息差（NIM）、平均资产回报率（ROAA）和平均资本回报率（ROAE）都显著的优于风险大的银行。

（2）在资本充足方面，期限错配风险小的银行（BNSFR），资本率（E2A）显著的优于风险大的银行。在资本充足方面也更安全。

（3）期限错配风险小的银行（BNSFR）的贷款占比也显著高于风险大的银行。

（4）在收益率波动方面，期限错配风险小的银行（BNSFR）的回报率标准差sdROAinstantaneous显著的小于风险大的银行样本。

（5）在破产风险方面，期限错配风险小的银行（BNSFR）的lnZROA1，显著的大于期限错配风险大的银行（SNSFR），说明净稳定资金比率高的银行，其破产风险要较小。也与前面回报率与回报率波动的特征一致。

（6）在商业模式方面，期限错配风险小的银行（BNSFR）的非利息收入占比（business1）显著的小于期限错配风险大的银行（SNSFR），说明商业银行增加非利息业务可能会增加银行的期限错配风险。

表5-2　变量分组对比（按规模）

变量	（1）	（2）	（3）	（4）	（5）
	MEAN B	MEAN S	b−s	P	显著性
C2I	35.80334471	45.77537559	−9.972030877	2.33107×10	***
NIM	2.809590444	3.095269321	−0.285678877	0.000184704	***
ROAE	16.8329932	12.8438785	3.989114693	1.13788×10^{-6}	***
ROAA	1.002482993	0.897707602	0.104775391	0.012179228	**
E2A	5.832219269	10.27355239	−4.441333123	2.60612×10^{-17}	***

续表

变量	(1)	(2)	(3)	(4)	(5)
	MEAN B	MEAN S	b-s	P	显著性
IL2GL	1.997137809	2.009170813	−0.012033003	0.962522553	
NSFR_H	0.776847872	0.785561012	−0.00871314	0.557126944	
NSFR_L	0.66844414	0.709129413	−0.040685273	0.007155522	***
NSFR_M	0.722769899	0.746188481	−0.023418582	0.160022317	
GL2TA	0.468283482	0.477838801	−0.00955532	0.290376168	
sdROAn3	0.117780134	0.282314644	−0.164534509	2.07239×10^{-16}	***
sdROAinstantaneous	0.187685565	0.322791074	−0.135105509	1.63845×10^{-9}	***
$ZROA_1$	220.2663	121.9663	98.30002	0.002256	***
$ZROA_2$	144.7042	72.50606	72.1981	2.38×10^{-11}	*
$lnZROA_1$	4.126006	3.881952	0.244054	0.003868	***
$lnZROA_2$	4.443014	3.885737	0.557277	4.2×10^{-16}	***
Business1	0.004476867	0.004835789	−0.000358922	0.297980466	

注：***、**、*分别表示在1%、5%和10%水平上显著。

表5-3 变量分组对比（按净稳定资金比率）

变量	(1)	(2)	(3)	(4)	(5)
	MEAN BNSFR	MEAN SNSFR	B-S	P	显著性
C2I	42.77196	43.56554	−0.79358	0.648786	
NIM	3.769794	2.495348	1.274446	9.41×10^{-34}	***
ROAE	14.00908	11.97324	2.035839	0.004339	***
ROAA	1.072979	0.818473	0.254507	1.16×10^{-6}	***
E2A	10.77387	9.246298	1.52757	0.029195	**
IL2GL	1.407083	1.642383	−0.2353	0.34309	
NSFR_H	0.989812	0.54696	0.442853	4.2×10^{-4}	***
NSFR_L	0.927791	0.406223	0.521568	1.9×10^{-154}	***
NSFR_M	0.985023	0.432642	0.552381	1.1×10^{-143}	***
GL2TA	0.51762	0.397645	0.119974	2.6×10^{-24}	***
sdROAn3	0.267343	0.22946	0.037883	0.110395	
sdROAinstantaneous	0.259306	0.319074	−0.05977	0.028311	**

续表

变量	(1)	(2)	(3)	(4)	(5)
	MEAN BNSFR	MEAN SNSFR	B-S	P	显著性
$ZROA_1$	135.4289	181.1678	-45.7389	0.30605	
$ZROA_2$	76.10356	97.06859	-20.965	0.088542	*
$lnZROA_1$	4.11832	3.905852	0.212468	0.039165	**
$lnZROA_2$	3.954293	4.070455	-0.11616	0.18375	
Business1	0.003858	0.00607	-0.00221	8.06×10^{-6}	***

注：***、**、*分别表示在1%、5%和10%水平上显著。

5.4　实证检验

5.4.1　直接效应

一、收益率波动

在描述性统计的基础上，本节首先估计破产风险的标准差模型，探讨收益率波动的驱动因素。表5-4报告了标准差模型的估计结果，其中（1）~（3）列分别是针对3年移动平均ROA标准差（sdROAn3）的固定效应FE、随机效应RE和混合OLS回归结果，（4）~（6）列分别是针对ROA的瞬时标准差（sdROAinstantaneous）的固定效应FE、随机效应RE和混合OLS回归结果。Hausman检验结果显示（1）列和（2）列的卡方检验P值为0.0008，（4）列和（5）列的卡方检验P值为0.0000，因此取固定效应回归结果，即（1）列和（4）列。

表5-4　收益率标准差模型

VARIABLES（变量）	(1)	(2)	(3)	(4)	(5)	(6)
	feNSFR_L	reNSFR_L	olsNSFR_L	fe1NSFR_L	re1NSFR_L	ols1NSFR_L
	sdROAn3	sdROAn3	sdROAn3	sdROAinstantaneous	sdROAinstantaneous	sdROAinstantaneous
Ted1m	0.00108	-0.00999	-0.0119	0.0498***	0.0295*	0.0191
	(0.0169)	(0.0149)	(0.0153)	(0.0178)	(0.0166)	(0.0178)

续表

VARIABLES (变量)	(1)	(2)	(3)	(4)	(5)	(6)
	feNSFR_L	reNSFR_L	olsNSFR_L	fe1NSFR_L	re1NSFR_L	ols1NSFR_L
	sdROAn3	sdROAn3	sdROAn3	sdRO Ainstantaneous	sdRO Ainstantaneous	sdRO Ainstantaneous
NSFR_L	-0.204**	-0.265***	-0.265***	-0.419***	-0.298***	-0.246***
	(0.0968)	(0.0708)	(0.0674)	(0.0924)	(0.0746)	(0.0727)
Size	-0.106***	-0.0317***	-0.0291***	-0.0546*	-0.00755	-0.0110**
	(0.0299)	(0.00577)	(0.00458)	(0.0291)	(0.00754)	(0.00546)
E2A	0.0235***	0.0133***	0.0127***	0.0173***	0.00772***	0.00597***
	(0.00466)	(0.00248)	(0.00233)	(0.00332)	(0.00235)	(0.00222)
GL2TA	0.114	0.231**	0.197**	-0.0587	0.145	0.130
	(0.153)	(0.0928)	(0.0871)	(0.135)	(0.0962)	(0.0890)
NIM	-0.00655	0.0123	0.0154*	0.0343*	0.0401***	0.0410***
	(0.0192)	(0.00974)	(0.00860)	(0.0190)	(0.0119)	(0.0101)
C2I	0.00188	0.00192***	0.00193***	0.00779***	0.00719***	0.00679***
	(0.00122)	(0.000719)	(0.000667)	(0.000763)	(0.000603)	(0.000573)
IL2GL	0.00342	0.00361	0.00415	0.00470	0.00449	0.00740**
	(0.00377)	(0.00350)	(0.00349)	(0.00336)	(0.00315)	(0.00318)
GDP	0.00207	0.0166***	0.0173***	0.00327	0.0141***	0.0156***
	(0.00766)	(0.00469)	(0.00466)	(0.00782)	(0.00523)	(0.00531)
Business1	-3.056	-2.087	-1.599	12.92***	9.609***	8.547***
	(3.565)	(2.114)	(1.952)	(3.554)	(2.593)	(2.349)
Constant	2.063***	0.552***	0.507***	0.885	-0.155	-0.0866
	(0.680)	(0.150)	(0.123)	(0.657)	(0.186)	(0.143)
Observations	610	610	610	777	777	777
R-squared	0.211		0.303	0.307		0.338
Number of idd	136	136		141	141	
F	12.39	.	26.08	27.79	.	39.15

注：***、**、*分别表示在1%、5%和10%水平上显著。

估计结果显示：

（1）系统流动性风险（Ted1m）对ROA的瞬时标准差系数显著为正，说明银行间市场的系统流动性风险增加了银行收益率的波动，使得标准差变大。

（2）净稳定资金比率（NSFR_L）对ROA的3年移动平均标准差和顺时标准差的系数均显著为负，说明净稳定资金比率作为衡量银行的结构流动性风险水平，能够稳定银行资产回报率的波动。

（3）银行规模（Size）对ROA的3年移动平均标准差和顺时标准差的系数均显著为负，说明规模越大的银行，其回报率越稳定，资产回报率的波动越小。在盈利能力上较为稳健。

（4）银行资本率（E2A）对ROA的标准差系数显著为正。银行资本率过高，说明其杠杆率过低，主要以长期股权融资为主，由于长期融资成本较高，这就刺激银行持有更多风险资产，因此加剧了银行资产回报率的波动性。

（5）盈利能力方面，净息差（NIM）和成本收入比（C2I）对ROA的瞬时标准差系数显著为正，盈利能力的变化直接导致回报率ROA的波动加剧。

（6）商业模式方面，非利息收入占比（Business1）的系数显著为正，验证了我们的假设，相较于传统信贷业务，非利息业务的波动性和风险更高，非利息业务的增加，导致了银行回报率波动的加剧。

从ROA的标准差模型来看，净稳定资金比率对银行资产回报率的平稳作用非常显著，无论是对移动标准差还是全样本的瞬时标准差都存在显著的稳定功能。

按照规模大小将样本分成两个子样本：大规模银行样本（B，资产规模大于2000亿人民币）和小规模银行样本（S，资产规模小于2000亿人民币），表5-5报告了对不同样本的标准差估计结果。其中（1）和（2）列是对小规模银行样本的固定效应（FE-S）估计结果，（3）和（4）列是对大规模银行样本的随机效应（Re-B）估计结果，（1）和（3）列的因变量是ROA的3年移动平均标准差，（2）和（4）列因变量是ROA的瞬时标准差。在估计方法上，Hausman检验验证了我们估计结果的合理性。

表5-5 收益率标准差模型（分规模）

VARIABLES（变量）	(1)	(2)	(3)	(4)
	FE-S	FE-S	Re-B	Re-B
	sdROAn3	sdROAinstantaneous	sdROAn3	sdROAinstantaneous
Ted1m	-0.0106	0.0550**	0.0498***	0.0422**
	(0.0247)	(0.0247)	(0.0145)	(0.0179)
NSFR_L	-0.182	-0.477***	-0.301***	-0.219
	(0.128)	(0.117)	(0.101)	(0.145)
Size	-0.125***	-0.0941**	-0.0175***	-0.00493
	(0.0422)	(0.0387)	(0.00662)	(0.0103)
E2A	0.0214***	0.0166***	0.00682	0.00254
	(0.00591)	(0.00418)	(0.00528)	(0.00622)
GL2TA	0.128	-0.181	0.123	0.286
	(0.204)	(0.174)	(0.140)	(0.196)
NIM	-0.0194	0.0405*	0.0156	-0.0196
	(0.0250)	(0.0235)	(0.0150)	(0.0226)
C2I	0.00164	0.00835***	0.00258**	0.00300*
	(0.00161)	(0.000939)	(0.00111)	(0.00161)
IL2GL	-0.00451	-0.00194	0.0266***	0.00950
	(0.00766)	(0.00486)	(0.00890)	(0.00681)
GDP	0.00295	0.00781	0.0127***	-0.00879
	(0.0113)	(0.0105)	(0.00429)	(0.00585)
Business1	-5.514	13.99***	1.587	3.134
	(4.844)	(4.664)	(2.461)	(3.672)
Constant	2.372**	1.557*	0.250*	0.211
	(0.915)	(0.837)	(0.143)	(0.228)
Observations	401	529	209	248
R-squared	0.211	0.350		
Number of idd	100	110	53	53
F	7.800	22.04	—	—

注：***、**、*分别表示在1%、5%和10%水平上显著。

结果显示：

（1）在小规模银行样本中，系统流动性风险（ted1m）和净稳定资金比率（NSFR_L）分别针对ROA的瞬时标准差显著。与上文全样本结果相比，系统流动性风险和净稳定资金比率对小规模银行样本的影响力都更强。

（2）在大规模银行样本中，系统流动性风险（ted1m）对ROA的移动平均标准差和瞬时标准差都有显著的影响，净稳定资金比率仅影响移动平均标准差。且与全样本结果相比，净稳定资金比率对移动平均标准差的效果更强，而系统流动性风险的作用较弱。

可见，系统流动性风险对小规模银行的收益波动性影响力更强。

表5-6　收益率标准差模型1（分类型）

VARIABLES（变量）	(1)	(2)	(3)	(4)	(5)
	feLSCB	feJSCB	feFOR	feCCB	feRCB
	sdROAn3	sdROAn3	sdROAn3	sdROAn3	sdROAn3
Ted1m	-0.0115	0.000370	-0.00515	-0.0103	-0.0107
	(0.0164)	(0.0162)	(0.0164)	(0.0160)	(0.0161)
Size	-0.0903***	-0.118***	-0.0951***	-0.0883***	-0.0893***
	(0.0291)	(0.0299)	(0.0292)	(0.0290)	(0.0289)
E2A	0.0252***	0.0252***	0.0242***	0.0253***	0.0253***
	(0.00461)	(0.00456)	(0.00466)	(0.00461)	(0.00461)
GL2TA	0.0181	0.0596	0.0656	0.0277	0.0239
	(0.152)	(0.147)	(0.150)	(0.149)	(0.149)
NIM	-0.0164	-0.0206	-0.0171	-0.0187	-0.0174
	(0.0187)	(0.0186)	(0.0187)	(0.0201)	(0.0188)
C2I	0.00155	0.00160	0.00138	0.00146	0.00152
	(0.00122)	(0.00121)	(0.00122)	(0.00126)	(0.00122)
IL2GL	0.00358	0.00292	0.00358	0.00350	0.00363
	(0.00379)	(0.00375)	(0.00378)	(0.00379)	(0.00379)
GDP	0.00628	0.000350	0.00434	0.00608	0.00596
	(0.00748)	(0.00758)	(0.00754)	(0.00745)	(0.00746)

续表

VARIABLES（变量）	(1) feLSCB sdROAn3	(2) feJSCB sdROAn3	(3) feFOR sdROAn3	(4) feCCB sdROAn3	(5) feRCB sdROAn3
Business1	-4.508	-5.016	-4.366	-4.697	-4.447
	(3.532)	(3.488)	(3.515)	(3.632)	(3.522)
NSFR_L_LSCB	0.137				
	(0.397)				
NSFR_L_JSCB		-0.694***			
		(0.214)			
NSFR_L_FOR			-0.174		
			(0.123)		
NSFR_L_CCB				0.0441	
				(0.139)	
NSFR_L_RCB					0.159
					(0.324)
Constant	1.659**	2.274***	1.790***	1.622**	1.638**
	(0.655)	(0.674)	(0.660)	(0.655)	(0.652)
Observations	610	610	610	610	610
R-squared	0.203	0.221	0.207	0.203	0.204
Number of idd	136	136	136	136	136
F	11.85	13.16	12.08	11.85	11.86

注：***、**、*分别表示在1%、5%和10%水平上显著。

表5-7 收益率标准差模型2（分类型）

VARIABLES（变量）	(1) feLSCB sdROAinstantaneous	(2) feJSCB sdROAinstantaneous	(3) feFOR sdROAinstantaneous	(4) feCCB sdROAinstantaneous	(5) feRCB sdROAinstantaneous
Ted1m	0.0285	0.0375**	0.0405**	0.0314*	0.0337*
	(0.0179)	(0.0177)	(0.0176)	(0.0175)	(0.0176)
Size	-0.0128	-0.0257	-0.0239	-0.0208	-0.0125
	(0.0279)	(0.0285)	(0.0279)	(0.0286)	(0.0279)

续表

VARIABLES（变量）	(1)	(2)	(3)	(4)	(5)
	feLSCB	feJSCB	feFOR	feCCB	feRCB
	sdROAinstantaneous	sdROAinstantaneous	sdROAinstantaneous	sdROAinstantaneous	sdROAinstantaneous
E2A	0.0179***	0.0177***	0.0172***	0.0184***	0.0179***
	(0.00337)	(0.00336)	(0.00335)	(0.00336)	(0.00337)
GL2TA	-0.135	-0.0618	-0.124	-0.121	-0.0983
	(0.139)	(0.139)	(0.136)	(0.137)	(0.137)
NIM	0.0133	0.0122	0.0169	0.0198	0.0167
	(0.0187)	(0.0187)	(0.0186)	(0.0193)	(0.0189)
C2I	0.00731***	0.00738***	0.00761***	0.00737***	0.00735***
	(0.000768)	(0.000766)	(0.000767)	(0.000768)	(0.000768)
IL2GL	0.00583*	0.00501	0.00569*	0.00553	0.00525
	(0.00342)	(0.00340)	(0.00338)	(0.00340)	(0.00341)
GDP	0.0136*	0.00923	0.00859	0.0122	0.0128*
	(0.00767)	(0.00780)	(0.00770)	(0.00765)	(0.00764)
Business1	10.55***	10.71***	11.23***	11.34***	11.14***
	(3.586)	(3.566)	(3.553)	(3.593)	(3.584)
NSFR_L_LSCB	0.421				
	(0.466)				
NSFR_L_JSCB		-0.551**			
		(0.247)			
NSFR_L_FOR			-0.407***		
			(0.126)		
NSFR_L_CCB				-0.204	
				(0.135)	
NSFR_L_RCB					-0.460
					(0.335)
Constant	-0.166	0.134	0.125	0.0512	-0.141
	(0.623)	(0.637)	(0.625)	(0.641)	(0.623)

续表

VARIABLES（变量）	(1)	(2)	(3)	(4)	(5)
	feLSCB	feJSCB	feFOR	feCCB	feRCB
	sdROAinstantaneous	sdROAinstantaneous	sdROAinstantaneous	sdROAinstantaneous	sdROAinstantaneous
Observations	777	777	777	777	777
R-squared	0.286	0.290	0.297	0.287	0.287
Number of idd	141	141	141	141	141
F	25.04	25.62	26.39	25.25	25.19

注：***、**、*分别表示在1%、5%和10%水平上显著。

表5-6和5-7分别是针对ROA的3年移动平均标准差（sdROAn3）和瞬时标准差（sdROAinstantaneous），在标准差模型中加入银行类别与净稳定资金比率交叉项的估计结果。所有的估计方法都是固定效应估计，Hausman检验通过了模型估计合理性的假设。

表5-6结果显示，针对ROA的3年移动平均标准差，净稳定资金比率与股份制银行的交叉项（NSFR_L_JSCB）系数显著为负，而其他交叉项系数不显著，说明对股份制银行来说，净稳定资金比率的收益率稳定作用显著的优于其他类型的银行。

表5-7结果显示，针对ROA的瞬时标准差，净稳定资金比率与股份制银行的交叉项（NSFR_L_JSCB）、与外国银行的交叉项（NSFR_L_FOR）系数显著为负，而其他交叉项系数不显著，说明对股份制银行和外国银行来说，净稳定资金比率的收益率稳定作用显著的优于其他类型的银行。

与全样本对比，净稳定资金比率变动一个百分点，对ROA移动平均标准差的平均效应为0.00204，而股份制银行的净稳定资金比率变动一个百分点，对ROA移动平均标准差的效应达到了0.00694，是平均效应的3倍；净稳定资金比率变动一个百分点，对ROA瞬时标准差的平均效应为0.00419，而股份制银行的净稳定资金比率变动一个百分点，对ROA瞬时标准差的效应达到了0.00551，而外国银行净稳定资金比率变动一个百分点，对ROA瞬时标准差的效应达到了

0.00407。可见，股份制银行净稳定资金比率对ROA的平缓作用显著强于全样本的效应，可以说在收益率波动风险方面，净稳定资金比率对风险的缓释作用要优于其他类型银行。

二、破产风险

通过对收益率波动的考察，我们发现净稳定资金比率可以缓解商业银行的收益率波动风险，下面我们直接看看商业银行的破产风险。表5-8报告了对破产风险模型，其中（1）显示了因变量为lnZROA1的固定效应估计，（2）列显示了lnZROA2的随机效应估计结果。Hausman检验验证了模型估计的合理性。

表5-8　破产风险模型

VARIABLES（变量）	(1)	(2)
	fe1	Re2
	lnZROA1	lnZROA2
Size	0.370***	0.205***
	(0.139)	(0.0297)
E2A	0.0725***	0.0464***
	(0.0165)	(0.0114)
GL2TA	0.338	−0.150
	(0.651)	(0.425)
Business1	−38.53**	10.72
	(17.00)	(9.887)
NIM	−0.0313	0.0217
	(0.0912)	(0.0468)
C2I	−0.0111***	−0.00823**
	(0.00370)	(0.00335)
IL2GL	−0.0256	−0.0277*
	(0.0195)	(0.0153)
GDP	0.0185	−0.111***
	(0.0375)	(0.0208)
Ted1m	−0.209**	−0.0294
	(0.0852)	(0.0648)

续表

VARIABLES（变量）	(1)	(2)
	fe1	Re2
	lnZROA1	lnZROA2
NSFR_L	1.210***	0.605*
	(0.442)	(0.321)
Constant	-3.671	0.707
	(3.148)	(0.758)
Observations	775	610
R-squared	0.076	
Number of idd	141	136
F	5.102	

注：***、**、*分别表示在1%、5%和10%水平上显著。

结果显示：

（1）银行规模（Size）的系数显著为正。银行规模与银行破产风险负相关，即规模越大的银行，其破产风险越小。2007年金融危机期间，华尔街银行倒闭潮让全球看到了大型银行也是会倒闭的，但同时美国政府也救助了很多濒临倒闭的银行。而在中国，还没有大型银行倒闭或者被接收的案例，反而是小型银行有被接收的历史，其原因首先是，大型银行受到更严格的监管，其次是，大型银行应对风险的能力更强，盈利能力更强，往往能够获取到最为优质的负债资源和贷款资源。

（2）资本率（E2A）的系数显著为正。商业银行的资本越充足，其破产风险越小。资本监管是商业银行监管的核心，不再赘述。

（3）以非利息收入占比为代表的银行商业模式（Business1）系数显著为负。验证了我们的假设，上文已经证明非利息收入的不稳定性，导致ROA的标准差增加，该部分再次直接验证了，非利息收入占比的增加，提高了银行的风险。

（4）成本收入比（C2I）的系数显著为负。验证了我们的假设，成本收入比是银行经营效率和盈利能力的指标，成本收入比越高说明其运营成本过高，提高了银行的风险。

（5）TED价差（Ted1m）系数显著为负。TED价差作为银行间市场系统流动性风险的度量，TED价差越大，银行在银行间市场获得资金的难度增加，银行间市场流动性紧张，导致银行风险增加。

（6）净稳定资金比率（NSFR_L）系数显著为正。净稳定资金比率代表银行个体的非系统流动性风险，具体代表了银行的期限错配风险，是一种结构流动性指标。净稳定资金比率越高，银行期限错配风险越小，本书结论验证了假设，净稳定资金比率越高，银行的破产风险越小。净稳定资金比率的另一个指标NSFR_M的显著，保证了本书结论的稳健性。对净稳定资金比率的监管有其必要性。

表5-9和表5-10报告了按照银行规模是否高超过2000亿人民币，分为两个子样本的估计结果。其中表5-9是大规模银行样本的估计结果，（1）、（2）列分别显示了因变量为lnZROA1、lnZROA2的估计结果。第（1）列为固定效应估计，（2）列为随机效应估计。Hausman检验验证了模型估计的合理性。表5-10是小规模银行样本的估计结果。（1）、（2）列分别显示了因变量为lnZROA1、lnZROA2的估计结果。（1）列为固定效应估计，（2）列为随机效应估计。Hausman检验验证了模型估计的合理性。

表5-9　破产风险模型（大规模银行样本）

VARIABLES（变量）	（1）	（2）
	fe1	re2
	lnZROA1	lnZROA2
Ted1m	−0.126	−0.362***
	（0.193）	（0.132）
NSFR_L	−1.887	1.757*
	（1.930）	（0.998）
Size	0.381	0.108
	（0.428）	（0.0693）
E2A	0.289***	0.0934*
	（0.0966）	（0.0517）

续表

VARIABLES（变量）	(1)	(2)
	fe1	re2
	lnZROA1	lnZROA2
GL2TA	-3.127	0.320
	(3.112)	(1.386)
Business1	-108.3*	-1.610
	(57.54)	(24.07)
NIM	-0.252	-0.0444
	(0.344)	(0.148)
C2I	-0.00556	-0.0217**
	(0.0263)	(0.0110)
IL2GL	-0.339**	-0.147*
	(0.140)	(0.0853)
GDP	0.127	-0.113***
	(0.0905)	(0.0401)
Constant	-1.789	2.743*
	(10.15)	(1.524)
Observations	247	209
R-squared	0.124	
Number of idd	53	53
F	2.605	

注：***、**、*分别表示在1%、5%和10%水平上显著。

表5-10　破产风险模型（小规模银行样本）

VARIABLES（变量）	(1)	(2)
	fe1	Re2
	lnZROA1	lnZROA2
Ted1m	-0.241**	0.0705
	(0.100)	(0.0764)
NSFR_L	1.571***	0.423
	(0.475)	(0.336)

续表

VARIABLES（变量）	(1)	(2)
	fe1	Re2
	lnZROA1	lnZROA2
Size	0.508***	0.283***
	(0.158)	(0.0631)
E2A	0.0678***	0.0529***
	(0.0172)	(0.0124)
GL2TA	0.882	0.0410
	(0.706)	(0.445)
business1	-31.10	12.28
	(18.93)	(10.44)
NIM	-0.0379	0.0338
	(0.0954)	(0.0466)
C2I	-0.0107***	-0.00519
	(0.00385)	(0.00343)
IL2GL	-0.00321	-0.0227
	(0.0253)	(0.0158)
GDP	0.00861	-0.0790***
	(0.0428)	(0.0282)
Constant	-6.330*	-1.275
	(3.400)	(1.413)
Observations	528	401
R-squared	0.110	
Number of idd	110	100
F	5.044	

注：***、**、*分别表示在1%、5%和10%水平上显著。

结果显示：

（1）对大规模银行样本来说，系统流动性风险TED价差（ted1m）和净稳定资金比率（NSFR_L）对破产风险lnZROA2的系数依然显著。

（2）对小规模银行样本来说，系统流动性风险TED价差（ted1m）和净稳定资金比率（NSFR_L）对破产风险lnZROA1的系数依然显著。

（3）与全样本结果相比，系统流动性风险TED价差，对大规模银行的破产风险lnZROA2的影响力度要大于全样本估计结果。对小规模银行的破产风险lnZROA1的影响力度要小于全样本估计结果。可以得出结论，系统流动性风险TED价差对大规模银行的破产风险影响力要高于小规模银行。

（4）相应地，净稳定资金比率NSFR对大规模银行的破产风险的影响力度同样大于全样本的估计结果。

表5-11报告了银行类别与净稳定资金比率的交叉作用，衡量银行类别对净稳定资金比率效应的影响。其中（1）~（5）列分别加入了大型国有商业银行（LSCB）、股份制商业银行（JSCB）、外国银行（FOR）、城市商业银行（CCB）、村镇商业银行（RCB）与净稳定资金比率的交叉项，估计方法都是固定效应估计，Hausman检验验证了模型估计的合理性。

表5-11　破产风险模型（分类型）

VARIABLES	(1)	(2)	(3)	(4)	(5)
	feLSCB	feJSCB	feFOR	feCCB	feRCB
	lnZROA1	lnZROA1	lnZROA1	lnZROA1	lnZROA1
Ted1m	-0.119	-0.178**	-0.189**	-0.156*	-0.165**
	(0.0849)	(0.0842)	(0.0841)	(0.0834)	(0.0836)
Size	0.271**	0.300**	0.292**	0.258*	0.250*
	(0.133)	(0.136)	(0.133)	(0.136)	(0.132)
E2A	0.0694***	0.0711***	0.0729***	0.0690***	0.0702***
	(0.0165)	(0.0165)	(0.0165)	(0.0165)	(0.0165)
GL2TA	0.802	0.310	0.545	0.521	0.435
	(0.663)	(0.660)	(0.649)	(0.652)	(0.653)
NIM	0.0282	0.0340	0.0167	0.0225	0.0141
	(0.0884)	(0.0885)	(0.0885)	(0.0915)	(0.0896)
C2I	-0.00939**	-0.00993***	-0.0108***	-0.00976***	-0.00981***
	(0.00367)	(0.00368)	(0.00369)	(0.00369)	(0.00368)

续表

VARIABLES	(1)	(2)	(3)	(4)	(5)
	feLSCB	feJSCB	feFOR	feCCB	feRCB
	lnZROA1	lnZROA1	lnZROA1	lnZROA1	lnZROA1
IL2GL	-0.0277	-0.0248	-0.0283	-0.0265	-0.0245
	(0.0196)	(0.0196)	(0.0196)	(0.0196)	(0.0197)
GDP	-0.0154	0.00473	0.00639	-0.00840	-0.00884
	(0.0363)	(0.0371)	(0.0367)	(0.0364)	(0.0363)
Business1	-29.63*	-32.03*	-33.99**	-32.98*	-33.83**
	(16.93)	(16.91)	(16.89)	(17.04)	(16.97)
NSFR_L_LSCB	-5.040**				
	(2.346)				
NSFR_L_JSCB		2.090*			
		(1.171)			
NSFR_L_FOR			1.446**		
			(0.598)		
NSFR_L_CCB				0.272	
				(0.640)	
NSFR_L_RCB					2.084
					(1.587)
Constant	-0.993	-1.810	-1.721	-0.909	-0.780
	(2.952)	(3.027)	(2.980)	(3.050)	(2.956)
Observations	775	775	775	775	775
R-squared	0.071	0.069	0.073	0.065	0.067
Number of idd	141	141	141	141	141
F	4.797	4.644	4.929	4.322	4.488

注：***、**、*分别表示在1%、5%和10%水平上显著。

结果显示，针对破产风险lnZROA1，净稳定资金比率可以降低银行破产风险，而国有大型银行与净稳定资金比率的交叉项（NSFR_L_LSCB）系数显著为负，国有大型银行的性质显著降低了净稳定资金比率的这种作用；股份制银行与净稳定资金比率的交叉项（NSFR_L_JSCB）系数显著为正，外国商业银行与净稳定资金比率的交叉项（NSFR_L_FOR）系数显著为正，说明股份制银行和外国银行强化了净稳定资金比率的破产风险抑制作用。

表5-12报告了针对破产风险lnZROA2，银行类别与净稳定资金比率的交叉作用。结果显示，针对破产风险lnZROA2，股份制银行与净稳定资金比率的交叉项（NSFR_L_JSCB）系数依然显著为正，股份制银行能够强化净稳定资金比率的破产风险抑制作用，这个作用是稳健的。

表5-12　破产风险稳健性（分类型）

VARIABLES（变量）	(1)	(2)	(3)	(4)	(5)
	feLSCB	feJSCB	feFOR	feCCB	feRCB
	lnZROA2	lnZROA2	lnZROA2	lnZROA2	lnZROA2
Ted1m	−0.0635	−0.0961	−0.0527	−0.0490	−0.0472
	(0.0705)	(0.0697)	(0.0708)	(0.0689)	(0.0691)
Size	0.453***	0.593***	0.471***	0.452***	0.467***
	(0.125)	(0.129)	(0.126)	(0.125)	(0.124)
E2A	0.0117	0.0114	0.0120	0.0100	0.0109
	(0.0198)	(0.0196)	(0.0201)	(0.0198)	(0.0198)
GL2TA	0.759	0.770	0.875	0.937	0.926
	(0.655)	(0.633)	(0.648)	(0.639)	(0.641)
NIM	0.146*	0.165**	0.146*	0.186**	0.150*
	(0.0805)	(0.0798)	(0.0806)	(0.0862)	(0.0810)
C2I	−0.00497	−0.00498	−0.00468	−0.00309	−0.00466
	(0.00524)	(0.00519)	(0.00528)	(0.00541)	(0.00526)
IL2GL	−0.0272*	−0.0249	−0.0277*	−0.0269*	−0.0280*
	(0.0163)	(0.0161)	(0.0163)	(0.0163)	(0.0163)
GDP	−0.0541*	−0.0314	−0.0555*	−0.0572*	−0.0564*
	(0.0322)	(0.0326)	(0.0325)	(0.0320)	(0.0321)
Business1	33.69**	37.50**	34.80**	39.74**	34.96**
	(15.18)	(15.00)	(15.16)	(15.60)	(15.16)
NSFR_L_LSCB	1.700				
	(1.707)				

续表

VARIABLES（变量）	(1)	(2)	(3)	(4)	(5)
	feLSCB	feJSCB	feFOR	feCCB	feRCB
	lnZROA2	lnZROA2	lnZROA2	lnZROA2	lnZROA2
NSFR_L_JSCB		3.086***			
		(0.920)			
NSFR_L_FOR			0.134		
			(0.532)		
NSFR_L_CCB				-0.769	
				(0.596)	
NSFR_L_RCB					-0.645
					(1.393)
Constant	-4.827*	-7.878***	-5.178*	-4.737*	-5.054*
	(2.815)	(2.899)	(2.845)	(2.815)	(2.808)
Observations	610	610	610	610	610
R-squared	0.191	0.208	0.189	0.192	0.189
Number of idd	136	136	136	136	136
F	10.92	12.19	10.81	11.00	10.82

注：***、**、*分别表示在1%、5%和10%水平上显著。

5.4.2　间接效应

上文检验了净稳定资金比率的直接效应。该部分接着检验其间接效应，假设其可以通过与其他代表偿债能力的变量发挥作用。在上文中，我们得出结论，影响平均资产回报率标准差正相关的变量主要有：系统流动性风险、资本率、成本收入比、商业模式和银行规模。因此该部分通过考察净稳定资金比率与这几个变量的交叉项是否显著影响平均资产回报率的波动。

表5-13报告了针对ROA的瞬时标准差的间接效应估计。其中（1）~（5）列依次加入TED价差、资本率、商业模式、成本收入比和银行规模这五个变量与净稳定资金比率的交叉项，估计方法都是固定效应估计，Hausman检验通过了模

型估计的合理性。

结果显示：

（1）在系统流动性冲击TED价差（Ted1m）的系数依旧显著为正的情况下，TED价差与净稳定资金比率的交叉项（Ted1m_NSFR_L）的系数显著为负。系统流动性风险能够加剧银行回报率的波动，而净稳定资金比率能够减缓系统流动性风险对银行资产回报率标准差的效应。

（2）在资本率（E2A）的系数依旧显著为正的情况下，资本率与净稳定资金比率的交叉项（E2A_NSFR_L）的系数显著为负。资本率高的银行其回报率波动性也越高，而净稳定资金比率能够减缓这种作用。

（3）在非利息收入占比为代表的商业模式（Business1）的系数依旧显著为正的情况下，商业模式与净稳定资金比率的交叉项（Business1_NSFR_L）的系数显著为负。非利息收入的波动性比传统业务的波动性要高，非利息收入占比越高，银行的资本回报率波动性越高，而净稳定资金比率的提高能够减缓这种作用。

（4）在成本收入比（C2I）的系数依旧显著为正的情况下，其与净稳定资金比率的交叉项（C2I_NSFR_L）的系数显著为负。成本收入比越高，其盈利的效率越低，盈利的波动性越强，而净稳定资金比率的提高能够减缓这种作用。

（5）银行规模与净稳定资金比率的交叉项（Size_NSFR_L）的系数显著为负。由于银行规模与净稳定资金比率对回报率标准差的影响方向是一致的，因此可以说他们之间能够互相强化对方的作用。

表5-13　收益率波动性间接效应

VARIABLES（变量）	（1）	（2）	（3）	（4）	（5）
	fe1	fe2	fe3	fe4	fe5
	sdROAinstantaneous	sdROAinstantaneous	sdROAinstantaneous	sdROAinstantaneous	sdROAinstantaneous
Ted1m	0.241***	0.0444**	0.0388**	0.0410**	0.0515***
	（0.0553）	（0.0180）	（0.0177）	（0.0177）	（0.0179）
Size	−0.0403	−0.0421	−0.0211	−0.0326	−0.0367
	（0.0285）	（0.0296）	（0.0280）	（0.0285）	（0.0280）

续表

VARIABLES（变量）	(1) fe1 sdROAinstantaneous	(2) fe2 sdROAinstantaneous	(3) fe3 sdROAinstantaneous	(4) fe4 sdROAinstantaneous	(5) fe5 sdROAinstantaneous
E2A	0.0186***	0.0364***	0.0185***	0.0193***	0.0172***
	(0.00333)	(0.00699)	(0.00335)	(0.00336)	(0.00332)
GL2TA	-0.0692	-0.131	-0.0958	-0.0767	-0.0395
	(0.136)	(0.136)	(0.137)	(0.137)	(0.136)
NIM	0.0332*	0.0239	0.0218	0.0220	0.0330*
	(0.0192)	(0.0190)	(0.0190)	(0.0189)	(0.0190)
C2I	0.00758***	0.00764***	0.00758***	0.0110***	0.00781***
	(0.000762)	(0.000771)	(0.000772)	(0.00143)	(0.000765)
IL2GL	0.00586*	0.00554	0.00534	0.00510	0.00461
	(0.00337)	(0.00339)	(0.00339)	(0.00339)	(0.00336)
GDP	0.00611	0.00669	0.0105	0.00824	0.00318
	(0.00774)	(0.00788)	(0.00767)	(0.00775)	(0.00784)
Business1	12.86***	12.33***	38.23***	11.88***	12.89***
	(3.574)	(3.593)	(11.40)	(3.572)	(3.556)
Ted1m_NSFR_L	-0.248***				
	(0.0624)				
E2A_NSFR_L		-0.0245***			
		(0.00822)			
Business1_NSFR_L			-38.09**		
			(15.02)		
C2I_NSFR_L				-0.00505***	
				(0.00165)	
size_NSFR_L					-0.0231***
					(0.00517)
Constant	0.280	0.383	-0.0364	0.185	0.552
	(0.626)	(0.647)	(0.622)	(0.630)	(0.635)

续表

VARIABLES（变量）	(1)	(2)	(3)	(4)	(5)
	fe1	fe2	fe3	fe4	fe5
	sdROAinstantaneous	sdROAinstantaneous	sdROAinstantaneous	sdROAinstantaneous	sdROAinstantaneous
Observations	777	777	777	777	777
R-squared	0.302	0.295	0.292	0.295	0.307
Number of idd	141	141	141	141	141
F	27.14	26.17	25.83	26.23	27.70

注：***、**、*分别表示在1%、5%和10%水平上显著。

表5-14报告了针对银行破产风险lnZROA1，净稳定资金比率的间接效应。其中（1）~（5）列依次加入TED价差、资本率、商业模式、成本收入比和银行规模这五个变量与净稳定资金比率的交叉项，估计方法都是固定效应估计，Hausman检验通过了模型估计的合理性。

表5-14　破产风险间接效应

VARIABLES（变量）	(1)	(2)	(3)	(4)	(5)
	fe1	fe2	fe3	fe4	fe5
	lnZROA1	lnZROA1	lnZROA1	lnZROA1	lnZROA1
Ted1m	−0.676**	−0.196**	−0.178**	−0.194**	−0.213**
	(0.265)	(0.0856)	(0.0843)	(0.0842)	(0.0858)
Size	0.317**	0.343**	0.275**	0.332**	0.316**
	(0.137)	(0.141)	(0.134)	(0.136)	(0.135)
E2A	0.0687***	0.0112	0.0685***	0.0644***	0.0729***
	(0.0165)	(0.0339)	(0.0165)	(0.0165)	(0.0165)
GL2TA	0.389	0.574	0.449	0.356	0.284
	(0.652)	(0.650)	(0.651)	(0.651)	(0.654)
NIM	−0.0195	−0.00232	0.00400	−0.00575	−0.0261
	(0.0918)	(0.0901)	(0.0902)	(0.0894)	(0.0910)
C2I	−0.0104***	−0.0106***	−0.0105***	−0.0247***	−0.0112***
	(0.00369)	(0.00370)	(0.00371)	(0.00680)	(0.00371)

续表

VARIABLES（变量）	(1)	(2)	(3)	(4)	(5)
	fe1	fe2	fe3	fe4	fe5
	lnZROA1	lnZROA1	lnZROA1	lnZROA1	lnZROA1
IL2GL	−0.0282	−0.0254	−0.0265	−0.0244	−0.0255
	(0.0196)	(0.0196)	(0.0196)	(0.0195)	(0.0195)
GDP	0.00747	0.0103	−0.00182	0.00957	0.0178
	(0.0371)	(0.0376)	(0.0365)	(0.0368)	(0.0376)
Business1	−37.45**	−37.06**	−116.2**	−36.70**	−38.25**
	(17.08)	(17.08)	(54.09)	(16.94)	(17.01)
Ted1m_NSFR_L	0.617**				
	(0.298)				
E2A_NSFR_L		0.0768*			
		(0.0391)			
Business1_NSFR_L			116.4		
			(71.23)		
C2I_NSFR_L				0.0205***	
				(0.00782)	
Size_NSFR_L					0.0647***
					(0.0248)
Constant	−1.733	−2.399	−1.045	−2.091	−2.634
	(2.998)	(3.088)	(2.964)	(2.996)	(3.044)
Observations	775	775	775	775	775
R-squared	0.071	0.070	0.069	0.075	0.075
Number of idd	141	141	141	141	141
F	4.761	4.715	4.589	5.036	5.030

注：***、**、*分别表示在1%、5%和10%水平上显著。

结果显示：

（1）在系统流动性冲击TED价差（Ted1m）的系数依旧显著为负的情况下，TED价差与净稳定资金比率的交叉项（Ted1m_NSFR_L）的系数显著为正。系统流动性风险能够加剧银行回报率的波动，而净稳定资金比率能够减缓系统流动性风险对银行资产回报率标准差的效应。

（2）上文验证资本率虽然加剧了银行资产回报的波动性，但是最终在银行破产风险方面，资本率的提高可以显著降低银行的破产风险。资本率与净稳定资金比率都是银行监管的指标。其交叉项（E2A_NSFR_L）的系数显著为正，说明净稳定资金比率能够强化资本率的监管作用。

（3）在成本收入比（C2I）的系数依旧显著为负的情况下，其与净稳定资金比率的交叉项（C2I_NSFR_L）的系数显著为正。成本收入比越高，其盈利的效率越低，盈利的波动性越强，破产风险越大，而净稳定资金比率的提高能够减缓这种作用。

（4）商业模式与净稳定资金比率的交叉项（Business1_NSFR_L）系数不显著。非利息收入占比给银行带来的风险主要是由于其加剧了收益的波动性和可能涉及高风险的非利息业务，而净稳定资金比率代表了银行的期限错配风险，而且非利息业务涉及的证券资产等往往流动性很好，银行净稳定资金比率不能对冲非利息收入代表的资本市场风险。

（5）在银行规模（Size）的系数依旧显著为正的情况下，其与净稳定资金比率的交叉项（Size_NSFR_L）的系数仍显著为正。说明净稳定资金比率能够显著的强化银行规模对银行破产风险的抑制作用。

可见，无论是对平均资产回报率的波动性，还是针对破产风险，净稳定资金比率不但存在直接效应，而且还存在间接效用，能够对冲和减缓其他变量所蕴含的风险。

5.5 稳健性检验

通过使用平均资产回报率的3年移动平均标准差（sdROAn3）替换瞬时标准差（sdROAinstantaneous），分别考察净稳定资金比率与回报率波动、破产风险的稳健性检验。在直接效应的考察中，已经表明，无论是针对何种标准差，净稳定资金比率对回报率波动和破产风险的作用都是显著的，其直接效应是稳健的。继续考察其间接效应的稳健性。

表5-15报告了针对ROA的3年移动平均标准差（sdROAn3）的间接效应估计。其中（1）~（5）列依次加入TED价差、资本率、商业模式、成本收入比和银行规模这五个变量与净稳定资金比率的交叉项，估计方法都是固定效应估计，Hausman检验通过了模型估计的合理性。

表5-15 收益率标准差间接效应稳健性

VARIABLES（变量）	（1）	（2）	（3）	（4）	（5）
	fe1	fe2	fe3	fe4	fe5
	sdROAn3	sdROAn3	sdROAn3	sdROAn3	sdROAn3
Ted1m	0.0288	0.00638	−0.00869	−0.00136	0.00295
	(0.0543)	(0.0166)	(0.0164)	(0.0165)	(0.0170)
Size	−0.0927***	−0.119***	−0.0892***	−0.104***	−0.0987***
	(0.0293)	(0.0299)	(0.0289)	(0.0296)	(0.0291)
E2A	0.0249***	0.0433***	0.0251***	0.0238***	0.0234***
	(0.00462)	(0.00706)	(0.00461)	(0.00463)	(0.00465)
GL2TA	0.0557	0.125	0.0444	0.114	0.127
	(0.152)	(0.150)	(0.152)	(0.153)	(0.154)
NIM	−0.0129	−0.00754	−0.0154	−0.0112	−0.00618
	(0.0193)	(0.0187)	(0.0188)	(0.0188)	(0.0192)
C2I	0.00168	0.00145	0.00167	0.00415**	0.00196
	(0.00123)	(0.00121)	(0.00124)	(0.00174)	(0.00123)
IL2GL	0.00369	0.00277	0.00352	0.00323	0.00342
	(0.00379)	(0.00375)	(0.00379)	(0.00377)	(0.00377)
GDP	0.00509	−0.000158	0.00585	0.00262	0.00161
	(0.00756)	(0.00760)	(0.00747)	(0.00760)	(0.00767)
business1	−3.933	−2.826	0.0994	−3.666	−2.960
	(3.578)	(3.513)	(10.84)	(3.525)	(3.561)
ted1m_NSFR_L	−0.0453				
	(0.0602)				

续表

VARIABLES（变量）	(1)	(2)	(3)	(4)	(5)
	fe1	fe2	fe3	fe4	fe5
	sdROAn3	sdROAn3	sdROAn3	sdROAn3	sdROAn3
E2A_NSFR_L		-0.0275***			
		(0.00824)			
Business1_NSFR_L			-6.395		
			(14.52)		
C2I_NSFR_L				-0.00353**	
				(0.00171)	
Size_NSFR_L					-0.0121**
					(0.00535)
Constant	1.681**	2.177***	1.630**	1.889***	1.926***
	(0.655)	(0.665)	(0.653)	(0.661)	(0.661)
Observations	610	610	610	610	610
R-squared	0.204	0.222	0.204	0.210	0.212
Number of idd	136	136	136	136	136
F	11.91	13.24	11.86	12.37	12.48

注：***、**、*分别表示在1%、5%和10%水平上显著。

结果显示：

（1）在直接效应的检验中，系统流动性冲击TED价差（Ted1m）的系数依对ROA的3年移动平均标准差就不显著，这里的TED价差与净稳定资金比率的交叉项（Ted1m_NSFR_L）的系数依然不显著。

（2）针对3年移动平均标准差，在资本率（E2A）的系数依旧显著为正的情况下，资本率与净稳定资金比率的交叉项（E2A_NSFR_L）的系数显著为负。净稳定资金比率能够减缓这种作用是稳健的。

（3）在成本收入比（C2I）的系数依旧显著为正的情况下，其与净稳定资金比率的交叉项（C2I_NSFR_L）的系数显著为负。净稳定资金比率针对成本收入比的间接效应也是稳健的。

（4）在银行规模（Size）的系数依旧显著为负的情况下，规模与净稳定资金比率的交叉项（Size_NSFR_L）的系数显著为负。净稳定资金比率可以强化银行规模对回报率波动性的平稳作用，这种作用是稳健的。

表5-16报告了针对银行破产风险lnZROA2的间接效应估计。其中（1）~（5）列依次加入TED价差、资本率、商业模式、成本收入比和银行规模这五个变量与净稳定资金比率的交叉项。估计方法上，（1）和（3）列采用固定效应估计，（2）、（4）和（5）列采用随机效应估计，Hausman检验通过了模型估计的合理性。

表5-16　破产风险间接效应稳健性

VARIABLES（变量）	(1)	(2)	(3)	(4)	(5)
	fe1	re2	fe3	re4	re5
	lnZROA2	lnZROA2	lnZROA2	lnZROA2	lnZROA2
Ted1m	−0.0296	−0.0359	−0.0546	−0.0115	−0.0353
	(0.234)	(0.0639)	(0.0707)	(0.0640)	(0.0651)
Size	0.465***	0.206***	0.467***	0.202***	0.178***
	(0.126)	(0.0295)	(0.124)	(0.0299)	(0.0309)
E2A	0.0111	−0.00302	0.0116	0.0456***	0.0465***
	(0.0199)	(0.0222)	(0.0198)	(0.0115)	(0.0114)
GL2TA	0.915	−0.192	0.848	0.0299	−0.200
	(0.656)	(0.403)	(0.655)	(0.416)	(0.427)
NIM	0.148*	0.0315	0.142*	0.0365	0.0196
	(0.0830)	(0.0459)	(0.0811)	(0.0462)	(0.0469)
C2I	−0.00476	−0.00750**	−0.00520	−0.0126**	−0.00840**
	(0.00529)	(0.00332)	(0.00534)	(0.00539)	(0.00335)
IL2GL	−0.0276*	−0.0271*	−0.0276*	−0.0275*	−0.0277*
	(0.0163)	(0.0153)	(0.0163)	(0.0153)	(0.0153)
GDP	−0.0573*	−0.110***	−0.0560*	−0.112***	−0.110***
	(0.0326)	(0.0207)	(0.0321)	(0.0208)	(0.0208)
Business1	35.07**	11.24	18.28	12.41	10.39
	(15.41)	(9.808)	(46.64)	(9.869)	(9.896)
Ted1m_NSFR_L	−0.0222				
	(0.259)				

续表

VARIABLES（变量）	(1)	(2)	(3)	(4)	(5)
	fe1	re2	fe3	re4	re5
	lnZROA2	lnZROA2	lnZROA2	lnZROA2	lnZROA2
E2A_NSFR_L		0.0648***			
		(0.0252)			
Business1_NSFR_L			23.45		
			(62.48)		
C2I_NSFR_L				0.00691	
				(0.00587)	
Size_NSFR_L					0.0368**
					(0.0178)
Constant	-5.043*	1.109	-5.024*	1.044	1.186
	(2.818)	(0.739)	(2.810)	(0.746)	(0.746)
Observations	610	610	610	610	610
R-squared	0.189		0.189		
Number of idd	136	136	136	136	136
F	10.80		10.81		

注：***、**、*分别表示在1%、5%和10%水平上显著。

结果显示，针对基于3年移动平均标准差的破产风险lnZROA2，净稳定资金比率的间接效应在资本率（E2A_NSFR_L）和银行规模（Size_NSFR_L）上是显著的，即只起到了强化作用，没有对冲作用。

5.6 小结

本章从巴塞尔协议Ⅲ净稳定资金比率是否能够显著降低银行的破产风险来直接检验这一监管新规的有效性。从银行个体层面看，净稳定资金比率是长期流动性风险的度量，是期限错配风险的度量。对净稳定资金比率的监管是通过降低期限错配的长期流动性风险暴露，提高商业银行抵御流动性冲击的能力，降低银行破产的风险。

在检验其对破产风险的降低效应方面，分为直接效应和间接效应。直接效应是通过提高净稳定资金比率，降低其期限错配风险，从而降低破产风险，间接效应是净稳定资金比率的上升能够抵御或者强化其他偿债变量的破产风险效应。同时针对银行的风险，首先检验其资产回报的波动性，再直接检验其破产风险。

本章结论显示，净稳定资金比率在降低资产回报波动性，降低银行破产风险方面，具有显著的直接效应。净稳定资金比率作为一种长期结构流动性指标，对其监管能够促使商业银行在资产负债的期限匹配上更加稳健的经营，金融资产的期限往往与收益和风险挂钩，期限越长的金融资产面临的风险也越大，通过促使银行平衡其资产负债的期限匹配，从而使其经营更加谨慎，降低收益波动，降低其经营风险。净稳定资金比率的这种监管有效性无论是针对大规模银行还是小规模银行都是有效的。但是在银行类型方面，净稳定资金比率无论是降低回报的波动率还是减低银行的破产风险的作用，在股份制银行和城市商业银行上的效果更显著。

净稳定资金比率除了具有直接降低破产风险的作用，还具有间接效应。首先，净稳定资金比率能够吸收和对冲某些风险变量对银行破产风险的冲击：①在流动性风险方面，商业银行除了面对自身的非系统流动性风险外，还会受到银行间市场系统流动性风险的影响。本书结论表明，系统流动性风险能够显著提高银行的平均资产回报率波动性，提高银行的破产风险。而净稳定资金比率的提高，通过降低银行个体的期限错配风险，能够吸收和缓释系统流动性风险对银行的冲击，提高银行抵御系统流动性风险的能力；②我国银行正在开展一场如火如荼的商业模式转型，试图改变依赖传统信贷业务的商业模式，增加非利息业务收入。本书结论表明，非利息业务收入由于其业务自身波动性较大，而且可能涉及资本市场的高风险业务，因此非利息业务收入占比将提高银行资产回报的波动性和加剧银行风险。净稳定资金比率可以减弱由于非利息业务收入占比提高带来的收入不确定性和资产回报的波动性。但是除了收入来源的波动性之外，非利息业务收入所包含的资本市场高风险业务，会将资本市场波动和风险带入银行内部，甚至传染至其他类型资产中，而净稳定资金比率代表了银行的期限错配风险，而且非利息业务涉及的证券资产等往往流动性很好，银行净稳定资金比率难以对冲非利息收入代表的资本市场风险，因此净稳定资金比率仅能平稳非利息业务带来的回报率波动，但是不能对冲非利息业务对破产风险的冲击；③在银行的盈利能力方面，银行成本收入比代表了其盈利的效率，本书结论显示，成本收入比过高，减低了银行的盈利能力，自然就增加了银行资产回报率的波动性和加剧了破产风险，而净稳定资金比率通过降低期限错配风险，能够对冲银行运营效率过低带来的回报率波动性和破产风险的加剧。

其次，净稳定资金比率还能够强化银行某些特征对风险的抵御能力：①在中国，规模越大的银行，受到的监管越强，其盈利能力越强，而且目前银行参与资本市场风险广度和深度还不强，因此银行的资产规模能够显著的提升银行资产回报率的稳定性和降低银行的破产可能性。而净稳定资金比率的提高进一步降低了银行期限错配风险，增加其资产运用和负债来源的多元化，能够显著的强化银行规模与破产风险的负面作用；②资本监管作为银行业监管的核心，向来是银行安全的红线，本书结论显示净稳定资金比率能够显著的减弱由于杠杆率降低带来的收益波动性，和强化资本率提高对银行破产风险的抵抗能力。

第6章　流动性监管与资本监管的混合效应

全球金融危机使人们广泛意识到持有资本和流动性对提升银行的安全性和稳健性来说是同等重要的。并促使原有的监管框架进行改革，在巴塞尔协议Ⅲ资本充足框架中，又提出了流动性监管标准和一个基于无风险的杠杆率指标。资本监管通过提升银行风险吸收能力，减缓银行的资不抵债风险，流动性监管通过降低银行期限错配风险，降低其融资风险和市场流动性风险。尽管理论上，流动性越多和资本率越好的银行，应该是越安全的银行，但实际上，这些监管标准会引发风险管理的变化，降低银行的收益性和最终增加银行风险偏好。

针对资本监管有效性的研究已经有丰富的文献，但是针对新流动性监管的文献还较少。另外，针对资本与流动性监管混合使用对银行稳健性的实证研究也较少。

本章试图通过研究资本监管和流动性监管的混合效应，回答如下问题：资本监管和流动性监管是否存在替代效应？在提高银行稳健性方面，结构流动性和资本监管是否是互补的？

6.1　理论分析

巴塞尔委员会在巴塞尔协议Ⅲ中提出了流动性监管，并且在修订的风险加权资本缓冲中加入了杠杆率要求。与巴塞尔协议Ⅱ相比，资本监管和新的流动性缓冲要求银行持有更多和更高质量的资本。强化的资本监管对风险加权资产的计算做出了新要求，同时增加了无风险加权杠杆率（Non-risk-weighted leverage ratio），所有者权益与总资产的比率，与基于风险的最低资本要求，比如核心一级资本充足率和总资本率相结合，保证在危机期间，能够保持足够的融资。

这些监管上的变化是基于以下两个大前提。首先，在迈向金融危机时，单个银行的流动性和资本缓冲决策，与其风险暴露是不相称的，从社会视角看也是次优选择。其次，银行倒闭的成本不仅仅是损失直接利益相关者的利益，而是具有负外部性的，包括银行处于信贷市场供给侧的影响，以及金融部门的网络外部性等。

在全球金融危机顶点，美国和欧洲银行大规模的银行倒闭，对第一个假设提供了现实的因果关系支持。当然，当前关于银行流动性和资本缓冲对银行倒闭可能性的影响的实证研究才刚刚开始。基于总量数据的巴塞尔协议Ⅲ的背景研究提出，对流动性和杠杆率更严格的监管可能会减低系统性银行业危机的可能性（BCBS，2010b）。同时，基于美国银行的微观数据的研究，同样支持这一论断，具有更高资产流动性、对零售保险存款更强的依赖、更多的资本缓冲的银行，在全球金融危机期间，倒闭的脆弱性更小（Berger & Bouwman，2010；Bologna，2011）。基于OECD大型银行的研究也得出了一致的结论（Ratnovski，2009）。

金融中介理论显示，流动性创造是金融的本质，且金融中介理论建立了流动性创造和金融稳定的强力联系（Bryant，1980；Diamond & Dybvig，1983）。银行通过在流动负债，例如交易性存款和短期融资，为长期项目融资，在资产负债表两端创造流动性。因此，与流动性创造相生的流动性风险是发挥中介作用的商业银行的内在的风险（Diamond & Rajan，2000）。在这样的框架下，银行的资本，例如较低的杠杆率，从流动性创造的角度上来说是一种机会成本，但是却为银行提供了资产价值变动的缓冲，在市场萧条情况下，提高银行的生存概率（Diamond & Rajan，2001）。

现有文献中提到的流动性创造的概念，与资产负债表上的结构流动性错配监管概念是密切相联系的。后者反映了由短期融资和非核心融资支持的长期、非流动性资产部分。因此，具有较高结构流动性错配水平的银行将创造更多流动性。银行流动性创造同样与杠杆率相关，即股权资本与总资产的比率。在一定程度上，股权代表了银行的稳定融资部分，具有较高杠杆率的银行同样将创造更多流动性。

资本率一直以来都是保证银行安全和稳健的良好监管工具。尤其是，美国监管当局使用CAMELS评级体系来评估银行的状况，大量研究都使用资本充足、资产质量、管理质量、盈利、流动性和对市场风险的敏感性作为预测破产风险的指标。很多相关文献研究了资本与银行抵抗金融危机能力的关系。研究表明，以股价度量的话，在金融危机期间，具有更多资本缓冲的银行表现更好。佰杰和鲍曼（Berger & Bouwman，2013）分析了美国银行在两次银行危机和三次市场危机中的生存概率，提出具有较高资本的小规模银行更有可能度过所有类型的危机，相应的，较高的资本缓冲仅提高了中型和大型银行面对银行危机的生存概率。现有文献基于银行层面数据显示资本率能够很好地解释未来的银行倒闭，以及二者存在非线性的关系。

自巴塞尔协议Ⅲ出台之后，一些近期的文献研究了新流动性监管指标对降低银行破产的能力。在全球金融危机中银行流动性的作用已经受到大量关注。尤其是，在走向金融危机的过程中，依靠短期批发融资来扩展资产负债表，以及过度杠杆化的银行，被认为是系统性风险积累和传染机制的关键因素。实证研究显示，美国银行危机随着过度流动性创造随后而来（Berger & Bouwman，2009）。还有证据表明，银行过度依赖批发融资对危机爆发后的股价收益具有负作用（Raddatz，2010），导致金融脆弱水平上升，比如导致违约距离和股价收益波动恶化。另外，在金融危机期间，相较于其他银行，具有更多稳定融资结构的银行持续进行信贷供给，倒闭可能性更小（Bologna，2011）。

关于杠杆率和净稳定资金比率的混合作用，瓦兹和费德里科（Vazquez & Federico，2015）发现这两种指标的互补性。在金融危机前，具有较弱结构流动性和较强杠杆的银行在金融危机期间更容易破产。还发现了银行类型之间存在的系统化偏差。较小银行由于流动性问题，更容易破产，而大规模的跨国银行集团的破产是由于资本缓冲的不足。洪、黄和吴（Hong，Huang，Ww，2014）检验了2001—2011年美国商业银行的样本，发现无论是净稳定资金比率NSFR还是流动性覆盖率LCR对银行破产的效应是有限的。

迪特里希、赫斯和范森里德（Dietrich，Hess，& Wanzenried，2014）指出持

有资本和流动性资产对银行安全和稳健具有重要作用，而新规则与缓冲资本的交互作用还缺乏研究。尽管流动性和偿付能力密切相关，但二者不能完全替代。进一步的研究发现，资本化更好的银行需要更少的流动性，更高的资本化率使储户和投资者对银行更具信心，进而提高银行短期融资能力和降低短期融资成本。但是，雄厚的资本还不足以解决流动性风险，无论持有多少资本，银行仍然需要持有流动性缓冲。在金融危机期间，随着危机的显现，即使是资本非常充足的银行也面临着短期融资困难。另外，充足的流动性缓冲可以补充银行面对危机时较低的资本充足。流动性标准可以通过很多渠道与资本产生互动（ECB，2014；Farag，Harland，& Nixon，2013）。银行可以通过降低有风险的、非流动性资产，以流动性资产来替代，从而会导致资本充足率的提高。另外随着资本充足率的提高，提高NSFR的成本会降低，意味着两个指标间的协同效应

巴塞尔协议Ⅲ讨论了结构流动性和资本缓冲对银行脆弱性的联合作用，总结到较多的资本缓冲与较低的银行危机可能性相关，但是由于数据限制，现有研究还是基于总量数据的，缺乏银行层面的流动性缓冲对银行安全性的证据。

6.2 理论框架与模型设定

6.2.1 资本监管与结构流动性

巴塞尔协议Ⅲ引入了基于无风险的杠杆率要求，根据巴塞尔协议Ⅲ的定义，以及参考梅斯和施特雷梅尔（Mayes & Stremmel）、瓦兹和费德里科（Vazquez & Federico，2015）及克拉蒙特和卡苏（Chiaramonte & Casu，2016），本书将无风险的杠杆率定义为所有者权益与总资产的比值，并采用核心一级资本充足率和总资本率作为基于风险的资本监管指标。

可见所有者权益的多少直接决定了杠杆率的水平，同时所有者权益是以100%的权重进入净稳定资金比率的分子可用稳定资金的计算中的，因此可以预

见银行的杠杆率或者资本充足，与银行的结构流动性，即净稳定资金比率存在显著的相关性。所有者权益代表了银行的长期稳定融资来源，银行杠杆率越小，银行积累的杠杆风险越小，同时银行的期限错配风险越小。银行的杠杆率与结构流动性在一定程度上是互相促进的，在分散风险的功能上可能存在一部分替代作用。但是已有研究显示，在2007全球金融危机期间，即使银行满足了资本监管的最低要求，银行过度的期限错配依然会导致破产情况的发生，研究显示二者的作用是互补的（Vazquez & Federico，2015；Chiaramonte & Casu，2016）。

6.2.2　资本监管、结构流动性与资产配置稳定性

前文验证了结构流动性对银行资产配置的稳定作用，即在市场流动性冲击下，净稳定资金比率能够抵抗流动性冲击对银行资产配置的影响。银行期限错配风险越小，在流动性冲击下，银行吸收风险的能力越强，资产转换的压力就小，能够持续的持有风险资产，提供信贷供给。

本书继续研究杠杆率能否起到这样的作用，从而检验资本监管与流动性监管的作用。杠杆较小的银行，其流动性创造能力较弱，但是其杠杆风险小，较为安全。初步分析，杠杆率与资本配置并无显著的相关关系，而是银行总体流动性创造能力的衡量。有待进一步检验。

6.2.3　资本监管、结构流动性与破产风险

已知，结构流动性能够显著的降低银行收益波动性，降低银行的破产风险，还能够降低系统流动性风险对银行安全的冲击。同时现有文献指出，杠杆率能够显著的提高银行的安全性，很多相关文献研究了资本与银行抵抗金融危机能力的关系。研究表明，以股价度量的话，在金融危机期间，具有更多资本缓冲的银行表现更好。佰杰和鲍曼（Berger & Bouwman，2013）分析了美国银行在两次银行危机和三次市场危机中的生存概率，提出具有较高资本的小规模银行更有可能度

过所有类型的危机，相应的，较高的资本缓冲仅提高了中型和大型银行面对银行危机的生存概率。现有文献基于银行层面数据显示资本率能够很好地解释未来的银行倒闭，以及二者存在非线性的关系。

因此，在缓解银行破产风险方面，以杠杆率为代表的资本监管与结构流动性监管可能存在协同作用。

6.2.4 模型设定

本书用总资产与所有者权益比值表示杠杆率，是基于无风险的资本充足。用基于风险的资本充足，核心一级资本充足率和总资本率作为稳定性检验的指标。从三个方面检验流动性监管与资本监管的协同作用。

首先，检验以杠杆率为代表的资本监管指标与净稳定资金比率的相关关系，参考前文模型，建立如下净稳定资金比率驱动因素面板模型：

$$\mathrm{NSFR}_{it} = \alpha + \delta \mathrm{NSFR}_{i,t-1} + \beta^1 \mathrm{Leverage}_{it} + \sum_{m=1}^{M} \beta_m X_{it}^m + \varepsilon_{it} \tag{6-1}$$

其中，NSFR_{it}表示当期净稳定资金比率，$\mathrm{NSFR}_{i,t-1}$表示前一期净稳定资金比率，$\mathrm{Leverage}_{it}$为目标变量杠杆率，X_{it}^m是控制变量集。基于前文模型，这里控制变量：贷款增长速度、银行规模、商业模式、GDP、收益率价差与金融危机虚拟变量。

其次，检验杠杆率是否对银行资产配置稳定性的效用。建立如下面板模型：

$$\begin{aligned}\mathrm{GL2TA}_{it} = {} & a + \beta^0 \mathrm{GL2TA}_{i,t-1} + \beta^1 \mathrm{liquidityshock}_{it} + \beta^2 \mathrm{NSFR}_{it} + \\ & \beta^3 \mathrm{Leverage}_{it} + \beta^4 \mathrm{SIZE}_{it} + \beta^5 \mathrm{IL2GL}_{it} + \beta^6 \mathrm{LLR2GL}_{it} + \\ & \beta^7 \mathrm{NIM}_{it} + \beta^8 \mathrm{GDP}_{it} + \beta^9 \mathrm{M2}_{it} + \beta^{10} \mathrm{BankStyle}_{it} + \\ & \beta^{11} \mathrm{Crisis}_{it} + \beta^{12} \mathrm{liquidityshock}_{it} \cdot \mathrm{NSFR}_{it} + \\ & \beta^{13} \mathrm{liquidityshock}_{it} \cdot \mathrm{leverage}_{it} + \mu_{it}\end{aligned} \tag{6-2}$$

$$\begin{aligned} LA2TA_{it} = a &+ \beta^0 GL2TA_{i,t-1} + \beta^1 liquidityshock_{it} + \beta^2 NSFR_{it} + \\ &\beta^3 Leverage_{it} + \beta^4 SIZE_{it} + \beta^5 IL2GL_{it} + \beta^6 LLR2GL_{it} + \\ &\beta^7 NIM_{it} + \beta^8 GDP_{it} + \beta^9 M2_{it} + \beta^{10} BankStyle_{it} + \\ &\beta^{11} Crisis_{it} + \beta^{12} liquidityshock_{it} \cdot NSFR_{it} + \\ &\beta^{13} liquidityshock_{it} \cdot leverage_{it} + \mu_{it} \end{aligned} \tag{6-3}$$

$$\begin{aligned} NEA2TA_{it} = a &+ \beta^0 GL2TA_{i,t-1} + \beta^1 liquidityshock_{it} + \beta^2 NSFR_{it} + \\ &\beta^3 Leverage_{it} + \beta^4 SIZE_{it} + \beta^5 IL2GL_{it} + \beta^6 LLR2GL_{it} + \\ &\beta^7 NIM_{it} + \beta^8 GDP_{it} + \beta^9 M2_{it} + \beta^{10} BankStyle_{it} + \\ &\beta^{11} Crisis_{it} + \beta^{12} liquidityshock_{it} \cdot NSFR_{it} + \\ &\beta^{13} liquidityshock_{it} \cdot leverage_{it} + \mu_{it} \end{aligned} \tag{6-4}$$

其中，因变量 $GL2TA_{it}$ 表示贷款资产占比，$LA2TA_{it}$ 表示流动资产占比，$NEA2TA_{it}$ 表示非盈利性资产占比，自变量 $liquidityshock_{it}$ 表示市场流动性冲击，其他变量定义与前文一致。目标变量 $liquidityshock_{it} \cdot Leverage_{it}$ 为市场流动性冲击与杠杆率交叉项。

最后，检验在降低银行破产风险方面，流动性监管与资本监管的混合效应。建立如下面板模型：

$$\begin{aligned} Z_{it} = \alpha &+ \beta^1 TED_{it} + \beta^2 NSFR_{it} + \beta^3 SIZE_{it} + \beta^4 BankStyle_{it} + \\ &\beta^5 Leverage_{it} + \beta^6 GL2TA_{it} + \beta^7 NIM_{it} + \beta^8 C2I_{it} + \\ &\beta^9 IL2GL_{it} + \beta^{10} Bu\sin ess_{it} + \beta^{11} GDP_{it} + \\ &\beta^{12} M2GDP_{it} + \beta^{13} TED_{it} \cdot Leverage_{it} + \varepsilon_{it} \end{aligned} \tag{6-5}$$

其中，因变量 Z_{it} 为破产风险，其他变量定义与前文一致。目标变量 $TED_{it}*Leverage_{it}$ 为系统流动性风险与杠杆率的交叉项。

6.3 样本选取与描述性统计

6.3.1 样本选取

本书银行财务报表数据来自 Bankscope 全球银行数据库，宏观经济数据和市场利率来自 RESET 金融数据库。样本期间为 2000—2015 年。由于个体样本数据并非完全连续的，为了保证个体样本的时间连续性，去掉间断年前后样本较少的年份，留下连续时间样本较多的数据。最终各变量的基本统计量如表6-1所示。

其中，系统流动性TED使用1个月Shibor利率减去一个月国债到期收益率作为银行间流动性冲击的强弱，数据分布来自Wind数据库和央行网站。货币供给量M2采用每年年底12月的数据，数据来自中国人民银行。银行规模size是总资产（元）除以1000的对数，因为总资产数据来自Bankscope数据库，单位是千元。非利息业务占比（Business1）借鉴黄隽和章艳红（2010）的方法，将非利息收入占比设置为非利息收入与总资产的比值。lnZROA1是基于银行ROA瞬时标准差Z值Z1的自然对数，lnZROA1是银行基于3年移动平均标准差Z值Z2的自然对数。

表6-1　变量基本统计量

变量名	样本量	均值	标准差	最小值	最大值
Yieldcurve2	1161	0.622	0.780	−0.324	2.414
C2I	1145	43.22	23.42	12.12	354.6
E2A	1179	9.140	7.972	−13.71	91.42
GL2TA	1147	0.475	0.134	0.0164	0.891
IL2GL	886	2.005	3.551	0.0100	41.86
LA2TA	1115	0.266	0.145	0.0196	0.976
LLR2GL	1049	2.547	1.593	0.0400	22.02
LoanRate	1012	0.277	1.457	−0.945	33.20
M2	1008	0.158	0.0422	0.110	0.284
M2GDP	1179	1.769	0.167	1.299	2.021
NEA2TA	1096	0.135	0.0794	0.00199	0.569
NIM	1147	3.022	1.131	0.170	10.05
NL2TA	1096	46.64	12.76	1.880	88.15
NSFR L	1173	0.699	0.226	6.23×10^{-5}	1.281
ROAA	1149	0.925	0.619	−6.530	2.960
ROAE	1150	13.86	12.18	−27.92	293.2
Total Capit~o	945	18.07	24.78	1.450	446

续表

变量名	样本量	均值	标准差	最小值	最大值
Business1	1089	0.00474	0.00501	−0.00764	0.0419
lnZROA1	1131	3.944	1.241	0.275	9.045
lnZROA2	834	4.047	0.914	1.540	7.324
sdROAinsta~s	1137	0.288	0.333	0.00111	5.316
sdROAn3	835	0.235	0.267	0.00577	3.363
Size	1179	18.26	1.907	11.69	23.82
Ted1m	1075	1.327	0.535	0.440	2.492
Tier1	885	16.45	25.25	0.780	446
GDP	1179	8.934	1.938	6.900	14.20

6.3.2　描述性统计

表6-2报告了按照杠杆率将银行样本分为两类：高杠杆银行（杠杆率大于75%分位数）和低杠杆银行（杠杆率小于25%分位数），的银行特征变量的均值以及T检验的结果。(1）列显示了高杠杆银行变量的样本均值，(2）列显示了低杠杆银行变量的样本均值，(3）列是二者的差值，(4）列是两组样本均值T检验的P值，(5）列标注出了两组样本均值是否存在显著差异。

表6-2　变量分组对比（按杠杆率）

变量	均值B-lev	均值S-lev	B-S	T-TEST	显著性
Ted1m	1.338057	1.327428	0.010628	0.831707	
LiquidShock1	0.025499	0.15008	−0.12458	0.126684	
LiquidShock2	1.253959	1.30189	−0.04793	0.30357	
LiquidShock3	0.083673	0.205302	−0.12163	0.147195	
C2I	42.61916	57.31732	−14.6982	1.39×10^{-9}	***
E2A	5.234556	18.1416	−12.907	1.1×10^{-62}	***
IL2GL	2.781797	1.450178	1.331619	0.00013	***
LLR2GL	2.456482	2.234744	0.221738	0.082583	**
NIM	2.736677	2.77588	−0.0392	0.66529	

续表

变量	均值B-lev	均值S-lev	B-S	T-TEST	显著性
NL2TA	45.75544	46.26052	−0.50508	0.693953	
NSFR_H	0.657569	0.828826	−0.17126	2.17×10^{-16}	***
NSFR_L	0.593594	0.736577	−0.14298	2.22×10^{-12}	***
NSFR_M	0.625164	0.73963	−0.11447	1.32×10^{-7}	***
ROAE	16.43726	6.153633	10.28363	3.06×10^{-37}	***
ROAA	0.779907	0.752584	0.027323	0.647033	
Tier1	9.107806	37.73031	−28.6225	2.42×10^{-18}	***
Total Capital Ratio	11.10759	38.96259	−27.855	1.69×10^{-19}	***
GrossLoan	2.87E+08	19287498	2.68E+08	4.74×10^{-9}	***
GL2TA	0.4677	0.464893	0.002807	0.826756	
LA2TA	0.250028	0.368052	−0.11802	2.35×10^{-17}	***
NEA2TA	0.1134	0.115141	−0.00174	0.814088	
sdROAn3	0.175254	0.453969	−0.27872	8.53×10^{-17}	***
sdROAinstantaneous	0.29786	0.413503	−0.11564	0.000723	***
Size	18.55104	16.72501	1.826023	2.46×10^{-37}	***
LoanRate	0.275385	0.463118	−0.18773	0.307778	
ZROA1	108.0979	185.721	−77.623	0.041031	**
ZROA2	80.66727	70.97954	9.687733	0.379281	
lnZROA1	3.37879	4.312748	−0.93396	1.17×10^{-18}	***
lnZROA2	3.867612	3.910184	−0.04257	0.638094	
Business1	0.00399	0.005598	−0.00161	0.001271	***
Business2	−0.2407	1.081339	−1.32204	0.295302	
Business	0.478878	0.546068	−0.06719	0.138937	

注：***，**，*分别表示在1%、5%和10%水平上显著。

由此可见：

（1）经营效率，即成本收入比（C2I）在两组样本之间存在显著差异。高杠杆银行样本的成本收入比显著小于低杠杆银行，即高杠杆银行的经营效率显著高于低杠杆银行。杠杆率代表了银行的流动性创造能力，高杠杆银行流动性创造能力强，经营效率高。

（2）资产质量，即不良贷款率（IL2GL）和拨备比（LLR2GL）在两组样本之间存在显著差异。高杠杆银行的不良贷款率和拨备比显著高于低杠杆银行。高杠杆银行经营风格激进，低杠杆银行经营风格稳健，相应的高杠杆银行面临较多的风险，其不良贷款率和拨备比较高。

（3）期限错配风险，即净稳定资金比率（NSFR_L、NSFR_M和NSFR_H）在两组之间存在显著差异。高杠杆银行的净稳定资金比率显著低于低杠杆银行，表明高杠杆银行的期限错配风险显著高于低杠杆银行，一方面高杠杆银行创造流动性能力强，面临较高期限错配风险，另一方面，高杠杆银行经营风格激进，其长期股权融资占比较低，可能面临较高期限错配风险。

（4）在盈利能力方面，平均股权回报率（ROAE）在两组之间存在显著差异，而平均资本回报率（ROAA）在两组之间不存在显著差异。高杠杆银行的平均股权回报率显著高于低杠杆银行。高杠杆银行的长期股权融资占比较低，创造流动性能力强，其股权回报较高。但是在整理回报率方面，高杠杆银行与低杠杆银行的平均资产回报率没有显著差异。

（5）杠杆率与资产充足呈负相关，高杠杆银行的核心一级资本充足率（Tier1）和总资本率（Total Capital Ratio）显著低于低杠杆银行，不再赘述。

（6）资产规模方面，高杠杆银行的信贷资产规模（GrossLoan）和总资产规模（Size）显著大于低杠杆银行。说明了银行在扩张规模的过程中，随着总资产和信贷资产的增加，杠杆率也在放大。

（7）在资产配置方面，信贷资产占比（GL2TA）、非盈利资产占比（NEA2TA）在两组样本之间不存在显著差异，而流动资产占比（LA2TA）在两组样本之间存在显著差异。高杠杆率银行的流动资产占比显著低于低杠杆银行。

（8）在收益率波动方面，平均资产回报率的标准差，3年移动平均（sdROAn3）和瞬时标准差（sdROAinstantaneous），在两组之间均存在显著差异。高杠杆银行的收益率标准差显著小于低杠杆银行。

（9）在破产风险方面，Z值（ZROA1和lnZROA1）在两组银行样本之间存在显著差异，高杠杆银行的Z值显著小于低杠杆银行，说明高杠杆银行的破产风险显著大于低杠杆银行。高杠杆银行积累了杠杆风险，经营风格激进，其总体破产风险也大于低杠杆银行。

（10）在商业模式方面，非利息收入占比（Business1）在两组样本之间存在显著差异，高杠杆银行的非利息收入占比显著小于低杠杆银行。

6.4 实证检验

6.4.1 资本监管与结构流动性

表6-3报告了杠杆率与净稳定资金比率的相关性。其中（1）~（3）列依次加入杠杆率、核心一级资本充足率和总资本率，（4）列和（5）分别加入杠杆率。在估计方法上，（1）~（3）列采用两阶段—纠偏—稳健性GMM估计，其中AR（1）和AR（2）是对残差高阶自相关的检验，结果显示残差不存在高阶自相关，模型设定合理。（4）列是混合OLS估计，（5）列是固定效应估计，虽然混合OLS估计和固定效应估计结果有偏差，但是其估计系数分别代表了自变量L.NSFR_L系数的上限和下限，有助于确定动态GMM估计结果的合理性。

表6-3 净稳定资金比率驱动模型

VARIABLES（变量）	（1）	（2）	（3）	（4）	（5）
	sys_end1	sys_end2	sys_end3	ols	fe
	NSFR_L	NSFR_L	NSFR_L	NSFR_L	NSFR_L
L.NSFR_L	0.526***	0.412***	0.430***	0.595***	0.421***
	（0.0626）	（0.0635）	（0.0620）	（0.0435）	（0.0537）
LoanRate	−0.00735*	−0.00616	−0.00610	−0.00572	−0.00558**
	（0.00428）	（0.00445）	（0.00440）	（0.00699）	（0.00246）
Size	−0.00210	−0.00408	−0.00479*	−0.00247	−0.0794***
	（0.00283）	（0.00302）	（0.00273）	（0.00210）	（0.0131）
GDP	0.00555**	0.00366	0.00374	0.00809***	−0.00409
	（0.00246）	（0.00259）	（0.00245）	（0.00263）	（0.00285）

续表

VARIABLES（变量）	(1)	(2)	(3)	(4)	(5)
	sys_end1	sys_end2	sys_end3	ols	fe
	NSFR_L	NSFR_L	NSFR_L	NSFR_L	NSFR_L
Yieldcurve2	-0.0174***	-0.0200***	-0.0185***	-0.00887	-0.0193***
	(0.00577)	(0.00590)	(0.00572)	(0.00567)	(0.00499)
CrisisBef	-0.0411***	-0.0463***	-0.0458***	-0.0189	-0.0976***
	(0.00973)	(0.0113)	(0.0113)	(0.0118)	(0.0159)
NL2TA	0.00379***	0.00472***	0.00459***	0.00229***	0.00125
	(0.000821)	(0.000754)	(0.000814)	(0.000486)	(0.000925)
E2A	0.00332***			-0.00272***	-0.00249***
	(0.00102)			(0.000826)	(0.000932)
Tier1		0.00149***			
		(0.000498)			
Total Capital Ratio			0.00135***		
			(0.000449)		
Constant	0.148	0.254***	0.259***	0.213***	1.923***
	(0.0967)	(0.0944)	(0.0890)	(0.0550)	(0.302)
Observations	926	749	790	926	926
R-squared				0.556	0.411
Number of idd	156	148	149		156
AR（1）	0.001	0.008	0.006		
AR（2）	0.281	0.120	0.111		

注：①***、**、*分别表示在1%、5%和10%水平上显著；②括号中为标准误差；③Arellano-Bond自相关检验显示P值。

结果显示，杠杆率（E2A）系数显著为正。杠杆率与净稳定资金比率都受到所有者权益的驱动，所有者权益越大，杠杆率越大，银行杠杆风险越小，同时所有者权益代表了长期稳定融资，所有者权益越大，净稳定资金比率越大，期限错配风险越小。杠杆率是基于无风险的，而基于风险权重的核心一级资本充足率（Tier1）和总资本率（Total Capital Ratio）系数显著为正，进一步验证了资本监管指标与净稳定资金比率相关性的稳健性。

6.4.2 资本监管、结构流动性与资产配置稳定性

一、信贷资产占比稳定性

表6-4报告了杠杆率对银行资产配置中信贷资产占比的作用。其中（1）列在自变量中加入净稳定资金比率，（2）~（4）列依次加入杠杆率、核心一级资本充足率和总资本率，第（5）列同时包含净稳定资金比率和杠杆率。在估计方法上，（1）~（5）都采用两阶段—纠偏—稳健性GMM估计，其中AR（1）和AR（2）是对残差高阶自相关的检验，结果显示残差不存在高阶自相关，模型设定合理。

表6-4 信贷资产占比模型

VARIABLES（变量）	（1）	（2）	（3）	（4）	（5）
	sys_end1	sys_end2	sys_end3	sys_end4	sys_end5
	GL2TA	GL2TA	GL2TA	GL2TA	GL2TA
L.GL2TA	0.652***	0.708***	0.684***	0.683***	0.662***
	（0.0473）	（0.0362）	（0.0563）	（0.0513）	（0.0451）
Ted1m	−0.0325***	−0.0321***	−0.0258***	−0.0275***	−0.0342***
	（0.00902）	（0.00812）	（0.00767）	（0.00764）	（0.00904）
Size	0.00460	0.0141**	0.00263	0.00376	0.0150**
	（0.00527）	（0.00711）	（0.00451）	（0.00475）	（0.00631）
IL2GL	0.00216	0.00265	0.00125	0.00262	0.00251
	（0.00212）	（0.00232）	（0.00191）	（0.00263）	（0.00227）
LLR2GL	−0.00797***	−0.00762**	−0.00627**	−0.00678*	−0.00882**
	（0.00295）	（0.00311）	（0.00310）	（0.00354）	（0.00369）
NIM	0.0148***	0.0208***	0.0177***	0.0179***	0.0184***
	（0.00272）	（0.00365）	（0.00320）	（0.00337）	（0.00350）
GDP	0.00644*	0.00790**	0.00334	0.00450*	0.00892**
	（0.00352）	（0.00352）	（0.00281）	（0.00273）	（0.00378）
M2	0.106	0.107	0.108	0.128*	0.112
	（0.0716）	（0.0773）	（0.0796）	（0.0735）	（0.0765）

续表

VARIABLES（变量）	(1)	(2)	(3)	(4)	(5)
	sys_end1	sys_end2	sys_end3	sys_end4	sys_end5
	GL2TA	GL2TA	GL2TA	GL2TA	GL2TA
CrisisCri	-0.0331***	-0.0276**	-0.0261***	-0.0238***	-0.0359***
	(0.0113)	(0.0113)	(0.00860)	(0.00918)	(0.0112)
CrisisAft	-0.0189	-0.0118	-0.0200	-0.0111	-0.0202
	(0.0259)	(0.0244)	(0.0197)	(0.0194)	(0.0248)
NSFR_L	0.0869***				0.0814***
	(0.0326)				(0.0310)
E2A		0.00309**			0.00278**
		(0.00140)			(0.00137)
Tier1			-0.000383*		
			(0.000209)		
Total Capital Ratio				-0.000354	
				(0.000244)	
Constant	-0.0288	-0.236	0.0644	0.0244	-0.275*
	(0.109)	(0.160)	(0.109)	(0.106)	(0.144)
Observations	734	736	660	683	734
Number of idd	140	140	134	135	140
AR（1）	0.002	0.003	0.001	0.000	0.002
AR（2）	0.209	0.185	0.148	0.176	0.215

注：①***、**、*分别表示在1%、5%和10%水平上显著；②括号中为标准误差；③Arellano-Bond自相关检验显示P值。

结果显示：

（1）同前文结果一致，系统流动性冲击（Ted1m）系数显著为负，当银行面临市场流动性冲击时，其信贷资产占比下降；金融危机期间（CrisisCri）虚拟变量系数显著为负，在金融危机期间，银行的信贷资产占比显著下降；净稳定资金比率（NSFR_L）系数显著为正，期限错配风险越小，激励银行持有更多风险资产。

（2）杠杆率（E2A）系数显著为正，银行杠杆率越高，资本缓冲越充分，但也较为依赖长期融资，机会成本较高，激励持有更多信贷等风险资产。

（3）核心一级资本充足率（Tier1）系数显著为负。基于风险的资本充足指标，信贷等风险资产在其分母中，因此资本充足率越高，其信贷等资产占比越低。

表6-5报告了杠杆率对信贷资产占比稳定性的作用。其中（1）列加入净稳定资金比率与系统流动性冲击的交叉项（NSFR_L_ted1m）、与金融危机期间虚拟变量的交叉项（NSFR_L_CrisisCri），（2）~（4）列依次加入杠杆率、核心一级资本充足率和总资本率与系统流动性冲击、金融危机期间虚拟变量的交叉项。在估计方法上，（1）~（4）列都采用两阶段—纠偏—稳健性GMM估计，其中AR（1）和AR（2）是对残差高阶自相关的检验，结果显示残差不存在高阶自相关，模型设定合理。

表6-5 信贷资产占比稳定性模型

VARIABLES（变量）	（1）	（2）	（3）	（4）
	sys_NSFR_L	sys_E2A	sys_tier1	sys_TCR
	GL2TA	GL2TA	GL2TA	GL2TA
L.GL2TA	0.673***	0.685***	0.671***	0.671***
	（0.0439）	（0.0360）	（0.0557）	（0.0467）
Ted1m	-0.0619***	-0.0312***	-0.0255***	-0.0261***
	（0.0184）	（0.00980）	（0.00844）	（0.00832）
Size	0.00396	0.00901	0.00352	0.00496
	（0.00500）	（0.00666）	（0.00482）	（0.00471）
IL2GL	0.00213	0.00293	0.00171	0.00318
	（0.00202）	（0.00238）	（0.00214）	（0.00290）
LLR2GL	-0.00788**	-0.00714**	-0.00676**	-0.00706**
	（0.00310）	（0.00340）	（0.00312）	（0.00347）
NIM	0.0152***	0.0194***	0.0188***	0.0188***
	（0.00289）	（0.00373）	（0.00323）	（0.00328）

续表

VARIABLES（变量）	(1)	(2)	(3)	(4)
	sys_NSFR_L	sys_E2A	sys_tier1	sys_TCR
	GL2TA	GL2TA	GL2TA	GL2TA
GDP	0.00601*	0.00832***	0.00497	0.00630**
	(0.00313)	(0.00312)	(0.00311)	(0.00306)
M2	0.0891	0.100	0.115	0.136*
	(0.0797)	(0.0757)	(0.0822)	(0.0760)
CrisisCri	-0.0251	-0.0521***	-0.0379***	-0.0399***
	(0.0211)	(0.0139)	(0.0136)	(0.0152)
CrisisAft	-0.0152	-0.00194	-0.0120	-0.00259
	(0.0219)	(0.0207)	(0.0217)	(0.0208)
NSFR_L_ted1m	0.0413**			
	(0.0187)			
NSFR_L_CrisisCri	-0.00461			
	(0.0246)			
E2A_ted1m		-9.72×10^{-5}		
		(0.000776)		
E2A_CrisisCri		0.00402***		
		(0.00109)		
Tier1_ted1m			-0.000232***	
			(5.74×10^{-5})	
Tier1_CrisisCri			0.00110	
			(0.000873)	
Total Capital Ratio_ted1m				-0.000226***
				(5.41×10^{-5})
Total Capital Ratio_CrisisCri				0.00129
				(0.000937)
Constant	0.0357	-0.115	0.0282	-0.0212
	(0.101)	(0.144)	(0.115)	(0.106)
Observations	734	736	660	683

续表

VARIABLES（变量）	（1）	（2）	（3）	（4）
	sys_NSFR_L	sys_E2A	sys_tier1	sys_TCR
	GL2TA	GL2TA	GL2TA	GL2TA
Number of idd	140	140	134	135
AR（1）	0.001	0.002	0.001	0.000
AR（2）	0.205	0.219	0.167	0.203

注：①***、**、*分别表示在1%、5%和10%水平上显著；②括号中为标准误差；③Arellano-Bond自相关检验显示P值。

结果显示：

（1）与前文一致，净稳定资金比率与市场流动性冲击的交叉项（NSFR_L_ted1m）的系数显著为正。净稳定资金比率作为结构流动性指标，能够缓冲和吸收市场流动性冲击对信贷资产占比的负面作用。

（2）杠杆率（E2A）与市场流动性冲击的交叉项（E2A _ted1m）的系数不显著，与金融危机期间虚拟变量的交叉项（E2A_CrisisCri）系数显著为正。杠杆率作为一种资本充足指标，不能对冲系统流动性冲击的影响，但是在金融危机期间，杠杆化越低的银行，其信贷占比的比例越高，依然可以持续提供信贷。

（3）其他两个基于风险的资本充足指标Tier1、Total Capital Ratio与系统流动性风险的交叉项系数显著为负，并不能对冲市场流动性风险；与金融危机期间虚拟变量的交叉项系数不显著。

可见，净稳定资金比率可以对冲系统流动性风险对银行信贷占比的冲击，而杠杆化较低的银行可以在金融危机期间持续的供给信贷，而其他资本充足指标对稳定信贷占比不起作用。该结论与现有文献研究结果一致，在金融危机期间，尽管满足了基于巴塞尔协议Ⅱ的资本充足最低要求，但是由于流动性危机和过度杠杆化，依然有商业银行倒闭。该结论进一步证实，在稳定信贷占比方面，净稳定资金比率和杠杆率是互补的，具有协同效应，这两个监管指标的引入是有意义的。

二、流动资产占比稳定性

表6-6报告了杠杆率对银行资产配置中流动资产占比的作用。其中（1）列

在自变量中加入净稳定资金比率，（2）~（4）列依次加入杠杆率、核心一级资本充足率和总资本率，（5）列同时包含净稳定资金比率和杠杆率。在估计方法上，（1）~（5）列都采用两阶段—纠偏—稳健性GMM估计，其中AR（1）和AR（2）是对残差高阶自相关的检验，结果显示残差不存在高阶自相关，模型设定合理。

表6-6　流动资产占比模型

VARIABLES（变量）	（1）	（2）	（3）	（4）	（5）
	sys_end1	sys_end2	sys_end3	sys_end4	sys_end5
	LA2TA	LA2TA	LA2TA	LA2TA	LA2TA
L.LA2TA	0.529***	0.546***	0.483***	0.533***	0.534***
	（0.0506）	（0.0533）	（0.0595）	（0.0559）	（0.0516）
Ted1m	0.0554***	0.0510***	0.0469***	0.0435***	0.0519***
	（0.0106）	（0.0104）	（0.0124）	（0.0111）	（0.0105）
Size	−0.0117***	−0.0151***	−0.0133***	−0.0118***	−0.0148***
	（0.00441）	（0.00501）	（0.00373）	（0.00398）	（0.00516）
IL2GL	−0.00379***	−0.00433***	−0.00275***	−0.00362***	−0.00396***
	（0.00115）	（0.00137）	（0.000968）	（0.00123）	（0.00108）
LLR2GL	0.00788	0.00841*	0.00742	0.00696	0.00801
	（0.00589）	（0.00474）	（0.00480）	（0.00443）	（0.00496）
NIM	−0.00823*	−0.0151***	−0.0152***	−0.0125***	−0.00868**
	（0.00438）	（0.00430）	（0.00404）	（0.00375）	（0.00393）
GDP	−0.00594	−0.00436	−0.00210	−0.00190	−0.00495
	（0.00369）	（0.00378）	（0.00389）	（0.00334）	（0.00392）
M2	0.0745	0.0383	0.0644	0.0422	0.0548
	（0.104）	（0.0930）	（0.0911）	（0.0939）	（0.0921）
CrisisCri	0.0161	0.0109	0.00703	0.0173	0.0141
	（0.0129）	（0.0143）	（0.0124）	（0.0136）	（0.0127）
CrisisAft	−0.0518**	−0.0484*	−0.0386	−0.0318	−0.0481*
	（0.0247）	（0.0260）	（0.0271）	（0.0239）	（0.0259）

续表

VARIABLES（变量）	(1)	(2)	(3)	(4)	(5)
	sys_end1	sys_end2	sys_end3	sys_end4	sys_end5
	LA2TA	LA2TA	LA2TA	LA2TA	LA2TA
NSFR_M	-0.0787**				-0.0692**
	(0.0338)				(0.0328)
E2A		0.000814			0.000935
		(0.00141)			(0.00146)
Tier1			0.00115**		
			(0.000455)		
Total Capital Ratio				0.00115**	
				(0.000570)	
Constant	0.398***	0.409***	0.359***	0.306***	0.439***
	(0.123)	(0.130)	(0.103)	(0.0998)	(0.141)
Observations	708	708	631	654	708
Number of idd	140	140	134	135	140
	0.000	0.000	0.000	0.000	0.000
	0.678	0.691	0.805	0.884	0.681

注：①***，**，*分别表示在1%、5%和10%水平上显著；②括号中为标准误差；③Arellano-Bond自相关检验显示P值。

结果显示：

（1）同前文结果一致，系统流动性冲击（Ted1m）系数显著为正，当银行面临市场流动性冲击时，其流动资产占比上升；净稳定资金比率（NSFR_L）系数显著为负，期限错配风险越小，激励银行持有更多长期高收益的风险资产，流动资产占比更小。

（2）基于风险的资本监管指标，核心一级资本充足率（Tier1）和总资本率（Total Capital Ratio）系数显著为正。资本充足率与银行的风险资产成反比，与流动资产呈正比。

表6-7报告了流动性监管与资本监管对流动性资产占比稳定性的作用。其中（1）列加入净稳定资金比率与系统流动性冲击的交叉项（NSFR_L_ted1m）、与金

融危机期间虚拟变量的交叉项（NSFR_L_CrisisCri），（2）~（4）列依次加入杠杆率、核心一级资本充足率和总资本率与系统流动性冲击、金融危机期间虚拟变量的交叉项。在估计方法上，（1）~（4）列都采用两阶段—纠偏—稳健性GMM估计，其中AR（1）和AR（2）是对残差高阶自相关的检验，结果显示残差不存在高阶自相关，模型设定合理。

表6-7　流动资产占比稳定性模型

VARIABLES（变量）	（1）	（2）	（3）	（4）
	sys_NSFR_M	sys_E2A	sys_tier1	sys_TCR
	LA2TA	LA2TA	LA2TA	LA2TA
L.LA2TA	0.518***	0.515***	0.478***	0.527***
	(0.0490)	(0.0535)	(0.0558)	(0.0547)
Ted1m	0.0949***	0.0386***	0.0460***	0.0411***
	(0.0230)	(0.0128)	(0.0127)	(0.0114)
Size	−0.0122***	−0.0148***	−0.0165***	−0.0134***
	(0.00447)	(0.00461)	(0.00387)	(0.00394)
IL2GL	−0.00359***	−0.00461***	−0.00333***	−0.00421***
	(0.00102)	(0.00129)	(0.00121)	(0.00148)
LLR2GL	0.00832	0.00745	0.00831	0.00716
	(0.00530)	(0.00502)	(0.00535)	(0.00483)
NIM	−0.00703	−0.0156***	−0.0175***	−0.0148***
	(0.00449)	(0.00426)	(0.00455)	(0.00403)
GDP	−0.00623	−0.00636*	−0.00537	−0.00494
	(0.00392)	(0.00386)	(0.00399)	(0.00371)
M2	0.0927	0.0689	0.0504	0.0445
	(0.0906)	(0.0929)	(0.0934)	(0.0963)
CrisisCri	0.100**	0.0365**	0.0269*	0.0362**
	(0.0435)	(0.0164)	(0.0140)	(0.0145)
CrisisAft	−0.0549**	−0.0576**	−0.0518*	−0.0468*
	(0.0267)	(0.0263)	(0.0278)	(0.0250)

续表

VARIABLES（变量）	(1)	(2)	(3)	(4)
	sys_NSFR_M	sys_E2A	sys_tier1	sys_TCR
	LA2TA	LA2TA	LA2TA	LA2TA
NSFR_M_ted1m	-0.0503**			
	(0.0215)			
NSFR_M_CrisisCri	-0.111**			
	(0.0519)			
E2A_ted1m		0.00187***		
		(0.000685)		
E2A_CrisisCri		-0.00356***		
		(0.00105)		
Tier1_ted1m			0.000474**	
			(0.000188)	
Tier1_CrisisCri			-0.00165***	
			(0.000516)	
Total Capital Ratio_ted1m				0.000531**
				(0.000209)
Total Capital Ratio_CrisisCri				-0.00155***
				(0.000507)
Constant	0.347***	0.435***	0.474***	0.393***
	(0.109)	(0.114)	(0.0998)	(0.102)
Observations	708	708	631	654
Number of idd	140	140	134	135
AR（1）	0.000	0.000	0.000	0.000
AR（2）	0.735	0.691	0.987	0.947

注：（1）***、**、*分别表示在1%、5%和10%水平上显著；（2）括号中为标准误差；（3）Arellano-Bond自相关检验显示P值。

结果显示：

（1）与前文一致，净稳定资金比率与市场流动性冲击的交叉项（NS-FR_M_ted1m）的系数显著为负，同时，净稳定资金比率与金融危机中的交叉项

（NSFR_M_CrisisCri）的系数显著为负。净稳定资金比率作为结构流动性指标，能够缓冲和吸收市场流动性冲击对流动资产占比的提升作用。

（2）资本监管指标，无论是基于无风险的杠杆率（E2A），还是基于风险的核心一级资本充足率（Tier1）和总资本率（Total Capital Ratio），与系统流动性风险的交叉项的系数都显著为正，说明资本监管指标无法对冲系统流动性风险对流动资产占比的提升作用。

（3）但是这三个资本监管指标与金融危机中（CrisisCri）的交叉项系数都显著为负，说明在金融危机中，充足率和杠杆率风险越小的银行，流动资产占比上升的幅度更小。

可见，针对流动资产占比，从对冲系统流动性风险的角度上看，仅有净稳定资金比率可以对冲系统流动性风险对银行流动占比的提升作用，而资本监管指标无法对冲系统流动性风险的作用。但是，资本监管也能保证的安全性，因此在金融危机期间，充足率和杠杆率风险越小的银行，流动资产占比上升的幅度更小。该结论进一步证实，在稳定流动资产占比方面，净稳定资金比率能够更好地对冲系统流动性风险。

三、非盈利资产占比稳定性

表6-8报告了资本监管对非盈利资产占比的作用。其中（1）列在自变量中加入净稳定资金比率，（2）~（4）列依次加入杠杆率、核心一级资本充足率和总资本率，（5）列同时包含净稳定资金比率和杠杆率。在估计方法上，（1）~（5）列都采用两阶段—纠偏—稳健性GMM估计，其中AR（1）和AR（2）是对残差高阶自相关的检验，结果显示残差不存在高阶自相关，模型设定合理。

表6-8 非盈利性资产占比模型

VARIABLES（变量）	（1）	（2）	（3）	（4）	（5）
	sys_end1	sys_end2	sys_end3	sys_end4	sys_end5
	NEA2TA	NEA2TA	NEA2TA	NEA2TA	NEA2TA
L.NEA2TA	0.292***	0.383***	0.373***	0.373***	0.279*
	（0.0416）	（0.0460）	（0.0517）	（0.0474）	（0.148）

续表

VARIABLES（变量）	(1)	(2)	(3)	(4)	(5)
	sys_end1	sys_end2	sys_end3	sys_end4	sys_end5
	NEA2TA	NEA2TA	NEA2TA	NEA2TA	NEA2TA
Ted1m	0.0565***	0.0716***	0.0728***	0.0723***	0.0592***
	(0.00598)	(0.00672)	(0.00712)	(0.00698)	(0.0156)
Size	0.00161	0.000791	0.00163	0.00202	0.000632
	(0.00212)	(0.00203)	(0.00194)	(0.00200)	(0.00363)
IL2GL	8.87×10^{-6}	0.000397	−0.000108	5.77×10^{-5}	0.000164
	(0.000472)	(0.000505)	(0.000485)	(0.000511)	(0.000562)
LLR2GL	2.34×10^{-5}	−0.00145	−0.00251	−0.00227	0.000127
	(0.00210)	(0.00174)	(0.00177)	(0.00178)	(0.00315)
NIM	0.00784***	0.0128***	0.0133***	0.0134***	0.00733***
	(0.00232)	(0.00210)	(0.00223)	(0.00223)	(0.00208)
GDP	−0.00901***	−0.0120***	−0.0115***	−0.0115***	−0.0108**
	(0.00183)	(0.00202)	(0.00219)	(0.00204)	(0.00422)
M2GDP	0.157***	0.161***	0.173***	0.170***	0.156***
	(0.0269)	(0.0287)	(0.0306)	(0.0288)	(0.0360)
CrisisCri	0.00815	0.0163*	0.0135	0.0148	0.00877
	(0.00908)	(0.00930)	(0.0101)	(0.00912)	(0.0348)
CrisisAft	−0.0457***	−0.0693***	−0.0744***	−0.0721***	−0.0494
	(0.0167)	(0.0180)	(0.0196)	(0.0183)	(0.0524)
NSFR_L	0.134***				0.134***
	(0.0166)				(0.0446)
E2A		−0.00122**			−0.00185**
		(0.000565)			(0.000744)
Tier1			−0.000195**		
			(7.85×10^{-5})		
Total Capital Ratio				−0.000191**	
				(8.28×10^{-5})	

续表

VARIABLES（变量）	(1)	(2)	(3)	(4)	(5)
	sys_end1	sys_end2	sys_end3	sys_end4	sys_end5
	NEA2TA	NEA2TA	NEA2TA	NEA2TA	NEA2TA
Constant	-0.306***	-0.192***	-0.236***	-0.240***	-0.253**
	(0.0656)	(0.0712)	(0.0698)	(0.0682)	(0.113)
Observations	698	698	626	649	698
Number of idd	139	139	134	135	139
AR（1）	0.000	0.000	0.000	0.000	0.001
AR（2）	0.530	0.801	0.459	0.364	0.694

注：①***、**、*分别表示在1%、5%和10%水平上显著；②括号中为标准误差；③Arellano-Bond自相关检验显示P值。

结果显示：

（1）与前文一致，系统流动性冲击（Ted1m）系数显著为正，在流动性冲击下，商业银行将风险资产转换为无风险的非盈利资产；金融危机后虚拟变量（CrisisAft）系数显著为负，在金融危机期间，银行非盈利资产占比上升，在样本期内，金融危机后，非盈利资产占比显著小于其他时期。净稳定资金比率系数显著为正，净稳定资金比率越高，期限错配风险越小，银行无风险的非盈利资产占比可能越多。

（2）基于无风险的杠杆率（E2A）、基于风险的核心一级资本充足率（Tier1）和总资本率（Total Capital Ratio）等资本充足监管指标系数显著为负。说明无论是杠杆高低，还是资本充足与否，资本缓冲越多，银行的长期融资越多，机会成本越高，其对盈利性需求越多，非盈利资产占比的配置比例就越低。

表6-9报告了资本监管对非盈利资产占比稳定性的作用。其中（1）列加入净稳定资金比率与系统流动性冲击的交叉项（NSFR_L_ted1m），（2）~（4）列依次加入杠杆率、核心一级资本充足率和总资本率与系统流动性冲击的交叉项。在估计方法上，（1）~（4）列都采用两阶段—纠偏—稳健性GMM估计，其中AR（1）和AR（2）是对残差高阶自相关的检验，结果显示残差不存在高阶自相关，

模型设定合理。

表6-9　非营利性资产占比稳定性模型

VARIABLES（变量）	(1)	(2)	(3)	(4)
	sys_NSFR_L	sys_E2A	sys_tier1	sys_TCR
	NEA2TA	NEA2TA	NEA2TA	NEA2TA
L.NEA2TA	0.285***	0.384***	0.369***	0.370***
	(0.0464)	(0.0455)	(0.0508)	(0.0486)
Ted1m	0.102***	0.0694***	0.0729***	0.0723***
	(0.0212)	(0.00868)	(0.00752)	(0.00767)
Size	0.00143	0.00171	0.00269	0.00293
	(0.00202)	(0.00223)	(0.00238)	(0.00259)
IL2GL	5.62×10^{-5}	0.000186	-3.17×10^{-5}	0.000116
	(0.000485)	(0.000463)	(0.000474)	(0.000428)
LLR2GL	0.000424	-0.00124	-0.00296	-0.00278
	(0.00219)	(0.00185)	(0.00213)	(0.00210)
NIM	0.00801***	0.0130***	0.0137***	0.0140***
	(0.00218)	(0.00221)	(0.00258)	(0.00253)
GDP	-0.00916***	-0.0119***	-0.0113***	-0.0112***
	(0.00186)	(0.00202)	(0.00227)	(0.00222)
M2GDP	0.162***	0.161***	0.170***	0.168***
	(0.0266)	(0.0285)	(0.0302)	(0.0293)
CrisisCri	0.00557	0.0148*	0.0138	0.0160
	(0.00950)	(0.00872)	(0.0100)	(0.0103)
CrisisAft	-0.0492***	-0.0709***	-0.0724***	-0.0695***
	(0.0177)	(0.0179)	(0.0198)	(0.0199)
NSFR_L	0.208***			
	(0.0406)			
NSFR_L_ted1m	-0.0566**			
	(0.0256)			
E2A		-0.00137		
		(0.00103)		

续表

VARIABLES（变量）	(1)	(2)	(3)	(4)
	sys_NSFR_L	sys_E2A	sys_tier1	sys_TCR
	NEA2TA	NEA2TA	NEA2TA	NEA2TA
E2A_ted1m		0.000266		
		(0.000609)		
Tier1			-4.32×10^{-7}	
			(0.000574)	
Tier1_ted1m			-8.28×10^{-5}	
			(0.000230)	
Total Capital Ratio				-1.71×10^{-5}
				(0.000620)
Total Capital Ratio_ted1m				-7.33×10^{-5}
				(0.000249)
Constant	−0.366***	−0.208***	−0.254***	−0.259***
	(0.0676)	(0.0721)	(0.0822)	(0.0814)
Observations	698	698	626	649
Number of idd	139	139	134	135
AR（1）	0.000	0.000	0.000	0.000
AR（2）	0.539	0.825	0.476	0.366

注：①***、**、*分别表示在1%、5%和10%水平上显著；②括号中为标准误差；③Arellano-Bond自相关检验显示P值。

结果显示：

（1）净稳定资金比率与系统流动性冲击的交叉项（NSFR_L_ted1m）系数显著为负。净稳定资金比率能够对冲市场流动性冲击对非盈利资产占比的正向作用。

（2）杠杆率、核心一级资本充足率和总资本率与系统流动性冲击的交叉项系数均不显著。

可见，在非盈利资产占比的稳定性方面，仅结构流动性监管能够冲击市场流动性带来的风险。而资本监管，无论是基于风险的资本充足、还是基于无风险的资本充足都不能对冲系统流动性风险对非盈利资产占比配置的影响。

6.4.3 资本监管、结构流动性与破产风险

一、收益波动性

上文从资产配置稳定性的角度，对比了资本监管与流动性监管的异同。下面继续从银行整体破产风险的角度，研究资本监管与流动性监管的混合效应。表6-10报告了针对因变量为收益率标准差的面板模型，研究资本监管与流动性监管度收益率标准差的效应。其中，因变量为平均资产回报率的瞬时标准差sdROAinstantaneous，（1）~（4）列依次加入净稳定资金比率（NSFR_L）、杠杆率（E2A）、核心一级资本充足率（Tie1）和总资本率（Total Capital Ratio），（5）列同时包含杠杆率和净稳定资金比率。在估计方法上，均是固定效应估计，Hausman检验通过了模型估计的合理性。

表6-10 收益率标准差模型

VARIABLES（变量）	（1）	（2）	（3）	（4）	（5）
	feNSFR_L	feE2A	fetier1	feTCR	feNSFR_LE2A
	sdROAinstantaneous	sdROAinstantaneous	sdROAinstantaneous	sdROAinstantaneous	sdROAinstantaneous
Ted1m	0.0457**	0.0309*	0.0293	0.0295	0.0491***
	（0.0182）	（0.0176）	（0.0185）	（0.0181）	（0.0179）
Size	−0.0810***	−0.0129	−0.0231	−0.0264	−0.0556*
	（0.0294）	（0.0280）	（0.0316）	（0.0306）	（0.0292）
GL2TA	0.000769	−0.136	−0.0961	−0.0972	−0.0761
	（0.138）	（0.138）	（0.156）	（0.152）	（0.136）
NIM	0.0632***	0.0112	0.0345*	0.0391**	0.0328*
	（0.0186）	（0.0188）	（0.0189）	（0.0182）	（0.0191）
C2I	0.00955***	0.00725***	0.0105***	0.0103***	0.00773***
	（0.000708）	（0.000779）	（0.000722）	（0.000707）	（0.000776）
IL2GL	0.00232	0.00409	0.0109**	0.00779*	0.00377
	（0.00417）	（0.00415）	（0.00464）	（0.00421）	（0.00409）

续表

VARIABLES（变量）	(1)	(2)	(3)	(4)	(5)
	feNSFR_L	feE2A	fetier1	feTCR	feNSFR_LE2A
	sdRO Ainstantaneous	sdRO Ainstantaneous	sdRO Ainstantaneous	sdRO Ainstantaneous	sdRO Ainstantaneous
GDP	-0.00258	0.0127*	-0.00185	-0.000210	0.00312
	(0.00795)	(0.00768)	(0.00837)	(0.00808)	(0.00786)
Business1	15.63***	10.73***	8.137**	9.669**	12.88***
	(3.599)	(3.584)	(3.976)	(3.819)	(3.564)
NSFR_L	-0.447***				-0.412***
	(0.0944)				(0.0927)
E2A		0.0192***			0.0181***
		(0.00350)			(0.00345)
Tier1			0.00178***		
			(0.000538)		
Total Capital Ratio				0.00175***	
				(0.000523)	
Constant	1.400**	-0.139	0.0880	0.124	0.910
	(0.667)	(0.625)	(0.706)	(0.683)	(0.660)
Observations	775	775	681	705	775
R-squared	0.276	0.284	0.352	0.348	0.306
Number of idd	141	141	134	135	141
F	26.43	27.56	32.47	33.21	27.52

注：***、**、*分别表示在1%、5%和10%水平上显著。

结果显示：

（1）与前文一致，市场流动性（Ted1m）系数显著为正，银行间的系统流动性风险能够显著的增加收益的波动性；净稳定资金比率（NSFR_L）系数显著为负，银行的期限错配风险越小，结构流动性缓冲越多，银行的收益率波动性就越小，收益率越平稳。

（2）在资本监管方面，杠杆率（E2A）、核心一级资本充足率（Tie1）和总资本率（Total Capital Ratio）的系数都显著为正。与ROA的回报率波动呈正相关。

表6-11报告了资本监管与流动性监管是否能够对冲系统流动性风险对收益率波动的影响。其中，（1）~（4）列依次加入净稳定资金比率（NSFR_L）、杠杆率（E2A）、核心一级资本充足率（Tie1）、总资本率（Total Capital Ratio）与市场流动性风险（Ted1m）的交叉项，（5）列同时包含杠杆率和净稳定资金比率与市场流动性风险的交叉项。在估计方法上，均是固定效应估计，Hausman检验通过了模型估计的合理性。

结果显示：

（1）在系统流动性风险依旧显著为正的情况下，净稳定资金比率与市场流动性风险的交叉项（ted1m_NSFR_L）系数显著为负。净稳定资金比率能够对冲市场流动性风险对ROA波动性的正向作用，有助于在银行间市场出现流动性压力时平缓收益率的波动。

（2）杠杆率、核心一级资本充足率、总资本率与市场流动性风险的交叉项系数均显著为正。无论是基于无风险的，还是基于风险的资本监管都无法对冲系统流动性风险对银行收益波动性的影响。

可见，在这个意义上，净稳定资金比率作为结构流动性缓冲，能够起到资本监管所无法发挥的作用。

表6-11　收益率标准差稳定性模型

VARIABLES（变量）	（1）	（2）	（3）	（4）	（5）
	fe1	fe2	fe3	fe4	fe5
	sdROAinstantaneous	sdROAinstantaneous	sdROAinstantaneous	sdROAinstantaneous	sdROAinstantaneous
Ted1m	0.226***	-0.0302	0.0218	0.0210	0.195***
	（0.0568）	（0.0230）	（0.0190）	（0.0186）	（0.0564）
Size	-0.0641**	-0.00476	-0.0294	-0.0321	-0.0325
	（0.0290）	（0.0292）	（0.0315）	（0.0305）	（0.0295）
GL2TA	-0.0107	0.0295	-0.111	-0.112	0.101
	（0.139）	（0.141）	（0.157）	（0.153）	（0.140）

续表

VARIABLES（变量）	(1) fe1 sdROAinstantaneous	(2) fe2 sdROAinstantaneous	(3) fe3 sdROAinstantaneous	(4) fe4 sdROAinstantaneous	(5) fe5 sdROAinstantaneous
NIM	0.0619***	0.0250	0.0371**	0.0417**	0.0460**
	(0.0189)	(0.0186)	(0.0189)	(0.0182)	(0.0190)
C2I	0.00942***	0.00867***	0.0107***	0.0105***	0.00892***
	(0.000711)	(0.000717)	(0.000722)	(0.000706)	(0.000710)
IL2GL	0.00320	0.00273	0.0105**	0.00741*	0.00349
	(0.00420)	(0.00419)	(0.00465)	(0.00422)	(0.00414)
GDP	0.000849	0.0116	-0.00260	-0.000958	0.00461
	(0.00791)	(0.00778)	(0.00839)	(0.00809)	(0.00784)
Business1	15.52***	11.73***	8.603**	10.09***	13.84***
	(3.636)	(3.619)	(3.979)	(3.822)	(3.601)
Ted1m_NSFR_L	-0.238***				-0.278***
	(0.0641)				(0.0638)
Ted1m_E2A		0.00718***			0.00831***
		(0.00187)			(0.00186)
Ted1m_tier1			0.000613***		
			(0.000215)		
Ted1m_Total Capital Ratio				0.000605***	
				(0.000209)	
Constant	0.734	-0.303	0.227	0.255	0.124
	(0.640)	(0.646)	(0.704)	(0.681)	(0.645)
Observations	775	775	681	705	775
R-squared	0.266	0.267	0.349	0.344	0.289
Number of idd	141	141	134	135	141

续表

VARIABLES（变量）	(1)	(2)	(3)	(4)	(5)
	fe1	fe2	fe3	fe4	fe5
	sdROAinstantaneous	sdROAinstantaneous	sdROAinstantaneous	sdROAinstantaneous	sdROAinstantaneous
F	25.15	25.30	31.99	32.74	25.32

注：***、**、*分别表示在1%、5%和10%水平上显著。

二、破产风险

破产风险依然沿用本书上一章节的设定，采用Z值的自然对数作为因变量，表6-12报告了资本监管与流动性监管对破产风险的效应。其中，(1) ~ (4) 列依次加入净稳定资金比率（NSFR_L）、杠杆率（E2A）、核心一级资本充足率（Tie1）和总资本率（Total Capital Ratio），(5) 列同时包含杠杆率和净稳定资金比率。在估计方法上，均是固定效应估计，Hausman检验通过了模型估计的合理性。

表6-12　破产风险模型

VARIABLES（变量）	(1)	(2)	(3)	(4)	(5)
	feNSFR_L	feE2A	fetier1	feTCR	feNSFR_LE2A
	lnZROA1	lnZROA1	lnZROA1	lnZROA1	lnZROA1
Ted1m	-0.223**	-0.156*	-0.275***	-0.277***	-0.209**
	(0.0864)	(0.0833)	(0.0921)	(0.0898)	(0.0852)
Size	0.268*	0.245*	0.281*	0.267*	0.370***
	(0.140)	(0.132)	(0.157)	(0.152)	(0.139)
GL2TA	0.646	0.514	0.596	0.748	0.338
	(0.656)	(0.651)	(0.777)	(0.754)	(0.651)
NIM	0.0909	0.0320	0.166*	0.149*	-0.0313
	(0.0881)	(0.0886)	(0.0939)	(0.0905)	(0.0912)
C2I	-0.00383	-0.00970***	-0.00465	-0.00504	-0.0111***
	(0.00336)	(0.00368)	(0.00359)	(0.00351)	(0.00370)
IL2GL	-0.0314	-0.0265	-0.0424*	-0.0444**	-0.0256
	(0.0198)	(0.0196)	(0.0231)	(0.0209)	(0.0195)

续表

VARIABLES（变量）	(1)	(2)	(3)	(4)	(5)
	feNSFR_L	feE2A	fetier1	feTCR	feNSFR_LE2A
	lnZROA1	lnZROA1	lnZROA1	lnZROA1	lnZROA1
GDP	-0.00436	-0.00946	0.0176	0.00263	0.0185
	(0.0377)	(0.0363)	(0.0416)	(0.0401)	(0.0375)
Business1	-27.47	-32.22*	-25.13	-28.87	-38.53**
	(17.06)	(16.93)	(19.76)	(18.95)	(17.00)
NSFR_L	1.069**				1.210***
	(0.448)				(0.442)
E2A		0.0693***			0.0725***
		(0.0165)			(0.0165)
tier1			0.00383		
			(0.00267)		
Total Capital Ratio				0.00390	
				(0.00260)	
Constant	-1.700	-0.591	-1.493	-1.101	-3.671
	(3.161)	(2.955)	(3.506)	(3.388)	(3.148)
Observations	775	775	681	705	775
R-squared	0.047	0.065	0.043	0.054	0.076
Number of idd	141	141	134	135	141
F	3.417	4.789	2.705	3.541	5.102

注：***、**、*分别表示在1%、5%和10%水平上显著。

结果显示：

（1）与前文一致，系统流动性风险（Ted1m）系数显著为负，银行间市场的流动性风险提高了银行的破产风险；规模（Size）系数显著为正，规模越大，破产风险越小；净稳定资金比率（NSFR_L）的系数显著为正，净稳定资金比率越大，银行期限错配风险越小，流动性缓冲越多，破产风险越小。

（2）基于无风险的杠杆率（E2A）显著为正，杠杆化越小的银行，其破产风险越小。基于风险的资本充足指标：核心一级资本充足率和总资本率的系数不显著。说明在本书的样本期内，资本充足对银行的破产风险不显著。本书结论与已有研究一致，研究表明在全球金融危机期间，一些银行尽管满足了资本充足最低要求，但是由于流动性风险和过度杠杆化，导致了破产倒闭的发生。

（3）从模型的调整R方来看，对比（1）、（2）列，（2）列的R方大于（1）列，杠杆率对破产风险的解释力度要比净稳定资金比率大。（5）列同时包含了净稳定资金比率和杠杆率，其R方显著大于（2）列和（1）列，净稳定资金比率和杠杆率同时显著。在解释破产风险方面，净稳定资金比率和杠杆率同时起作用的，更高的结构流动性水平和更低杠杆化，意味着银行更好的安全性，能够降低银行的破产风险。在这个角度上，资本监管和流动性监管都是需要的。

表6-13报告了资本监管和流动性监管指标能否通过降低系统流动性风险的影响，从而间接降低银行的破产风险。其中（1）~（4）列依次加入净稳定资金比率（NSFR_L）、杠杆率（E2A）、核心一级资本充足率（Tie1）、总资本率（Total Capital Ratio）与市场流动性风险（Ted1m）的交叉项，（5）列同时包含杠杆率和净稳定资金比率与市场流动性风险的交叉项。在估计方法上，均是固定效应估计，Hausman检验通过了模型估计的合理性。

表6-13 破产风险模型（交叉项）

VARIABLES（变量）	（1）	（2）	（3）	（4）	（5）
	fe1	fe2	fe3	fe4	fe5
	lnZROA1	lnZROA1	lnZROA1	lnZROA1	lnZROA1
Ted1m	-0.712***	-0.338***	-0.284***	-0.289***	-0.782***
	（0.268）	（0.108）	（0.0942）	（0.0923）	（0.269）
Size	0.236*	0.253*	0.247	0.238	0.307**
	（0.137）	（0.138）	（0.156）	（0.151）	（0.141）
GL2TA	0.660	1.052	0.476	0.641	0.911
	（0.657）	（0.663）	（0.781）	（0.757）	（0.666）
NIM	0.0879	0.0934	0.176*	0.160*	0.0520
	（0.0893）	（0.0878）	（0.0937）	（0.0903）	（0.0907）
C2I	-0.00361	-0.00425	-0.00426	-0.00464	-0.00475
	（0.00335）	（0.00338）	（0.00358）	（0.00350）	（0.00339）

续表

VARIABLES（变量）	(1)	(2)	(3)	(4)	(5)
	fe1	fe2	fe3	fe4	fe5
	lnZROA1	lnZROA1	lnZROA1	lnZROA1	lnZROA1
IL2GL	-0.0337*	-0.0315	-0.0434*	-0.0453**	-0.0330*
	(0.0198)	(0.0198)	(0.0231)	(0.0209)	(0.0197)
GDP	-0.0106	-0.0160	0.0139	-0.000911	-0.00215
	(0.0373)	(0.0367)	(0.0416)	(0.0401)	(0.0374)
Business1	-27.80	-27.41	-22.84	-26.79	-31.58*
	(17.14)	(17.06)	(19.74)	(18.94)	(17.19)
Ted1m_NSFR_L	0.638**				0.548*
	(0.302)				(0.304)
Ted1m_E2A		0.0210**			0.0188**
		(0.00879)			(0.00886)
Ted1m_tier1			0.000929		
			(0.00107)		
Ted1m_Total Capital Ratio				0.00101	
				(0.00104)	
Constant	-0.238	-0.775	-0.777	-0.462	-1.617
	(3.015)	(3.046)	(3.493)	(3.375)	(3.077)
Observations	775	775	681	705	775
R-squared	0.045	0.047	0.041	0.052	0.052
Number of idd	141	141	134	135	141
F	3.274	3.418	2.555	3.389	3.412

注：***、**、*分别表示在1%、5%和10%水平上显著。

结果显示，在市场流动性风险依旧显著为负的情况下：

（1）净稳定资金比率与市场流动性风险的交叉项（Ted1m_NSFR_L）系数显著为正。银行的结构流动性缓冲能够显著的降低市场流动性风险对银行安全性的负效应。

（2）杠杆率与市场流动性风险的交叉项（E2A_NSFR_L）系数显著为正。银行基于无风险的资本缓冲能够显著的降低银行面对市场流动性冲击的影响，吸收流动性风险。

可见，除了净稳定资金比率外，杠杆率也可以吸收系统流动性冲击的影响。在这个角度上，如果银行的结构流动性不够充分，具有足够的资本缓冲也能够起到吸收流动性风险的作用。

进一步对银行样本按照规模大小分为两组样本：大规模银行（资产规模大于2000亿人民币）和小规模银行（资产规模小于2000亿元人民币）样本。表6-14和表6-15报告了大规模银行和小规模银行样本的资本监管与流动性监管对破产风险的效应。

表6-14　破产风险模型（大规模银行样本）

VARIABLES（变量）	(1)	(2)	(3)	(4)	(5)
	feNSFR_L	reE2A	fetier1	feTCR	feNSFR_LE2A
	lnZROA1	lnZROA1	lnZROA1	lnZROA1	lnZROA1
Ted1m	-0.128	-0.271*	-0.290	-0.286	-0.126
	(0.197)	(0.164)	(0.194)	(0.197)	(0.193)
Size	0.511	0.0128	0.737*	0.793*	0.381
	(0.435)	(0.0949)	(0.423)	(0.438)	(0.428)
GL2TA	-1.866	-1.060	-4.461*	-4.431*	-3.127
	(3.150)	(1.310)	(2.372)	(2.404)	(3.112)
NIM	-0.0629	0.112	-0.135	-0.0856	-0.252
	(0.346)	(0.198)	(0.328)	(0.333)	(0.344)
C2I	-0.0191	-0.0141	0.00361	0.00406	-0.00556
	(0.0265)	(0.0149)	(0.0260)	(0.0269)	(0.0263)
IL2GL	-0.285**	-0.299***	-0.260**	-0.225*	-0.339**
	(0.142)	(0.109)	(0.131)	(0.133)	(0.140)
GDP	0.116	0.0584	0.137	0.140	0.127
	(0.0924)	(0.0545)	(0.0903)	(0.0922)	(0.0905)
Business1	-101.5*	-57.66*	-119.6**	-120.6**	-108.3*
	(58.73)	(33.25)	(59.37)	(60.20)	(57.54)
NSFR_L	-1.656				-1.887
	(1.970)				(1.930)

续表

VARIABLES（变量）	(1)	(2)	(3)	(4)	(5)
	feNSFR_L	reE2A	fetier1	feTCR	feNSFR_LE2A
	lnZROA1	lnZROA1	lnZROA1	lnZROA1	lnZROA1
E2A		0.239***			0.289***
		(0.0674)			(0.0966)
Tier1			0.179***		
			(0.0590)		
Total Capital Ratio				0.131**	
				(0.0629)	
Constant	-3.518	3.715*	-10.55	-11.79	-1.789
	(10.35)	(2.106)	(10.16)	(10.60)	(10.15)
Observations	247	247	236	236	247
R-squared	0.081		0.140	0.117	0.124
Number of idd	53	53	51	51	53
F	1.818		3.182	2.586	2.605

注：***、**、*分别表示在1%、5%和10%水平上显著。

结果显示：

（1）对大规模银行样本来说，在样本期间内，净稳定资金比率对破产风险的系数不显著，而资本监管指标：杠杆率、核心一级资本充足率、总资本率的系数都显著为正，这个结果表明大规模银行的资本监管对降低破产风险具有显著效果，而净稳定资金比率的效果不显著。

（2）对小规模银行样本来说，净稳定资金比率和杠杆率都显著为正。流动性监管和杠杆率监管能够显著降低小规模银行的破产风险。

表6-15　破产风险模型（小规模银行样本）

VARIABLES（变量）	(1)	(2)	(3)	(4)	(5)
	feNSFR_L	reE2A	fetier1	feTCR	feNSFR_LE2A
	lnZROA1	lnZROA1	lnZROA1	lnZROA1	lnZROA1
Ted1m	-0.246**	-0.124	-0.288**	-0.290***	-0.241**
	(0.102)	(0.0895)	(0.114)	(0.109)	(0.100)

续表

VARIABLES（变量）	(1)	(2)	(3)	(4)	(5)
	feNSFR_L	reE2A	fetier1	feTCR	feNSFR_LE2A
	lnZROA1	lnZROA1	lnZROA1	lnZROA1	lnZROA1
Size	0.389**	0.228***	0.371**	0.351**	0.508***
	(0.157)	(0.0623)	(0.185)	(0.176)	(0.158)
GL2TA	1.192*	0.585	1.071	1.255	0.882
	(0.714)	(0.429)	(0.882)	(0.842)	(0.706)
NIM	0.0704	0.0364	0.148	0.128	-0.0379
	(0.0930)	(0.0495)	(0.101)	(0.0962)	(0.0954)
C2I	-0.00352	-0.00922***	-0.00486	-0.00532	-0.0107***
	(0.00346)	(0.00276)	(0.00377)	(0.00366)	(0.00385)
IL2GL	-0.0148	-0.0426**	-0.0341	-0.0385	-0.00321
	(0.0256)	(0.0175)	(0.0346)	(0.0283)	(0.0253)
GDP	-0.0118	-0.0609**	0.00624	-0.0130	0.00861
	(0.0432)	(0.0287)	(0.0500)	(0.0471)	(0.0428)
Business1	-19.39	-10.84	-15.63	-19.90	-31.10
	(19.03)	(12.05)	(22.67)	(21.43)	(18.93)
NSFR_L	1.448***				1.571***
	(0.483)				(0.475)
E2A		0.0746***			0.0678***
		(0.0114)			(0.0172)
Tier1			0.00396		
			(0.00274)		
Total Capital Ratio				0.00415	
				(0.00263)	
Constant	-4.166	0.0571	-2.978	-2.466	-6.330*
	(3.415)	(1.349)	(3.908)	(3.724)	(3.400)
Observations	528	528	445	469	528
R-squared	0.076		0.056	0.075	0.110
Number of idd	110	110	103	104	110

续表

VARIABLES（变量）	(1)	(2)	(3)	(4)	(5)
	feNSFR_L	reE2A	fetier1	feTCR	feNSFR_LE2A
	lnZROA1	lnZROA1	lnZROA1	lnZROA1	lnZROA1
F	3.740	.	2.214	3.193	5.044

注：***、**、*分别表示在1%、5%和10%水平上显著。

表6-16和表6-17分别报告了大规模银行和小规模银行样本的资本监管和流动性监管能否提高银行抵御市场流动性风险的能力。

表6-16　破产风险抵御能力模型（大规模银行样本）

VARIABLES（变量）	(1)	(2)	(3)	(4)	(5)
	fe1	fe2	fe3	fe4	fe5
	lnZROA1	lnZROA1	lnZROA1	lnZROA1	lnZROA1
Ted1m	0.368	−1.064**	−1.194**	−1.267**	−0.506
	(0.826)	(0.502)	(0.491)	(0.638)	(0.931)
Size	0.493	0.406	0.796*	0.783*	0.473
	(0.435)	(0.421)	(0.438)	(0.444)	(0.432)
GL2TA	−2.615	−4.639*	−4.395*	−4.555*	−3.573
	(2.824)	(2.415)	(2.404)	(2.415)	(2.843)
NIM	−0.104	−0.250	−0.0117	−0.00117	−0.183
	(0.337)	(0.323)	(0.329)	(0.330)	(0.337)
C2I	−0.0208	−0.0141	0.00113	0.000724	−0.0111
	(0.0263)	(0.0262)	(0.0265)	(0.0269)	(0.0266)
IL2GL	−0.262*	−0.275**	−0.244*	−0.231*	−0.295**
	(0.136)	(0.133)	(0.133)	(0.134)	(0.136)
GDP	0.110	0.120	0.144	0.144	0.128
	(0.0917)	(0.0905)	(0.0926)	(0.0937)	(0.0915)
Business1	−105.1*	−106.0*	−114.6*	−113.2*	−104.1*
	(58.48)	(57.88)	(60.15)	(60.42)	(58.02)
Ted1m_NSFR_L	−0.692				−0.755
	(1.067)				(1.059)
Ted1m_E2A		0.149*			0.151**
		(0.0756)			(0.0758)

续表

VARIABLES（变量）	(1)	(2)	(3)	(4)	(5)
	fe1	fe2	fe3	fe4	fe5
	lnZROA1	lnZROA1	lnZROA1	lnZROA1	lnZROA1
Ted1m_tier1			0.0918**		
			(0.0444)		
Ted1m_Total Capital Ratio				0.0782*	
				(0.0472)	
Constant	-3.746	-0.872	-10.42	-10.06	-3.156
	(10.62)	(10.03)	(10.44)	(10.58)	(10.54)
Observations	247	247	236	236	247
R-squared	0.080	0.097	0.117	0.109	0.099
Number of idd	53	53	51	51	53
F	1.784	2.200	2.579	2.392	2.026

注：***、**、*分别表示在1%、5%和10%水平上显著。

表6-17　破产风险抵御能力模型（小规模银行样本）

VARIABLES（变量）	(1)	(2)	(3)	(4)	(5)
	fe1	fe2	fe3	fe4	fe5
	lnZROA1	lnZROA1	lnZROA1	lnZROA1	lnZROA1
Ted1m	-1.017***	-0.370***	-0.300**	-0.305***	-1.110***
	(0.306)	(0.128)	(0.116)	(0.112)	(0.309)
Size	0.352**	0.340**	0.338*	0.322*	0.437***
	(0.154)	(0.156)	(0.184)	(0.175)	(0.159)
GL2TA	1.107	1.545**	0.965	1.160	1.361*
	(0.717)	(0.727)	(0.887)	(0.846)	(0.725)
NIM	0.0588	0.0921	0.156	0.137	0.0236
	(0.0945)	(0.0927)	(0.100)	(0.0960)	(0.0956)
C2I	-0.00342	-0.00420	-0.00446	-0.00488	-0.00470
	(0.00346)	(0.00353)	(0.00376)	(0.00365)	(0.00351)
IL2GL	-0.0199	-0.0171	-0.0363	-0.0404	-0.0174
	(0.0256)	(0.0257)	(0.0346)	(0.0283)	(0.0255)

续表

VARIABLES（变量）	(1)	(2)	(3)	(4)	(5)
	fe1	fe2	fe3	fe4	fe5
	lnZROA1	lnZROA1	lnZROA1	lnZROA1	lnZROA1
GDP	-0.0159	-0.0349	0.00360	-0.0159	-0.00826
	(0.0430)	(0.0421)	(0.0500)	(0.0472)	(0.0430)
Business1	-21.40	-20.25	-13.53	-17.98	-26.31
	(19.14)	(19.21)	(22.66)	(21.43)	(19.21)
Ted1m_NSFR_L	0.959***				0.878***
	(0.332)				(0.333)
Ted1m_E2A		0.0215**			0.0187**
		(0.00912)			(0.00912)
Ted1m_tier1			0.00112		
			(0.00109)		
Ted1m_Total Capital Ratio				0.00122	
				(0.00105)	
Constant	-2.238	-2.286	-2.319	-1.869	-3.765
	(3.238)	(3.286)	(3.892)	(3.713)	(3.310)
Observations	528	528	445	469	528
R-squared	0.075	0.068	0.054	0.072	0.084
Number of idd	110	110	103	104	110
F	3.661	3.337	2.093	3.057	3.740

注：***、**、*分别表示在1%、5%和10%水平上显著。

结果显示：

（1）大规模银行样本来说，依然是杠杆率、核心一级资本充足率、总资本率与系统流动性风险的交叉项系数显著为正。资本监管不但降低大规模银行的破产风险，还能低于系统流动性风险对银行安全性的冲击。

（2）对小规模银行样本来说，其结论与全样本的结论一致，净稳定资金比率和杠杆率都可以吸收系统流动性冲击的影响。

按照规模分样本检验的结果显示，从提高银行安全性的角度和抵御系统流动性风险对银行安全性影响的角度看，资本监管对大规模银行有效，流动性监管和资本监管同时对小规模银行有效。

三、资产组合风险与杠杆风险

在检验总体破产风险的基础上，本书将破产风险Z值分为两部分，进一步详细的分析资本监管与流动性监管的混合效应。如下所示：

$$Z = ADZP_1 + ADZP_2 = \frac{ROA}{sdROA} + \frac{CAR}{sdROA} = \frac{ROA + CAR}{sdROA} \tag{6-6}$$

其中

$$ADZP_1 = \frac{ROA}{sdROA} \tag{6-7}$$

$$ADZP_2 = \frac{CAR}{sdROA} \tag{6-8}$$

$ADZP_1$代表银行的资产组合风险，$ADZP_2$代表银行的杠杆率风险。将这两类风险带入破产风险模型中，依然采用各自的自然对数作为因变量。

表6-18报告了资本监管与流动性监管对资产组合风险（lnADZP1）的效应。其中，（1）~（4）列依次加入净稳定资金比率（NSFR_L）、杠杆率（E2A）、核心一级资本充足率（Tie1）和总资本率（Total Capital Ratio），（5）列同时包含杠杆率和净稳定资金比率。在估计方法上，均是固定效应估计，Hausman检验通过了模型估计的合理性。

表6-18　资产组合风险模型

VARIABLES（变量）	（1）	（2）	（3）	（4）	（5）
	feNSFR_L	feE2A	fetier1	feTCR	feNSFR_LE2A
	lnADZP1	lnADZP1	lnADZP1	lnADZP1	lnADZP1
Ted1m	−0.139	−0.0885	−0.183*	−0.198**	−0.136
	（0.0921）	（0.0896）	（0.0980）	（0.0957）	（0.0920）
Size	0.249	0.188	0.192	0.185	0.296*
	（0.152）	（0.147）	（0.173）	（0.167）	（0.155）
GL2TA	0.155	0.223	−0.673	−0.493	0.0491
	（0.716）	（0.716）	（0.857）	（0.829）	（0.718）

续表

VARIABLES（变量）	(1)	(2)	(3)	(4)	(5)
	feNSFR_L	feE2A	fetier1	feTCR	feNSFR_LE2A
	lnADZP1	lnADZP1	lnADZP1	lnADZP1	lnADZP1
NIM	0.173*	0.191*	0.289***	0.278***	0.134
	(0.0976)	(0.0974)	(0.105)	(0.101)	(0.101)
C2I	-0.0193***	-0.0176***	-0.0126*	-0.0136*	-0.0206***
	(0.00617)	(0.00607)	(0.00742)	(0.00696)	(0.00622)
IL2GL	-0.0750***	-0.0745***	-0.0795***	-0.0847***	-0.0735***
	(0.0210)	(0.0210)	(0.0243)	(0.0221)	(0.0210)
GDP	0.0464	0.0328	0.0603	0.0455	0.0580
	(0.0405)	(0.0396)	(0.0445)	(0.0429)	(0.0412)
Business1	-10.59	-8.287	-17.49	-18.20	-13.89
	(18.81)	(18.78)	(21.70)	(20.84)	(18.90)
NSFR_L	1.001**				1.055**
	(0.491)				(0.492)
E2A		0.0290			0.0321
		(0.0207)			(0.0207)
Tier1			-0.000202		
			(0.00304)		
Total Capital Ratio				0.000859	
				(0.00289)	
Constant	-3.543	-2.000	-1.974	-1.722	-4.585
	(3.469)	(3.327)	(3.913)	(3.767)	(3.530)
Observations	759	759	668	692	759
R-squared	0.068	0.064	0.058	0.071	0.071
Number of idd	141	141	134	135	141
F	4.909	4.650	3.624	4.677	4.669

注：***、**、*分别表示在1%、5%和10%水平上显著。

结果显示：

（1）盈利能力方面，净息差（NIM）系数显著为正，成本收入比（C2I）系数显著为负，盈利能力越强，经营效率越高，银行资产组合风险越小。

（2）信用风险方面，不良贷款率（IL2GL）系数显著为负。银行不良贷款率越高，面临信用风险越严重，其资产组合风险越大。

（3）净稳定资金比率（NSFR_L）系数显著为正。净稳定资金比率可以显著降低银行的资产组合风险。

（4）资本监管的三个指标杠杆率（E2A）、核心一级资本充足率（Tie1）和总资本率（Total Capital Ratio）系数都不显著。说明在银行资产组合方向方面，资本监管无法起到有效作用。

表6-19报告了资本监管与流动性监管对杠杆风险（lnADZP2）的效应。其中，（1）~（4）列依次加入净稳定资金比率（NSFR_L）、杠杆率（E2A）、核心一级资本充足率（Tie1）和总资本率（Total Capital Ratio），（5）列同时包含杠杆率和净稳定资金比率。在估计方法上，均是固定效应估计，Hausman检验通过了模型估计的合理性。

表6-19　杠杆风险模型

VARIABLES（变量）	（1）	（2）	（3）	（4）	（5）
	feNSFR_L	feE2A	fetier1	feTCR	feNSFR_LE2A
	lnADZP2	lnADZP2	lnADZP2	lnADZP2	lnADZP2
Ted1m	−0.226***	−0.157*	−0.276***	−0.277***	−0.211**
	（0.0867）	（0.0835）	（0.0924）	（0.0901）	（0.0854）
Size	0.263*	0.243*	0.276*	0.264*	0.370***
	（0.140）	（0.133）	（0.157）	（0.152）	（0.140）
GL2TA	0.703	0.559	0.656	0.830	0.381
	（0.659）	（0.652）	（0.779）	（0.757）	（0.652）
NIM	0.0715	0.00795	0.145	0.129	−0.0560
	（0.0884）	（0.0888）	（0.0943）	（0.0908）	（0.0914）
C2I	−0.00299	−0.00916**	−0.00386	−0.00427	−0.0106***
	（0.00337）	（0.00369）	（0.00360）	（0.00352）	（0.00371）
IL2GL	−0.0268	−0.0216	−0.0379	−0.0398*	−0.0207
	（0.0198）	（0.0197）	（0.0231）	（0.0210）	（0.0196）

续表

VARIABLES（变量）	(1)	(2)	(3)	(4)	(5)
	feNSFR_L	feE2A	fetier1	feTCR	feNSFR_LE2A
	lnADZP2	lnADZP2	lnADZP2	lnADZP2	lnADZP2
GDP	-0.0129	-0.0173	0.00941	-0.00590	0.0110
	(0.0378)	(0.0364)	(0.0417)	(0.0402)	(0.0376)
Business1	-29.69*	-34.86**	-27.15	-31.19	-41.23**
	(17.12)	(16.97)	(19.82)	(19.02)	(17.04)
NSFR_L	1.075**				1.222***
	(0.449)				(0.443)
E2A		0.0724***			0.0757***
		(0.0166)			(0.0165)
Tier1			0.00393		
			(0.00268)		
Total Capital Ratio				0.00402	
				(0.00260)	
Constant	-1.669	-0.614	-1.455	-1.111	-3.727
	(3.172)	(2.961)	(3.518)	(3.400)	(3.155)
Observations	775	775	681	705	775
R-squared	0.046	0.066	0.041	0.052	0.077
Number of idd	141	141	134	135	141
F	3.374	4.921	2.576	3.419	5.236

注：***、**、*分别表示在1%、5%和10%水平上显著。

结果显示：

（1）市场系统流动性风险（Ted1m）系数显著为负。系统流动性风险能够显著的增加银行的杠杆风险，主要途径是系统流动性风险会提高银行的收益波动性。

（2）银行规模（Size）系数显著为正。银行规模越大，杠杆风险越小，大规模银行的收益波动性较小。

（3）商业模式方面，非利息收入占比（Business1）系数显著为负，收入来源的多元化首先增加了银行收益的波动性，因为相对于传统信贷业务来说，其他业务的稳定性更差，也可能涉及高风险的资本市场业务。

（4）净稳定资金比率（NSFR_L）系数显著为正。银行的期限错配风险越小，结构流动性缓冲越多，能够吸收其杠杆风险。

（5）杠杆率（E2A）的系数显著正，杠杆率也代表银行的杠杆风险，这里不再赘述。

（6）基于风险的资本充足指标核心一级资本充足率（Tie1）和总资本率（Total Capital Ratio）系数不显著。这两个指标虽然也是资本监管的指标，但是并不能降低银行面临的杠杆风险。

可见，对比来看，资本监管无法降低银行的资产组合风险，但是净稳定资金比率却可以降低银行的杠杆风险。净稳定资金比率对资本监管来说具有协同效应，流动性监管是资本监管必要的补充。

6.5 小结

本章研究了资本监管与流动性监管的混合效应。在全球金融危机期间，银行即使满足资本充足最低监管要求，但是由于过度的杠杆化和受到流动性冲击的影响，银行依然会倒闭破产，因此巴塞尔委员会在巴塞尔协议Ⅲ中引入基于无风险的杠杆率指标，提出了新的流动性监管框架。通过系统分析资本监管和流动性监管的关系，以及其混合效应，认为首先流动性监管和杠杆率监管是对巴塞尔协议Ⅱ资本监管的有力补充，同时流动性监管和资本监管具有协同作用。

（1）资本充足和净稳定资金比率都受到所有者权益的驱动，通过描述性分析发现，高杠杆银行的净稳定资金比率显著低于低杠杆银行，表明高杠杆银行的期限错配风险显著高于低杠杆银行，一方面高杠杆银行创造流动性能力强，面临较高期限错配风险，另一方面高杠杆银行经营风格激进，其长期股权融资占比较低，可能面临较高期限错配风险。通过面板分析，杠杆率越大，银行杠杆风险越小，同时所有者权益代表了长期稳定融资，所有者权益越大，净稳定资金比率越大，期限错配风险越小。杠杆率是基于无风险的，而基于风险权重的核心一级资本充足率和总资本率系数显著为正，进一步验证了资本监管指标与净稳定资金比率相关性的稳健性。

（2）前文提出了净稳定资金比率能够缓冲和吸收市场流动性风险对银行资产配置的冲击，对资产配置具有稳定作用。本章进一步发现，在信贷资产配置比例方面，尽管在金融危机期间，杠杆化越低的银行，其信贷占比的比例越高，依然可以持续提供信贷，但是不能对冲系统流动性冲击的影响，仅能吸收杠杆风险，而其他两个基于风险的资本充足指标也不能吸收系统流动性风险。在流动资产配置方面，从对冲系统流动性风险的角度上看，仅有净稳定资金比率可以对冲系统流动性风险对银行流动占比的提升作用，而资本监管指标无法对冲系统流动性风险的作用。但是，资本监管也能保证的安全性，因此在金融危机期间，充足率和杠杆率风险越小的银行，流动资产占比上升的幅度更小。该结论进一步证实，在稳定流动资产占比方面，净稳定资金比率能够更好地对冲系统流动性风险。同时，在非盈利资产配置方面，仅结构流动性监管能够冲击市场流动性带来的风险，而资本监管，无论是基于风险的资本充足、还是基于无风险的资本充足都不能对冲系统流动性风险对非盈利资产占比配置的影响。因此，尽管资本监管能够显著影响银行的资产配置，在金融危机期间，杠杆率较低的银行，资本缓冲较多的银行，可以持续提供信贷和减少非盈利资产，但是并不能对冲流动性风险对资产配置的影响，而净稳定资金比率则可以很好地发挥这个作用。从稳定银行资产配置方面来看，净稳定资金比率是对资本监管的有效补充。

（3）在收益率波动方面，净稳定资金比率能够显著降低银行的平均资产收益率波动，也能够对冲市场流动性风险对ROA波动性的正向作用，有助于在银行间市场出现流动性压力时平缓收益率的波动。在资本监管方面，杠杆率、核心一级资本充足率和总资本率都与ROA的回报率波动呈正相关，且无论是基于无风险的，还是基于风险的资本监管都无法对冲系统流动性风险对银行收益波动性的影响。在平缓收益率波动方面，流动性监管是对资本监管的有效补充。

在破产风险方面，净稳定资金比率越大，银行期限错配风险越小，流动性缓冲越多，破产风险越小。杠杆化越小的银行，其破产风险越小。在解释破产风险方面，净稳定资金比率和杠杆率同时起作用的，更高的结构流动性水平和更低杠杆化，能够提高银行的安全性，降低破产风险。在这个角度上，资本监管和流动性监管都是需要的。而且，净稳定资金比率和杠杆率都可以吸收系统流动性冲击对破产风险的影响。在这个角度上，如果银行的结构流动性不够充分，具有足够的资本缓冲也能够起到吸收流动性风险的作用，二者发挥协同作用。净稳定资金比率和杠杆率即是对资本监管的有效补充，二者还具有协同效应。其中，按照规模分样本检验的结果显示，从提高银行安全性的角度和抵御系统流动性风险对银行安全性影响的角度看，资本监管对大规模银行有效，流动性监管和资本监管同时对小规模银行有效。

另外，银行的破产风险Z值由两部分构成，分别是：资产组合风险和杠杆风险。研究发现，在降低银行资产组合风险方面，净稳定资金比率是显著的，而资本监管的三个指标都不显著，说明在银行资产组合风险方面，资本监管无法起到有效作用。在降低杠杆风险方面，净稳定资金比率和杠杆率都是有效的，而基于风险的资本充足指标核心一级资本充足率和总资本率，虽然也是资本监管的指标，但是并不能降低银行面临的杠杆风险。因此，通过细分银行的破产风险，发现首先杠杆率和净稳定资金比率是对过去基于风险的资本充足监管的有效补充，其次净稳定资金比率和杠杆率之间也是互补的。

第7章　结论与建议

7.1　主要结论

本书对巴塞尔协议Ⅲ流动性监管的指标净稳定资金比率进行了全面分析，基于中国银行业对流动性监管的有效性进行了检验。总体上，国外对流动性风险和巴塞尔协议Ⅲ流动性监管的研究比国内的研究成果要丰富，同时针对银行业监管来说，国际监管框架长期以来是以资本监管为核心的，针对资本监管的研究国内外已经积累了丰富的成果，而针对巴塞尔协议Ⅲ流动性监管的研究成果还较少，尤其是基于中国银行业的研究，国内学者多是从一些定性的角度分析了巴塞尔协议Ⅲ流动性监管，以及在中国的适用性。这方面文献的稀少，一个主要的原因是巴塞尔协议Ⅲ流动性监管提出较晚，2010年才正式由巴塞尔委员会发布，同时在2014年经过了修订，因此各国商业银行基本还没有公开发布相应的流动性覆盖率和净稳定资金比率的数据，另外，由于这两个监管指标计算方法的复杂性，公开可获取的数据还不足以支持精确的历史模拟，尤其是流动性覆盖率。基于这些原因，针对中国银行业的巴塞尔协议Ⅲ流动性监管的有效性等研究还处于起步阶段，本书试图在这方面作出贡献。

（1）本书首先提出了测算净稳定资金比率的三种方法，通过调整可用稳定融资来源和必要稳定资金项目的权重，制定出极度保守、适度保守和相对保守三个测算方法，对中国商业银行自1992—2015年的净稳定资金比率进行测算。

如果按照本书的测算结果，当前中国商业银行的净稳定资金比率的基本情况是：①总体水平上，在2015年年底都没有达到100%的监管要求，多数分布在50%~90%；②变化趋势上，净稳定资金比率确实在金融危机前不断下降，在金融危机开始后随着商业银行收缩信贷资产等手段，净稳定资金比率开始上升。净稳定资金比率在金融危机前都显著低于金融危机期间和金融危机之后的水平，存在显著差异。而在金融危机期间和金融危机之后这两个样本期净稳定资金比率不存在显著差异。说明自金融危机开始净稳定资金比率处于上升态势，并将高水平的净稳定资金比率保持到了金融危机之后。净稳定资金比率确实能够较好地衡量商业银行结构流动性和期限错配的风险。这种变化来自在金融危机前，商业银行信贷扩张严重，倾向于从市场上借入短期融资，比如批发性融资和央行贷款，其零售存款份额下降。因此在金融危机前，商业银行的净稳定资金比率水平显著低于其他时期，期限错配现象严重。金融危机中市场流动性枯竭，金融危机开始后，银行意识到保持足够的流动性储备，减少信贷供给，提高其吸收损失和缓解流动性压力的能力。商业银行开始通过各种手段提高结构流动性，应对金融危机；③在银行规模上的差异，小规模银行在金融危机期间受到的流动性冲击更显著，调整资产负债结构的力度更大，净稳定资金比率的变化幅度显著大于大规模银行，因此在金融危机之后其净稳定资金比率超过了大规模银行。同时无论规模大小，在金融危机前后的净稳定资金比率均发生了显著变化；④在资本上的差异，资本率对净稳定资金比率存在显著为正的影响，资本越充足，越是安全的银行其结构流动性状况越好，除此之外，二者具有因果关系的原因还包括股本的增加既能提高资本率水平，又以100%的权重进入可用稳定融资中计算净稳定资金比率。⑤在商业模式上的差异，从国际上来看，目前美国的商业银行经营业务多元，收入来源多样化，并不主要依赖利息收入。由于制度原因及严格的监管，我国商业银行在过去的几十年大多数依靠存贷利差作为主要收入来源，仅几年开始大力发展中间业务等业务种类，以及开始重视资管、投行等业务。以信贷资产占比来衡量一个商业银行依靠利息收入的程度，作为衡量银行商业模式的指标，发现商业银行的盈利模式显著影响其净稳定资金比率水平。依赖利息收入的银行，比那些具有多样化利润来源，比如资管和投行业的银行，具有更高的净稳定资金比率，即那些收入结构多样化的银行更倾向于使用替代性的融资来源，比如批发性融资。因此，巴塞尔协议Ⅲ流动性新规对那些投行和综合性银行的影响要更严重，将减弱不同商业模式银行之间净稳定资金比率的差异；⑥在所有制结构上的差异，国有大型银行的净稳定资金比率显著更高。中国商业银行目前的所有制结构正在出现分化，监管当局对设立民营银行开始放宽，但仍是国有银行为主的一个市场结构。因此本书也分析了银行类型对净稳定资金比率的影响。国有商业银行的股东，或者说是国有资本往往更加风险厌恶，更加重视安全性。在中国的现实经济体制下，由于商业银行在经济运行中所起的至关重要的作用，我国还是一个以间接融资为主的经济体，因此国有银行对安全性的重视显而易见。同时在金融危机期间，大型国有商业银行和村镇商业银行的净稳定资金比率显著异于其他银行；⑦受市场收益率价差影响。当市场收益率曲线较为倾斜时，长期融资和短期融资收益率到期风险溢价价差更大，此时商业银行倾向于选择短期融资，用于长期投资。因此，货币市场的收益率价差与银行净稳定资金比率负相关。

（2）从在市场流动性冲击下，净稳定资金比率是否能够提高商业银行资产配置稳定性的角度出发，检验巴塞尔协议Ⅲ流动性监管的有效性。净稳定资金比率代表了银行的长期结构流动性，期限错配风险大小，该比率越高表明银行的期限错配风险越小。

对贷款资产配置而言，流动性冲击下，银行收缩风险资产，减少信贷配置，贷款资产占比下降。具有较高稳定融资来源比例的银行，期限错配还不严重的银行，具有空间吸收和缓解流动性冲击对商业银行信贷资产占比的负向作用，净稳定资金比率的提高有助于缓解流动性冲击对银行信贷资产调整的压力。在巴塞尔协议Ⅲ框架下，银行为满足巴塞尔协议Ⅲ流动性新规，将增加稳定融资来源。在面对流动性冲击时，其融资来源较稳定，银行出售金融资产和实物抵押品的压力减小，也可以支持其继续持有风险资产，因此流动性冲击对信贷供给的负向作用被削弱。净稳定资金比率能够起到稳定商业银行贷款资产占比的作用。同时在金融危机期间，净稳定资金比率越高的银行，信贷资产占比降低的幅度越小。

针对流动资产占比，在流动性冲击下，银行为了应对突然增加的流动性需求，会将其他资产转换为流动性更好的资产。在金融危机期间，净稳定资金比率较大的银行，期限错配风险较小，其流动资产占比上升的幅度更小，从这个角度上看，净稳定资金比率有助于稳定银行的流动资产配置。

针对无收益的非盈利资产占比，流动性冲击造成商业银行可盈利的风险资产的大量缩水，而非盈利资产增加，主要原因是出于应对流动性冲击的目的，准备更多流动性强的非盈利资产。净稳定资金比率的提高，意味着期限错配风险的下降，要求持有较少长期风险资产，导致非盈利资产上升。同时由于非盈利资产占比的提高严重削弱银行的盈利能力，因此，市场流动性风险、金融危机和较高的净稳定资金比率都会降低银行的盈利能力。净稳定资金比率与流动性冲击都能促使银行非盈利资产占比上升，但是存在替代效应，净稳定资金比率能够减弱流动性冲击对银行非盈利资产的影响。流动性冲击迫使商业银行减持风险资产，而不得不增加非盈利资产的配置比例，而随着净稳定资金比率的提高，期限错配风险的减弱，风险暴露的降低，净稳定资金比率能够缓解流动性冲击对非盈利资产配置的提升。净稳定资金比率，作为一种结构流动性，能够帮助银行稳定非盈利资产的配置比例。从类型来看，对股份制银行来说，净稳定资金比率对冲流动性冲击的作用更强烈。对城市商业银行来说，净稳定资金比率对冲流动性冲击的作用较弱。对城市商业银行来说，净稳定资金比率对冲流动性冲击的作用较强。

在流动性冲击下，巴塞尔协议Ⅲ流动性监管新规制定的净稳定资金比率可以减弱商业银行减少或出售信贷资产的压力，弱化风险资产缩水的效应，减缓流动资产和非盈利资产提升的效应，即能够稳定流动性冲击下银行的资产配置，降低波动，减弱风险在金融市场上的传导，防止资产价格的剧烈波动，稳定金融体系，从而减弱风险在金融市场上的传导，进一步稳定实体经济。从吸收和缓释流动性冲击对银行资产配置影响的角度上来讲，净稳定资金比率的监管是有效的，净稳定资金比率的提高，能够提高银行资产配置面对流动性冲击的弹性。

（3）从净稳定资金比率是否能够降低银行破产风险的角度出发，检验巴塞尔协议Ⅲ流动性监管的有效性。从银行个体层面看，对净稳定资金比率的监管是通过降低期限错配的长期流动性风险暴露，提高商业银行抵御流动性冲击的能力，降低银行破产的风险。

净稳定资金比率在降低资产回报波动性，降低银行破产风险方面，具有显著的直接效应。净稳定资金比率作为一种长期结构流动性指标，对其监管能够促使商业银行在资产负债的期限匹配上更加稳健的经营，金融资产的期限往往与收益和风险挂钩，期限越长的金融资产面临的风险也越大，通过促使银行平衡其资产负债的期限匹配，从而使其经营更加谨慎。净稳定资金比率能够直接降低银行的收益波动和破产风险。

净稳定资金比率除了具有直接降低破产风险的作用，还具有间接效应。净稳定资金比率能够吸收和对冲某些风险变量对银行破产风险的冲击：①系统流动性风险能够显著的提高银行的平均资产回报率波动性，提高银行的破产风险。而净稳定资金比率的提高，通过降低银行个体的期限错配风险，能够吸收和缓释系统流动性风险对银行的冲击，提高银行抵御系统流动性风险的能力；②净稳定资金比率能够平稳非利息业务带来的回报率波动；③在银行的盈利能力方面，银行成本收入比代表了其盈利的效率，本书结论显示，成本收入比过高，减低了银行的盈利能力，自然就增加了银行资产回报率的波动性和加剧了破产风险，而净稳定资金比率通过降低期限错配风险，能够对冲银行运营效率过低带来的回报率波动性和破产风险的加剧。另外，净稳定资金比率还能够强化银行某些特征对风险的抵御能力：①在中国，规模越大的银行，受到的监管越强，其盈利能力越强，而且目前银行参与资本市场风险广度和深度还不强，因此银行的资产规模能够显著的提升银行资产回报率的稳定性和降低银行的破产可能性。而净稳定资金比率的提高进一步降低了银行期限错配风险，增加其资产运用和负债来源的多元化，能够显著的强化银行规模与破产风险的负面作用；②净稳定资金比率能够显著地减弱由于杠杆率降低带来的收益波动性，强化资本率提高对银行破产风险的抵抗能力。

净稳定资金比率既能够直接降低银行的收益波动性和破产风险，又能够吸收和对冲某些风险变量对银行破产风险的冲击，强化银行某些特征对风险的抵御能力。从减低银行破产风险的角度看，巴塞尔协议Ⅲ流动性监管是有效的。

（4）研究资本监管与流动性监管的混合效应。在全球金融危机期间，银行即使满足资本充足最低监管要求，但是由于过度的杠杆化和受到流动性冲击的影响，银行依然会倒闭破产，因此巴塞尔委员会在巴塞尔协议Ⅲ中引入基于无风险的杠杆率指标，提出了新的流动性监管框架。

在资产配置稳定性方面，尽管在金融危机期间，杠杆化越低的银行，依然可以持续地提供信贷，但是不能对冲系统流动性冲击的影响，仅能吸收杠杆风险，而其他两个基于风险的资本充足指标也不能吸收系统流动性风险。同时，在非盈利资产配置方面，仅结构流动性监管能够冲击市场流动性带来的风险，而资本监管，无论是基于风险的资本充足、还是基于无风险的资本充足都不能对冲系统流动性风险对非盈利资产占比配置的影响。因此，尽管资本监管能够显著影响银行的资产配置，在金融危机期间，杠杆率较低的银行，资本缓冲较多的银行，可以持续提供信贷和减少非盈利资产，但是并不能对冲流动性风险对资产配置的影响，而净稳定资金比率则可以很好地发挥这个作用。从稳定银行资产配置方面来看，净稳定资金比率是对资本监管的有效补充。

在收益率波动方面，杠杆率、核心一级资本充足率和总资本率等资本监管指标都与ROA的回报率波动呈正相关，无论是基于无风险的，还是基于风险的资本监管都无法对冲系统流动性风险对银行收益波动性的影响，而净稳定资金比率能够起到这样的作用。在平缓收益率波动方面，流动性监管是对资本监管的有效补充。

在解释破产风险方面，净稳定资金比率和杠杆率同时起作用，更高的结构流动性水平和更低杠杆化，能够提高银行的安全性，降低破产风险。而且，净稳定资金比率和杠杆率都可以吸收系统流动性冲击对破产风险的影响。在这个角度上，如果银行的结构流动性不够充分，具有足够的资本缓冲也能够起到吸收流动性风险的作用，二者发挥协同作用。

在破产风险的组成部分：资产组合风险和杠杆风险方面，研究发现，在降低银行资产组合风险方面，净稳定资金比率是显著的，而资本监管的三个指标都不显著，说明在银行资产组合风险方面，资本监管无法起到有效作用。在降低杠杆风险方面，净稳定资金比率和杠杆率都是有效的，而基于风险的资本充足指标核心一级资本充足率和总资本率，虽然也是资本监管的指标，但是并不能降低银行面临的杠杆风险。因此，通过细分银行的破产风险，发现首先杠杆率和净稳定资金比率是对过去基于风险的资本充足监管的有效补充，其次净稳定资金比率和杠杆率之间也是互补的。

综上所述，巴塞尔协议Ⅲ流动性监管的两个指标，流动性覆盖率已经由中国监管当局正式启用，自2015年开始实施，而净稳定资金比率还没有纳入实施的监管框架中。国内外仍然对净稳定资金比率的有效性和适用性进行研究。本书基于中国银行业的研究显示，净稳定资金比率在中国银行的监管中，能够有效降低市场流动性冲击对银行资产配置、收益率波动和破产概率的影响，能够起到资本监管所无法发挥的作用，可以说巴塞尔协议Ⅲ流动性监管是有效的，与资本监管互补的。

7.2　巴塞尔协议Ⅲ流动性监管的适用性建议

7.2.1　基于银行异质性的差异化监管

尽管针对中国银行业的面板模型显示净稳定资金比率监管是有效的，但是在实施过程中，也不能一概而论，针对不同规模、不同类型的银行，应该有所区别，进行差异化监管。

本书的结论显示，净稳定资金比率的有效性在规模和类型不同的银行之间存在差异。

（1）规模和类型影响银行的净稳定资金比率水平。全球商业银行的净稳定资金比率分化情况显著，不同特征银行的净稳定资金比率不同。资产规模是决定一个商业银行融资能力的重要因素，如果以2000亿元人民币为资产规模分界线，将银行划分为大规模银行和小规模银行的话，可以发现在金融危机之前，大规模银行的净稳定资金比率显著高于小规模银行。从金融危机开始，小规模银行的净稳定资金比率开始上升，并超过大规模银行。

银行类型方面，在金融危机期间，村镇商业银行（RCB）的净稳定资金比率水平是最高的。大型国有商业银行（LSCB）的净稳定资金比率是最稳健的，在金融危机之前，平稳的处于高位，危机期间，不断上升，在金融危机之后超过村镇商业银行在高位平稳运行。而外国银行（FOR）的净稳定资金比率则波动较大，2005—2007年一直处于相对较低水平，之后迅速上升。该结果与金融危机期间商业银行应对流动性风险的行为是一致的。说明在流动性风险管理方面，我国国有大行的长期流动性风险暴露还是较小的，运行较为稳健。

面板模型的结论也证实了，在金融危机期间，大型国有银行和村镇商业银行的净稳定资金比率水平较高。全样本期间，整体上大型国有银行的净稳定资金比率显著的较高。

（2）净稳定资金比率的资产配置稳定作用在规模和类型上存在差异。在银行规模方面，针对贷款资产占比，流动性冲击对小规模银行的贷款占比冲击更大，更显著，面临同样的市场流动性冲击，小规模银行资产配置的稳定性更差。同时由于小规模银行的融资成本高，在发生流动性冲击时，由于信息不对称，其面临的赎回风险更为严峻，其将出售更多的资产以换取足够的流动性，因此净稳定资金比率对贷款配置的稳定作用在小规模银行中更显著。针对流动资产占比，对大规模样本来说，净稳定资金比率的作用要更强烈，净稳定资金比率对冲流动性冲击的效应也更强烈。

在银行类型方面，针对贷款资产占比，对大型国有银行来说，净稳定资金比率的稳定作用显著更强，对城市商业银行来说，净稳定资金比率的稳定作用显著更弱，对村镇商业银行来说，净稳定资金比率对流动性冲击的调节作用要更好。针对流动资产占比，对村镇商业银行来说，净稳定资金比率对流动资产的作用更强烈，净稳定资金比率对冲流动性冲击的作用也更强烈。针对非盈利资产占比，对股份制银行来说，净稳定资金比率对冲流动性冲击的作用更强烈。对城市商业银行来说，净稳定资金比率对冲流动性冲击的作用较弱。对城市商业银行来说，净稳定资金比率对冲流动性冲击的作用较强。

（3）净稳定资金比率的破产风险吸收作用在规模和类型上存在差异。在银行规模方面，针对收益率标准差，系统流动性风险和净稳定资金比率对小规模银行样本的影响力都更强。净稳定资金比率对收益率波动性的平稳作用在小规模银行中显著。针对破产风险，系统流动性风险TED价差对大规模银行的破产风险影响力要高于小规模银行。相应的，净稳定资金比率对大规模银行的破产风险的影响力度同样大于全样本的估计结果。

在银行类型方面，针对收益率标准差，对于股份制银行和外国银行来说，净稳定资金比率的收益率稳定作用显著的优于其他类型的银行。股份制银行净稳定资金比率对ROA的平缓作用显著强于全样本的效应，可以说在收益率波动风险方面，净稳定资金比率对风险的缓释作用要优于其他类型银行。针对破产风险，股份制银行的净稳定资金比率对破产风险抑制作用效果更好。

规模、类型仅是本书对银行异质性的初步划分，实际上银行的异质性可以体现在很多方面，比如还有商业模式、经营风格、资本率、主营业务等等。因此，应该基于银行的异质性，进行差异化监管。差异化监管在2015年9月中国银行业监督管理委员会（现中国银行保险监督管理委员会）发布的修改版《商业银行流动性风险管理办法（试行）》中已经有所体现。《办法》中指出农村合作银行、村镇银行、农村信用社、外国银行分行以及资产规模小于2000亿元人民币的商业银行不适用流动性覆盖率监管要求。基于以上分析本书提出以下差异化监管建议：①净稳定资金比率数量要求。巴塞尔协议Ⅲ对净稳定资金比率的最低要求是100%。在中国的监管实践中，可以针对银行规模、类型等特点，设置不同的最低要求，或者适用对象。②净稳定资金比率计量方法要求。针对银行的商业模式、风险暴露的特征等，可以调整净稳定资金比率计算中的权重分配。③过渡期安排。在全面调查不同银行的流动性风险暴露的情况下，可以在过渡期安排上有所差异，针对风险较高的银行，可以设定较严格的过渡期安排，针对风险暴露较小的银行，可以设定较宽松的过渡期安排。

7.2.2 流动性监管与资本监管的协调

上文结论显示从稳定银行资产配置方面来看，净稳定资金比率是对资本监管的有效补充，在平缓收益率波动方面，流动性监管是对资本监管的有效补充，在破产风险方面，净稳定资金比率和杠杆率同时起作用的，更高的结构流动性水平和更低杠杆化，能够提高银行的安全性，降低破产风险。在这个角度上，资本监管和流动性监管都是需要的。而且，净稳定资金比率和杠杆率都可以吸收系统流动性冲击对破产风险的影响。在这个角度上，如果银行的结构流动性不够充分，具有足够的资本缓冲也能够起到吸收流动性风险的作用，二者发挥协同作用。从提高银行安全性的角度和抵御系统流动性风险对银行安全性影响的角度看，资本监管对大规模银行有效，流动性监管和资本监管同时对小规模银行有效。同时，针对细分的破产风险，净稳定资金比率对降低资产组合风险有效，杠杆率和净稳定资金比率对降低杠杆率风险有效。

因此，从监管效率的角度看，在监管实践中，需要协调资本监管与流动性监管的关系。本书提出以下建议：①基于银行的主要风险类型，在监管选择上，注重资本监管与流动性监管的协调。比如针对资产组合风险，要强调流动性监管。②针对不同的银行，实施不同的监管选择，比如对大规模银行，强调资本监管，对小规模银行强调结构流动性风险。

7.2.3 监管成本与监管收益的平衡

在金融监管中，为了达到监管者实施监管行为所要达到的目标，必然会在监管过程中使用稀缺的经济资源，如监管中耗费的人、财、物等。同时金融监管相当于给金融机构的经营收益最大化目标中，又加入了约束条件。因此金融监管活动必然产生监管成本。一般而言，可以将金融监管引起的成本分为两大类，一是金融监管的狭义成本，即直接成本，包括监管机构执行监管过程中所耗费的资源与被监管者因遵守监管条例而耗费的资源，二是金融监管的广义成本，即除了狭义成本之外，监管还存在间接成本，主要指因被监管者改变了原来的行为方式而造成的福利损失。相对于整个银行业因为被监管而产生的福利损失，监管当局所耗费的资源还是少数的，即从整个金融体系来看，监管的直接成本远远小于其间接成本。

金融监管的收益是指监管当局实施监管后，金融机构安全性增强，金融体系稳定性增强，从而使得社会福利提高的收益。对商业银行来说，金融监管的收益一方面体现在投资者投资的安全性，金融机构经营安全性和金融体系的稳定性。另一方面体现在可能的宏观经济增长方面。

针对净稳定资金比率，本书已经验证了其存在有效性，能够提高银行的安全性，降低系统流动性风险对银行的影响，存在监管收益。相应的，其监管成本主要体现在：①影响商业银行的资产结构；②影响商业银行的盈利能力；③通过信贷渠道影响社会总产出。由于低收益率的流动性产品和长期融资对银行来说会增加成本，普遍认为流动性监管新规的影响将降低借贷利差，至少也存在短期的影响。比如金（King，2013）发现即使采用满足 NSFR 的成本最小的策略，净利差平均降低 70~80 个基点。进一步的，借贷利差的降低将显著影响银行的资本回报率。净稳定资金比率的监管收益主要体现在：保证银行的稳健性和安全性，防止银行业受到流动性风险的影响，进一步的防止银行风险向实体经济传染。本书结论也显示净稳定资金比率的提高会提高银行的非盈利资产占比，影响银行的盈利能力。

因此，可以看到，实施新的净稳定资金比率监管指标不仅要考虑到其有效性，还要深入研究其监管成本，在成本和收益之间达到平衡。在流动性监管的实施中，应该在全面分析中国银行业系统风险和非系统流动性风险的基础上，结合中国宏观经济周期，合理设定过渡期安排，合理设定净稳定资金比率计算权重，以及合理设定监管标准，以期达到监管收益与成本的平衡。

参考文献

巴曙松，尚航飞，朱元倩，2012. 巴塞尔Ⅲ流动性风险监管的影响研究[J]. 新金融，（11）：41-45.

昌忠泽，2010. 流动性冲击、货币政策失误与金融危机——对美国金融危机的反思[J]. 金融研究，（7）：18-34.

陈道富，2011. 提高我国银行流动性风险监管[J]. 发展研究，（9）：54-57.

陈华，赵俊燕，2009. 美国金融危机传导过程、机制与路径研究[J]. 经济与管理研究，（2）：102-109.

陈雨露，张成思，2008. 全球新型金融危机与中国外汇储备管理的战略调整[J]. 国际金融研究，（11）：4-11.

邓雄，2014. 商业银行股权结构与冒险行为、破产风险关系的实证研究——基于14家上市商业银行面板数据的分析[J]. 上海经济研究，（4）：16-22，31.

郭宏宇，2016. 美国逐步升级的流动性监管政策评析——通过控制流动性风险来扭转货币政策的棘轮[J]. 银行家，（6）：92-95.

韩剑，2009. 流动性冲击与金融危机传染[J]. 上海金融，（4）：52-55.

何秉孟，2010. 美国金融危机与国际金融垄断资本主义[J]. 中国社会科学，（2）：28-44，220-221.

何德旭，郑联盛，2009. 金融危机：演进、冲击与政府应对[J]. 世界经济，（9）：82-96.

贺文峰，2013. 银行资本监管的效率效应实证检验[J]. 经济研究导刊，（9）：93-97.

黄国妍，2015. 中国商业银行收入结构多元化能够分散银行风险吗?[J]. 金融经济学研究，（6）：16-28.

黄隽，章艳红，2010. 商业银行的风险：规模和非利息收入——以美国为例[J]. 金融研究，(6)：75-90.

黄宪，马理，代军勋，2005. 资本充足率监管下银行信贷风险偏好与选择分析[J]. 金融研究，(7)：95-103.

黄宪，熊启跃，2013. 银行资本缓冲、信贷行为与宏观经济波动——来自中国银行业的经验证据[J]. 国际金融研究，(1)：52-65.

黄宪，熊启跃，2014. 银行资本监管作为逆周期调节工具的经济学解释——基于逆周期“资本缓冲”功能的视角[J]. 金融评论，(1)：54-73，124-125.

黄志凌，2015. 问题银行的判断与破产早期干预机制[J]. 金融研究，(7)：45-59.

贾春新，2007. 国有银行与股份制银行资产组合配置的差异研究[J]. 经济研究，(7)：124-136.

康立，龚六堂，2014. 金融摩擦、银行净资产与国际经济危机传导——基于多部门DSGE模型分析[J]. 经济研究，(5)：147-159.

孔爱国，卢嘉圆，2010. 市场约束、商业银行治理与风险的实证研究[J]. 金融研究，(5)：102-115.

李明辉，刘莉亚，孙莎，2014. 发展非利息业务对银行有益吗?——基于中国银行业的实证分析[J]. 国际金融研究，(11)：11-22.

廉永辉，张琳，2015. 流动性冲击、银行结构流动性和信贷供给[J]. 国际金融研究，(4)：64-76.

刘朝阳，安亚人，2012. 金融机构信贷扩张、资产价格波动与金融危机——基于资产负债表分析模型[J]. 税务与经济，(6)：17-22.

刘海虹，2000. 商业银行资产配置问题研究[M]. 北京：中国经济出版社.

刘莉亚，李明辉，孙莎，等，2014. 中国银行业净息差与非利息收入的关系研究[J]. 经济研究，(7)：110-124.

刘小铭，沈利生，2008. 我国信贷规模与货币供应量关系的实证研究[J]. 统计与决策，(23)：106-108.

鲁篱，熊伟，2010. 后危机时代下国际金融监管法律规制比较研究——兼及对我国之启示[J]. 现代法学，(4)：148-158.

罗雪飞，彭育贤，覃兆勇，等，2015. 我国实施巴塞尔Ⅲ流动性监管新规的影响研究[J]. 金融监管研究，(3)：46-63.

马晶，2015. 我国存款利率市场化对银行风险的差异化影响[J]. 财经科学，(7)：1-9.

马茂钊，2012. 银行流动性风险监管理念的最新进展[J]. 江苏商论，(21)：29-29.

马棪，2013. 从《巴塞尔协议Ⅲ》看我国商业银行流动性监管面临的挑战及对策[J]. 商，(15)：126.

马永强，陈欢，2013. 金融危机冲击对企业集团内部资本市场运行的影响——来自我国民营系族企业的经验证据[J]. 会计研究，(4)：38-45，95.

潘敏，张依茹，2013. 股权结构会影响商业银行信贷行为的周期性特征吗——来自中国银行业的经验证据[J]. 金融研究，(4)：29-42.

彭建刚，黎灵芝，刘波，2015. 融资流动性对商业银行资产配置行为的动态影响[J]. 财经理论与实践，(3)：2-8.

彭星，李斌，黄治国，2014. 存款利率市场化会加剧城市商业银行风险吗——基于中国24家城市商业银行数据的动态GMM检验[J]. 财经科学，(12)：1-10.

秦宛顺，靳云汇，卜永祥，2003. 中国基础货币与货币供应量、信贷量关系的分析[J]. 数量经济技术经济研究，(6)：20-23.

隋洋，白雨石，2015. 中资银行应对流动性监管最新要求的策略研究[J]. 国际金融研究，(1)：62-69.

孙镭，2006. 货币供应量、信贷总量对宏观经济变量影响的差异性——中国1998~2004年的经验分析[J]. 统计与信息论坛，(2)：93-98.

孙莎，李明辉，刘莉亚，2014. 商业银行流动性创造与资本充足率关系研究——来自中国银行业的经验证据[J]. 财经研究，(7)：65-76，144.

孙昱，2013. 建立以中央银行为主导的流动性监管体系的构想[J]. 经营管理者，(30)：17-17.

谭中，粟芳，2011. 货币政策、市场约束与银行风险承担行为的实证分析[J]. 上海财经大学学报，(5)：57-65.

王丁雨，2013. 我国商业银行资本充足率监管有效性的实证研究[D]. 西安：西北大学.

王红建，李青原，邢斐，2014. 金融危机、政府补贴与盈余操纵——来自中国上市公司的经验证据[J]. 管理世界，(7)：157–167.

王家华，王瑞，2016. 影子银行会加剧银行破产风险吗?——基于我国上市银行的实证分析[J]. 金融发展研究，(6)：3–10.

王静，2010. 新巴塞尔协议框架下有效银行监管研究[D]. 上海：复旦大学.

王玲玲，朱江，2012. 货币供应量、金融机构信贷与通货膨胀动态关系比较研究[J]. 金融纵横，(1)：9–13.

王曼怡，2011. 货币供应量、信贷规模与我国通货膨胀的关联性[J]. 金融与经济，(4)：23–25，47.

王晓晗，杨朝军，2013. 流动性冲击与银行资产配置的实证研究[J]. 现代管理科学，(11)：12–14.

王兆星，2014. 我国银行流动性监管制度变革——银行监管改革探索之四[J]. 中国金融，(21)：9–12.

吴娜，栾贵勤，2014. 我国货币供应量及其对经济增长影响的研究[J]. 科技与管理，(4)：14–17，22.

吴培新，2008. 货币政策分析中的货币供应量和信贷规模[J]. 经济科学，(5)：5–14.

吴诗伟，朱业，李拓，2015. 利率市场化、互联网金融与商业银行风险——基于面板数据动态GMM方法的实证检验[J]. 金融经济学研究，(6)：29–38.

武力超，2013. 金融危机前后金融体系结构变化和制度因素分析[J]. 国际金融研究，(2)：85–96.

杨桂苓，2011.《巴塞尔协议Ⅲ》框架下我国上市银行资本充足率分析[J]. 浙江金融，(1)：29–33.

杨丽萍，陈松林，王红，2008. 货币供应量、银行信贷与通货膨胀的动态关系研究[J]. 管理世界，(6)：168–169.

尹继志，2014. 我国银行业流动性风险监管新规及相关问题研究——《商业银行流动性风险管理办法（试行）》解读[J]. 西南金融，(7)：33–38.

尹志锋，张悦，2014. BASEL Ⅲ流动性监管新规的潜在影响与对策研究[J]. 金融监管研究，（2）：47-56.

翟光宇，郭娜，2011. 资本充足监管对我国银行资产结构的影响分析[J]. 社会科学辑刊，（4）：128-130.

张超，2016. 我国商业银行资本充足监管有效性研究[D]. 太原：山西财经大学.

张健华，王鹏，2012. 银行风险、贷款规模与法律保护水平[J]. 经济研究，（5）：18-30，70.

张静娴，2014. 基于ZSCORE指数的中国商业银行破产风险分析[J]. 山东农业大学学报（自然科学版），（2）：293-297.

张秀文，2012. 加强我国商业银行流动性风险监管研究[J]. 财政监督，（10）：54-57.

张学勇，宋雪楠，2011. 金融危机下货币政策及其效果：基于国际比较的视角[J]. 国际金融研究，（9）：9-17.

张宗益，吴俊，刘琼芳，2008. 资本充足率监管对银行风险行为的影响[J]. 系统工程理论与实践，（8）：183-189.

章彰，2013. 客观审视流动性风险监管指标在我国的适用性[J]. 银行家，（4）：7，56-59.

中国社会科学院国际金融危机与经济学理论反思课题组，杨春学，谢志刚，2009. 国际金融危机与凯恩斯主义[J]. 经济研究，（11）：22-30.

周开国，李琳，2011. 中国商业银行收入结构多元化对银行风险的影响[J]. 国际金融研究，（5）：57-66.

周良，2009. 银行流动性风险监管理念的最新进展[J]. 上海金融，（2）：42-45.

祝继高，王春飞，2013. 金融危机对公司现金股利政策的影响研究——基于股权结构的视角[J]. 会计研究，（2）：38-44，94.

邹宗森，2013. 我国商业银行资本结构与流动性关系实证分析 [J]. 上海金融，（8）：43-47，117.

ACHARYA V V， ALMEIDA H， CAMPELLO M， 2013. Aggregate risk and the choice between cash and lines of credit[J]. The Journal of Finance （68）： 2059-

2116.

ADRIAN T，BOYARCHENKO N，2012. Intermediary leverage cycles and financial stability[J]. Social Science Electronic Publishing.

AGÉNOR PR，AIZENMAN J，HOFFMAISTER AW，2004. The credit crunch in East Asia：what can bank excess liquid assets tell Us?[J]. Journal of International Money & Finance，23（1）：27–49.

ALDASORO I，FAIA E，2016. Systemic loops and liquidity regulation[J]. Journal of Financial Stability，27：1–16.

ALLEN B，CHAN K K，MILNE A，et al.，2012. Basel Ⅲ：is the cure worse than the disease?[J]. International Review of Financial Analysis，25（6）：159–166.

ALLEN F，CARLETTI E，GALE D，2009. Interbank market liquidity and central bank intervention[J]. Journal of Monetary Economics，56（5）：639–652.

ALTMAN EI，1968. Financial ratios，discriminant analysis and the prediction of corporate bankruptcy[J]. The Journal of Finance，23（4）：589–609.

ANGELINI P，CLERC L，CÚRDIA V，et al.，2015. Basel Ⅲ：long-term impact on economic performance and fluctuations[J]. The Manchester School，83（2）：217–251.

BALASUBRAMANYAN L，VANHOOSE D D，2013. Bank balance sheet dynamics under a regulatory liquidity-coverage-ratio constraint [J]. Journal of Macroeconomics，37（3）：53–67.

BCBS，2014. Basel Ⅲ：the net stable funding ratio[R]. Basel：Basel Committee on Banking Supervision.

BELTRATTI A，STULZ RM，2012. The credit crisis around the globe：why did some banks perform better? [J]. Journal of Financial Economics，105（1）：1–17.

BERGER AN，BOUWMAN CH，2013. How does capital affect bank performance during financial crises?[J]. Journal of Financial Economics，109（1）：146–176.

BERGER AN，BOUWMAN CHS，2009. Bank liquidity creation[J]. Review of Financial Studies，22（9）：3779–3837.

BHATTACHARYA S, THAKOR AV, 1993. Contemporary banking theory[J]. Journal of Financial Intermediation, 3 (1): 2.

BOLOGNA P, 2011. Is there a role for funding in explaining recent US bank failures? [J]. Imf Working Papers, 11 (180) .

BONNER C, LELYVELD IV, ZYMEK R, 2015. Banks' Liquidity Buffers and the Role of Liquidity Regulation[J]. Journal of Financial Services Research, 48 (3): 215-234.

BORDO M D, 1986. Financial crises, banking crises, stock market crashes and the money supply: some international evidence, 1870-1933[M]// Financial Crises and the World Banking System. Palgrave Macmillan UK.

BORDO MD, 2009. An historical perspective on the crisis of 2007-2008[J]. Social Science Electronic Publishing, 102 (3): 0-558.

BOYD JH, 2007. Bank risk-taking and competition revisited: new theory and new evidence [J]. IMF Working Papers, 6 (6): 1343-1329.

BRUNNERNERIER MK, PEDERSEN, 2007. Market Liquidity and Funding Liquidity [J]. Review of Financial Studies, 22 (6): 2201-2238.

BRUNNERNERIER MK, 2009. Deciphering the liquidity and credit crunch 2007-2008[J]. Journal of Economic Perspectives, 23 (1): 77-100.

BRYANT J, 1980. A model of reserves, bank runs, and deposit insurance [J]. Journal of Banking & Finance, 4 (4): 335-344.

CEBENOYAN AS, STRAHAN PE, 2004. Risk management, capital structure and lending at banks [J]. Center for Financial Institutions Working Papers, 28 (1): 0-43.

CHALERMCHATVICHIEN P, JUMREONWONG S, JIRAPORN P, 2014. Basel Ⅲ, ownership concentration, risk-taking, and capital stability: evidence from Asia[J]. Social Science Electronic Publishing.

CHAN KS, DANG VQT, LAI JT, et al., 2011. Regional capital mobility in China: 1978-2006[J]. Journal of International Money & Finance, 30 (7): 1506-1515.

CHIARAMONTE L，CASU B，2016. Capital and liquidity ratios and financial distress. evidence from the European banking industry[J]. British Accounting Review，49（2）：138–161.

CHOUCHÈNE M，FTITI Z，KHIARI W，2016. Bank–to–bank lending channel and the transmission of bank liquidity shocks：evidence from France[J]. Research in International Business & Finance，39：940–950.

CIFUENTES R，FERRUCCI G，SHIN HS，2005. Liquidity risk and contagion[J]. Journal of the European Economic Association，3（2）：556–566.

COLE R A，GUNTHER J，1995. A CAMEL rating's shelf life[J]. Social Science Electronic Publishing.

COLE R A，WHITE L J，2012. Déjà vu all over again：the causes of U.S. commercial bank failures this time around[C]// University Library of Munich，Germany：5–29.

CORNETT MM，MCNUTT JJ，STRAHAN PE，et al.，2011. Liquidity risk management and credit supply in the financial crisis[J]. Journal of Financial Economics，101（2）：297–312.

CRAIG BR，FECHT F，TÜMER–ALKAN G，2015. The role of interbank relationships and liquidity needs[J]. Journal of Banking & Finance，53：99–111.

DELIS MD，STAIKOURAS PK，2009. Supervisory effectiveness and bank risk[J]. Review of Finance，15（3）：511–543.

DEMIRGÜÇ–KUNT A，HUIZINGA H，2009. Bank activity and funding strategies：the impact on risk and returns[J]. Journal of Financial Economics，98（3）：626–650.

DIAMOND D W，2006. Comment on ‘bubbles and capital flow volatility：causes and risk management’[J]. Journal of Monetary Economics，53（1）：55.

DIAMOND D W，DYBVIG P H，1983. Bank runs，deposit insurance，and liquidity [J]. Journal of Political Economy，91（3）：401–419.

DIAMOND D W，RAJAN R G，2005. Liquidity shortages and banking crises[J]. Journal of Finance，60（2）：615–647.

DIAMOND D W, RAJAN RG, 2000. A theory of bank capital[J]. Journal of Finance, 55 (6): 2431-2465.

DIAMOND D W, RAJAN RG, 2001a. Banks and liquidity[J]. American Economic Review, 91 (2): 422-425.

DIAMOND D W, RAJAN RG, 2001b. Liquidity risk, creation and financial fragility: a theory of banking[J]. Journal of Political Economy, 109 (2): 287-327.

DIAMOND D W, RAJAN RG, 2009. Fear of fire sales, illiquidity seeking, and credit freezes[J]. Quarterly Journal of Economics, 126 (2): 557-591.

DIETRICH A, HESS K, WANZENRIED G, 2014. The good and bad news about the new liquidity rules of Basel Ⅲ in western European countries[J]. Journal of Banking & Finance, 44: 13-25.

DISTINGUIN I, ROULET C, TARAZI A, 2013. Bank regulatory capital and liquidity: evidence from US and European publicly traded banks[J]. Journal of Banking & Finance, 37 (9): 3295-3317.

ECB, 2014. Financial stability review[R]. European Central Bank (ECB).

ENNIS HM, KEISTER T, 2006. Bank runs and investment decisions revisited[J]. Journal of Monetary Economics, 53 (2): 217-232.

FARAG M, HARLAND D, NIXON D, 2013. Bank capital and liquidity[J]. Bank of England Quarterly Bulletin, 53 (3): 201-215.

FRANCK R, KRAUSZ M, 2007. Liquidity risk and bank portfolio allocation[J]. International Review of Economics & Finance, 16 (1): 60-77.

FRENKEL JA, JOVANOVIC B, 1980. On transactions and precautionary demand for money[J]. Quarterly Journal of Economics, 95 (1): 25-43.

FUHRER LM, MÜLLER B, STEINER L, 2017. The liquidity coverage ratio and security prices[J]. Journal of Banking & Finance, 75: 292-311.

GAMBACORTA L, 2012. Do bank capital and liquidity affect real economic activity in the long run? A VECM analysis for the US[J]. Economic Notes, 40 (3): 75-91.

GARLEANU N, PEDERSEN L H, 2007. Search-and-matching financial markets. liquidity and risk management[J]. American Economic Review，97（2）：193–197.

GATEV E，STRAHAN P E，2006. Banks′ advantage in hedging liquidity risk：theory and evidence from the commercial paper market[J]. Journal of Finance，61（2）：867–892.

GAVALAS D，2015. How do banks perform under Basel Ⅲ? Tracing lending rates and loan quantity[J]. Journal of Economics & Business，81：21–37.

GERTLER M，KIYOTAKI N，2015. Banking，liquidity，and bank runs in an infinite horizon economy[J]. American Economic Review，105（7）：43–2011.

GOBAT J，YANASE M，MALONEY J F，2014. The net stable funding ratio：impact and issues for consideration[J]. Social Science Electronic Publishing，14（106）：105–110.

GORTON G ，WINTON A，2017. Liquidity provision，bank capital，and the macroeconomy[J]. Journal of Money，Credit and Banking，49（1）：5–37.

GORTON G，PENNACCHI G，1990. Financial intermediaries and liquidity creation.[J]. Journal of Finance，45（1）：49–71.

HAMMOUDEH S，CHEN L H，YUAN Y，2011. Asymmetric convergence and risk shift in the TED spreads[J]. North American Journal of Economics & Finance，22（3）：277–297.

HANSON S G，KASHYAP A K，STEIN J C，2011. A Macroprudential approach to financial regulation[J]. Journal of Economic Perspectives，25（1）：3–28.

HÄRLE P，LÜDERS E，2010. Basel Ⅲ and European banking：its impact，how banks might respond，and the challenges of implementation[M]. McKinsey Publication，1–30.

HAUSMAN J，TAYLOR W，1981. Panel data and unobservable individual effects[J]. Econometrica，49（6）：1377–1398.

HONG H，HUANG J，WU D，2014. The information content of Basel Ⅲ liquidity risk measures[J]. Journal of Financial Stability，15：91–111.

IN F，CUI J，MAHARAJ E A，2012. The impact of a new term auction facility on Libor-OIS spreads and volatility transmission between money and mortgage markets during the subprime crisis[J]. Journal of International Money & Finance, 31 (5): 1106-1125.

INTERNATIONAL MONETARY FUND, 2010. Sovereigns, funding, and systemic liquidity[J]. Global Financial Stability Report.

INTERNATIONAL MONETARY FUND, 2011. Durable financial stability: getting there from here [J]. Global Financial Stability Report.

IVASHINA V, SCHARFSTEIN D, 2010. Bank lending during the financial crisis of 2008[J]. Journal of Financial Economics, 97 (3): 319-338.

JAYADEV M, 2013. Basel Ⅲ implementation: issues and challenges for indian banks [J]. Iimb Management Review, 25 (2): 115-130.

JUNG H, KIM D, 2015. Bank funding structure and lending under liquidity shocks: evidence from Korea[J]. Pacific-basin Finance Journal, 33: 62-80.

KAPAN T, MINOIU C, 2015. Balance sheet strength and bank lending during the global financial crisis[J]. Social Science Electronic Publishing, 18 (1): 41-42.

KARMAKAR S, MOK J, 2015. Bank capital and lending: an analysis of commercial banks in the United States[J]. Economics Letters, 128: 21-24.

KASHYAP A K, RAJAN R, STEIN J C, 2002. Banks as liquidity providers: an explanation for the coexistence of lending and deposit taking[J]. Journal of Finance, 57 (1): 33-73.

KEALHOFER S, 2003. Quantifying credit risk I: default prediction[J]. Financial Analysts Journal, 59 (1): 30-44.

KIEFER N M, GOMEZGONZALEZ J E, 2006. Bank failure: evidence from the colombia financial crisis[J]. Working Papers, 3 (2) . Available at SSRN.956630.

KING M R, 2013. The Basel Ⅲ net stable funding ratio and bank net interest margins [J]. Journal of Banking & Finance, 37 (11): 4144-4156.

LAEVEN L, RATNOVSKI L, TONG H, 2016. Bank size, capital, and systemic risk: some international evidence[J]. Journal of Banking & Finance, 69: S25-S34.

LEPETIT L，NYS E，ROUS P，et al.，2008. Bank income structure and risk：an empirical analysis of European banks[J]. Journal of Banking & Finance，32（8）：1452–1467.

LEPETIT L，STROBEL F，2013. Bank insolvency risk and time–varying Z –score measures[J]. Journal of International Financial Markets Institutions & Money，25（4）：73–87.

LEPETIT L，STROBEL F，2015. Bank insolvency risk and Z–score measures：a refinement[J]. Social Science Electronic Publishing，13：214–224.

LI J，HSU S，QIN Y，2014. Shadow banking in China：institutional risks[J]. China Economic Review，31：119–129.

LORETAN M，1996. Economic models of systemic risk in financial systems[J]. The North American Journal of Economics and Finance，7（2）：147–152.

MANLAGNIT M C V，2015. Basel regulations and banks' efficiency：the case of the philippines[J]. Journal of Asian Economics，39（3）：72–85.

MISHKIN F S，2009. Is monetary policy effective during financial crises?[J]. American Economic Review，99（2）：573–577.

ÖTKER–ROBE I，PAZARBASIOGLU C，PERRERO A B D，et al.，2010. Impact of regulatory reforms on large and complex financial institutions[M]. IMF Staff Position Note.

RADDATZ C，2010. Credit chains and sectoral comovement：does the use of trade credit amplify sectoral shocks?[J]. Social Science Electronic Publishing，92（4）：985–1003.

RATNOVSKI L，2009. Bank liquidity regulation and the lender of last resort[J]. Journal of Financial Intermediation，18（4）：541–558.

RATNOVSKI L，HUANG R，2009. Why are canadian banks more resilient?[J]. Social Science Electronic Publishing，9（9）：1–19.

REPULLO R，2005. Liquidity，risk taking，and the lender of last resort[J]. Social Science Electronic Publishing，1（2）：47–80.

RUBIO M, CARRASCO-GALLEGO J A, 2016. The new financial regulation in Basel Ⅲ and monetary policy: a macroprudential approach[J]. Journal of Financial Stability, 26 (8): 294-305.

SENGUPTA R, YU MT, 2008. The LIBOR-OIS spread as a summary indicator[J]. Economic Synopses. Federal Reserve Bank of St. Louis, NO. 25.

SWAMY V, 2012. Financial instability, uncertainty and banks' lending behaviour [J].. International Journal of Banking and Finance, 9 (4): 74-95.

TSEA Y, BOOTHB G G, 1996. Common volatility and volatility spillovers between U. S. and Eurodollar interest rates: evidence from the futures market[J]. Journal of Economics & Business, 48 (96): 299-312.

VAZQUEZ F, FEDERICO P , 2015. bank funding structures and risk: evidence from the global financial crisis [J]. Journal of Banking & Finance, 61 (29): 42749.

WAGNER W, 2007. The liquidity of bank assets and banking stability [J]. Journal of Banking & Finance, 31 (1): 121-139.

WHEELOCK DC, WILSON PW, 2006. Why do banks disappear? The determinants of U.S. bank failures and acquisitions[J]. Review of Economics & Statistics, 82 (1): 127-138.